B. A. Mertz

Das Horoskop –
seine Deutung und Bedeutung

B. A. Mertz

Das Horoskop –
seine Deutung und Bedeutung

Ein Kombinationslehrbuch

Ebertin Verlag
Freiburg im Breisgau

CIP-Kurztitelaufnahme der Deutschen Bibliothek
Mertz, B. A.:
Das Horoskop – seine Deutung und Bedeutung:
e. Kombinationslehrbuch.
Freiburg im Breisgau: Ebertin, 1981
ISBN 3-87186-056-5

1981
ISBN 3-87186-056-5
© 1981 by Ebertin Verlag, Freiburg im Breisgau.
Alle Rechte vorbehalten.
Grafiken: Christiane Eisler.
Gesamtherstellung:
Zobrist & Hof AG, Pratteln/Schweiz.
Printed in Switzerland.

Um im 20. Jahrhundert wieder an die Urquellen der Astrologie zu kommen, muß man gegen den Strom der meßbaren Wissenschaften – vor allem gegen die Naturwissenschaften – schwimmen.

(Abwandlung eines alten Sprichworts)

Die astrologische Himmelsbetrachtung geht nicht vom astronomischen Himmel, sondern vom symbolischen Himmel aus.

(Nach Charles O. Carter)

Vorbemerkung

Dieses Buch ist ein neuartiges Lehrbuch der alten Astrologie. Es erwartet vom Leser ein sofortiges Einschauen und ein Mitkombinieren; es liefert keine Rezepte oder erarbeitete Kombinationen, sondern verlangt, das Horoskop aus der Schau heraus zu deuten. Von den Symbolzeichen der Astrologie wird diese älteste Erfahrunglehre der Menschheit entwickelt. Ihre Bildhaftigkeit, die ja einst allein aus der Anschauung wuchs, wird wieder in den Mittelpunkt des Lernens und der Ausdeutung gestellt. Mit dem Begreifen der Bildsymbole ist das Kombinieren dieser Symbole und ihrer Aussagen die Grundlage zur Horoskopdeutung.

So findet der Leser, der nachschlagen will, was Sonne/Opposition Mond bedeutet, hier keine Antwort. Er findet aber genügend Hinweise und Beispiele, um sich die Antwort auf die Frage, was die Opposition Sonne in Widder zu Mond in Waage – oder umgekehrt – wirklich bedeutet, selbst zu geben.

So werden also immer die Planeten in den Zeichen und später auch in den Häusern mitgesehen. Damit wird das innere Auge für die Horoskopdeutung geschult; das führt auch weg von der Gefahr der Ereignis-Astrologie und hin zur psychologischen Erkenntnis-Astrologie.

Das Horoskop

Das Horoskop ist eine kleine, vereinfacht stilisierte Himmelskarte, in die zur Zeit eines Ereignisses, das berechnet werden soll, die Stellung der Lichter und Planeten – also der Gestirne – eingezeichnet wird. Ausgangspunkt dieser Berechnung ist der Ereignisort, der durch den Längen- und Breitengrad gemessen wird. So stehen also in einem Horoskop die Gestirne so, wie man sie vom Ereignisort zur Zeit des Ereignisses gesehen hat.

Gesehen hätte, müßte man korrekt sagen, denn nicht alle Planeten sind mit bloßem Auge auszumachen, nicht alle Gestirne sind am Tage zu sehen. Außerdem stehen auch einige Gestirne unter dem Horizont.

Diese Gestirnsstellungen werden auf dem sogenannten Tierkreis oder der Ekliptik gemessen. Das ist im Grunde der Jahressonnenweg, also der Weg, den die Sonne Jahr für Jahr geht. Dieser Jahressonnenweg wurde nun in zwölf gleiche Abschnitte zu je 30 Grad eingeteilt. Diese Einteilung entspricht, grob gesagt, den zwölf Mondumläufen, die während eines Jahres zu beobachten sind; daher kommt auch das Wort Monat vom Wort Mond. Gezeichnet wird dies in einem exakten Kreis mit einer 360-Grad-Einteilung, die mit Null Grad beim Abschnitt Widder beginnt.

Mit dieser Messung, auf den Jahressonnenweg bezogen, stimmt kein Horoskop der heutigen Zeit mehr mit den astronomischen Himmelskarten überein, die in Tageszeitungen etwa Monat für Monat einen Überblick über den Stand der Planeten geben. Dort sind die Planeten in ihrer Stellung auf die Tier- und Sternbilder bezogen.

Die Alten erkannten in Fixsterngruppen Bilder, die sie in der Hauptsache nach Tieren, denen man göttliche Eigenschaften zusprach, oder nach mythologischen Helden benannten. Zwölf dieser

Sternbilder waren nun die »Taufpaten« unserer Tierkreisabschnitte, aber die Tierkreisabschnitte haben mit den Sternbildern außer dem gemeinsamen Namen nichts zu tun. So finden wir etwa den Planet Mars im Sternbild Jungfrau oder Löwe eingezeichnet, obwohl er nach den Ephemeriden, die die Astrologen benutzen, im Tierkreisabschnitt Waage steht. Diese Ephemeridenangabe von Mars im Abschnitt Waage beispielsweise ist auf den sich jährlich wiederholenden Lauf der Sonne bezogen oder, wie auch gesagt wird, am tropischen Jahr gemessen.

Also: Sternbild und Tierkreisabschnitt haben heute nichts mehr miteinander zu tun. Einst deckten sich Tierkreisabschnitt und Stern-

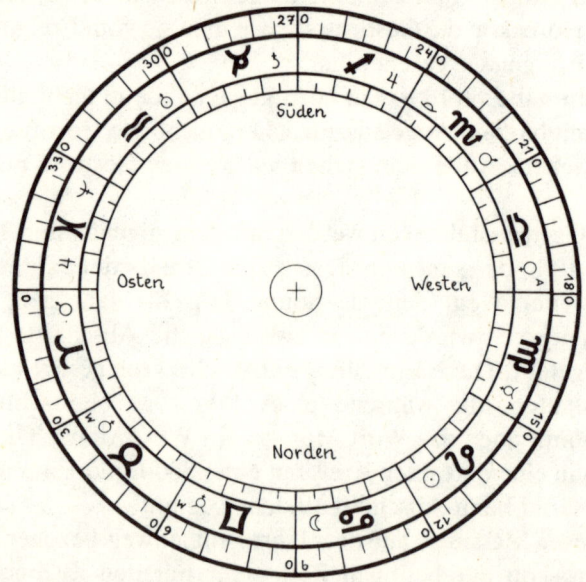

bild in etwa – und auch nur grob –, aber durch die Präzession der Erde ist dies längst nicht mehr der Fall. Wer sich hierüber orientieren will, sei auf die Fachliteratur verwiesen.

Schauen wir uns ein Horoskopformular an. Als erstes müssen wir uns einprägen, daß oben Süden ist, da sich die Astrologie nach dem Sonnenweg richtet; die Sonne hat im Süden ihren höchsten Tagesstand erreicht. Links ist Osten, rechts Westen und unten Norden. Dies bedingt auch, daß die Zeichen links herum – also entgegen dem Uhrzeiger – gelesen werden müssen. Die Messung des Gesamttierkreises von 360° wird in zwölf Abschnitten zu je 30° durchgeführt und beginnt beim Abschnitt Widder.

Im Horoskopkreis sieht man in der Regel – es gibt auch Formulare, in die jeder nach Belieben seine Symbole eintragen kann – am äußeren Rand Symbolzeichen, mit denen wir uns als erstes beschäftigen müssen. Diese Symbolzeichen stehen stellvertretend für die Namen der Tierkreisabschnitte. Natürlich könnte man sich auch Formulare vorstellen, in denen die Namen außen herum eingedruckt wären. Dies widerspricht aber dem Schausinn der Astrologie, denn in den Symbolzeichnungen ist bereits die Charakteristik der Tierkreisabschnitte enthalten.

Zwölf Tierkreisabschnitte kennen wir also in der Astrologie. Es kommt nun darauf an, sich diese Symbolzeichen und deren Namen sowie ihre Bedeutung einzuprägen, weil so das bildliche Kombinationsdenken geschult wird. Es darf nicht vergessen werden, daß die Astrologie aus der Bildsprache des Himmels gewachsen ist. Für die Astrologen ist der Himmel zunächst ein Bilder- und kein Rechenbuch.

Die Symbole bestehen aus ganz wenigen Elementen. Diese sind:

Kreis	O
Halbkreis	)
Gerade, mal senkrecht, mal waagerecht	I —
Kreuz	+
zum Pfeil verwandeltes Kreuz	∕
der Punkt	•

Symbolbedeutung
der Tierkreisabschnitte

 Widder
0 bis 30 Grad des Tierkreises

Das Symbolzeichen Widder besteht aus zwei Halbkreisen. Diese zwei Halbkreise sind wie eine aufbrechende Blüte angeordnet, oder wie ein sich öffnender Trichter. Dies besagt: Steht die Sonne in diesem Zeichen, dann erfolgt der große Aufbruch in der Natur, so wie wir den Frühling Jahr für Jahr erleben.

Zarte Keimlinge brechen durch die noch vom Frost verhärtete Erde, sie öffnen sich nach dem Durchbruch durch den erstarrten Boden zum Frühlingshimmel, zumal die Sonne jetzt anfängt, länger zu scheinen. Dies gilt natürlich nur für die nördliche Halbkugel, auf der wir leben. Dieses Aufbrechen ist in diesem Symbol eindeutig zu sehen, genauso wie zu sehen ist, daß dieser Aufbruch aus einer sehr konzentrierten Wurzelkraft erfolgt.

Der Aufbruch geht nach allen Seiten, will alles umfassen. So hat dies nichts mit den Hörnern des Widdertieres zu tun, die ja viel verschlungener sind, nein, hier erblüht das neue Jahr. Es ist der Aufbruch von unten nach oben. Ein sehr schutzloses Aufbrechen, denn das Innerste wird damit bloßgelegt. Angriff ohne Deckung also, was kommt, wird aufgenommen, aber nicht verwertet, es schleudert mit nach oben. Das »Ich will« ist hier das Beherrschende.

Die Sonne steht im Abschnitt Widder etwa vom 20. März bis zum 20. April, das ist die Zeit, die man Widderzeit nennen kann. (Das Wort »etwa« bezieht sich auf die Verschiebung des Sonnenweges in den Schaltjahren.) Der Name Widder versinnbildlicht das bedingungslose Anrennen eines Wesens gegen jedes Hindernis, wie es der Widder uns im Leben kopflos vorführen kann. Feurige Kraft mit männlicher Aktivität läßt die Natur aufbrechen!

Stier
30 bis 60 Grad des Tierkreises

Das Symbolzeichen Stier besteht aus einem Kreis, auf dem ein Halbkreis mit der Öffnung nach oben ruht. Dies besagt, daß die beiden aufbrechenden Widder-Halbkreise, die nach außen drängten, sich nun nach innen gekehrt und sich zu einem geschlossenen, bewahrenden Kreis gefunden haben. Wie aus zwei drei wird, so liegt auf dem geschlossenen Kreis ein dritter Halbkreis mit der Öffnung nach oben. Von oben kommt nun die Wärme der steigenden Frühlingssonne, die will von der Blüte erfaßt werden, aber der Kern hat sich bereits abgesichert. Der Kern hat sich nun im zweiten Frühlingsmonat stabilisiert, wenn auch immer noch Lebenswärme aufgesogen wird. Aus dem deckungslosen Aufbruch wurde hier eine schon fast zu abgegrenzte geschlossene Lebenssicherung.

Das starke Frühlingspendel mit dem riesigen Ausschlag nach oben pendelt nun zurück – auch zu stark – zur frühen Absicherung, was bei Menschen mit starker Stierbesetzung immer im Grundcharakter angezeigt wird.

Der Kreis symbolisiert: Das, was in Besitz genommen ist, gibt man nicht mehr her, und aufgrund dieser Versicherung kann man sich hier weiter öffnen. Die Empfangsbereitschaft ist vorhanden, obwohl das Innere nicht mehr so leicht aufzubrechen und zu ändern ist.

Aus der weiten Öffnung im Widder wurde also – naturgemäß, kann man sagen – ein zu frühes Abschließen, aus der zu offenen Verwundbarkeit wurde ein zu frühes unangreifbares Zurückziehen in sich.

Die Sonne steht im Abschnitt Stier etwa vom 20. April bis zum 21. Mai, das ist die Zeit, die man Stierzeit nennen kann. Der Name folgt dem ältesten Ackertier, das die Seßhaftigkeit und die fruchtbare Besitznahme des Bodens erst ermöglichte. Erdverbundene Kraft mit weiblicher Empfangsbereitschaft läßt nun das Leben sich auch in der Natur festigen oder stabilisieren.

Zwillinge
60 bis 90 Grad des Tierkreises

Das Zeichen Zwillinge zeigt plastisch den Übergang von dem halb-kreisförmigen-kreisförmigen Symbol zur Geraden. Die vier Geraden zeigen gleichzeitig den Wandel vom Kreis zum Quadrat. Hier ist also eine starke Entwicklung deutlich geworden. Nach dem Aufbruch und der Absicherung des Aufbruchs gilt es jetzt, sich nach allen Seiten zu öffnen, und wirklich nach allen Seiten, nicht wie in Widder und Stier nach oben, sondern auch zur Seite hin. Auch gilt es, in der Kontaktsuche seinen eigenen Wert zu erkennen, das eigene Rückgrat, die eigene Lebenslinie zu erleben und sich aufrichtend zu finden!

Dies steckt alles im dritten Frühlingszeichen, nicht etwa nur die zwei Seelen oder die Vielseitigkeit. Zwillinge wissen, was sie wollen, hier wird eigentlich der größte Entwicklungsumschwung vorgenommen – Kunststück, da die Sonne fast ihre Höhe erreicht hat. Wenn Zwillinge zwei Seiten haben, wie es oft heißt, dann muß dies korrigiert werden: sie haben mindestens vier Seiten. Hier wird nach *allen* Seiten Ergänzung gesucht, vom eigenen Rückgrat aus, da sich aus den Halbkreisen die Geraden entwickeln, die aber nach außen jeweils offen sind. Das setzt Wissensdurst und Neugierde voraus, das zeigt die Aufrichtung an, auch in der Natur.

Die Sonne steht im Abschnitt Zwillinge etwa vom 21. Mai bis zum 21. Juni, das ist die Zeit, die man Zwillingezeit nennen kann. Der Name besagt, daß die zweite Seite entdeckt werden soll, weil jedes Ding zwei Seiten hat, oder daß einem in der Begegnung der Spiegel vorgehalten wird, daß das Zwillingshafte des eigenen Schattens vom Bewußtsein erkannt wird. Luftige Aufgeschlossenheit mit aktiv männlicher Kontaktbereitschaft läßt das Leben in der Natur sich verbinden.

Krebs
90 bis 120 Grad des Tierkreises

Das Zeichen Krebs besteht aus zwei Kreisen und zwei Geraden. Hier zeigt sich deutlich, wie sich Kreis und Gerade nun verbinden. Jetzt ist die Gerade gefunden, der Kreis nimmt die Gerade an. Diese zwei Kreise und die beiden Geraden zeigen aber auch an, wie aus dem Kosmos der Einzelne geboren wurde: der Einzelne – man denke an den vorhergehenden Abschnitt Zwillinge – ergänzt sich mit dem anderen.

Nun wechselt beim Erreichen des Nullpunktes Krebs die Sonne ihren Weg, sie hat den höchsten Stand erreicht und wandelt zurück. Auch dies kommt in den Zeichensymbolen hervorragend zum Ausdruck: Krebsgeborene wissen, daß man bei aller Erreichung von Höhen nie den Grund vergessen sollte. Oder, je höher man kommt, um so tiefer muß man zurück.

Dies hat nichts mit den zwei Schritten vorwärts und einem Schritt zurück zu tun, die man den Krebsgeborenen so gerne nachsagt! Nein, die Sonne geht bis zum tiefsten Punkt zurück. Der Krebsgeborene braucht bei aller aufsteigenden Sehnsucht die Tiefensicherung. Das sind die weitesten Wege, die – um vorzugreifen – nur ein Schnelläufer wie der Mond zurücklegen kann. Nicht zuletzt deswegen wurde der Mond zum Herrscher dieses Zeichens. Auch symbolisch ergänzt er den Kreis und die Gerade durch seinen Halbkreis. Hier sieht man ferner zwei Sonnen, die aufsteigende und die absteigende, oder auch die leuchtende und die, die unten im Dunkeln wirkt. Nur das Individuum, also die Geraden, suchen noch, sie wissen noch nicht die Richtung, sie schwanken zwischen zwei Polen, wenn auch die Grenze nach oben und nach unten vollzogen ist. Also ist ab jetzt die unendliche Öffnung sowohl in den Himmel als auch in die Unterwelt nicht mehr möglich. Der Mensch ist, wenn man so will, aus dem Paradies vertrieben oder auch auf die Erde verdammt. Ab hier überwiegt das Menschliche, was hier gezeugt wird, bricht im Widder auf.

Die Sonne steht im Abschnitt Krebs etwa vom 21. Juni bis zum 23. Juli, das ist die Zeit, die man Krebszeit nennen kann. Der Name besagt, daß jeder Weg vorwärts auch zurück führt, man also auch – wie der Krebs – rückwärts gehen lernen muß, daß nur so mit der aus der Vergangenheit geholten Kraft das Neue geschaffen werden kann. Man muß wie der Krebs oder der Skarabäus in den Urschlamm des Lebensflusses zurück. Weibliche Kraft, die aus dem fruchtbaren Brunnen der Lebensquellen schöpft, läßt das Leben in der Natur reifen.

 Löwe
120 bis 150 Grad des Tierkrieses

Das Symbolzeichen Löwe zeigt einen Kreis und zwei Halbkreise in unterschiedlicher Öffnungsrichtung. Dies ist die Zeit, da auf den nördlichen Graden die Hundstage herrschen und im hohen Norden die Sonne nicht mehr untergeht. Die Sonne regiert also mit Festigkeit, was durch den Kreis hier deutlich symbolisiert wird.

Das gibt sichernde Festigkeit, wie es der Kreis ja auch ausdrückt (denken wir an das Zeichen Stier). Aber die Sonne befruchtet nun zeugend sowohl das Oben als auch das Unten, was durch die beiden Halbkreise angezeigt wird, die sich einmal nach oben, einmal nach unten öffnen, aber auch im Grunde nach allen Seiten. So werden wie von allein Wurzeln gefestigt, werden Früchte bis zur Ernte gereift. Das Zeichen heißt nicht etwa Löwenkopf mit stilisiertem Löwenschwanz. Nein, dieses Zeichen zeigt die Kraft der männlichen Zeugung, die Kraft der Sonne in jedem, auch die Kraft des Herzens, die den ganzen Körper mit Leben erhält.

Die Sonne zeigt hier ferner, daß die erste Wirkung in den Boden gehen muß, daß also der erste Halbkreis sich nach unten öffnet, daß aber dann der zweite Halbkreis sich nach oben ausweitet. So kann es sich die Sonne jetzt leisten, daß sich aus dem Kreis wieder zwei Halbkreise entwickeln. Fanden sich im Widder die zwei Halbkreise, die sich im Stier schlossen, können nun aus dem Kreis wieder zwei Halbkreise gebildet werden. Da lebt die Kreativität wieder auf, die sich aus der Sicherheit der Sonnenherzkraft nun zeugend offenbaren kann.

Die Sonne steht im Abschnitt Löwe etwa vom 23. Juli bis zum 23. August, das ist die Zeit, die man Löwezeit nennen kann. Der Name sagt, daß die stolze Kraft, die sich im König der Tiere äußerlich zeigt, führend und autoritätsbewußt eingesetzt werden kann. Männliches Feuer schlägt Wurzeln in der Natur, so daß die Früchte reifen können.

♍ Jungfrau
150 bis 180 Grad des Tierkreises

Das Symbolzeichen Jungfrau besteht aus drei Geraden und vier Halbkreisen. Nachdem sich im Krebs Kreis und Gerade verbunden haben, vereinigen sich hier jetzt Gerade und Halbkreise. Damit schließt das dritte Sommerzeichen ab: Im ersten, dem Krebszeichen (Kreis und Gerade), im zweiten, dem Löwezeichen (Kreis und Halbkreis), und im dritten, dem Jungfrauzeichen (Gerade und Halbkreis). Nun, da der erste Halbweg der Sonne vollendet wird, hat das Individuum seine Aufrichtung gefunden. Drei Gerade zeigen deutlich, wie Wurzeln geschlagen worden sind, so daß der Mensch sich zum Himmel aufrecken kann. Aber der Weg in das Unendliche ist nicht mehr möglich. Die Realität muß erst bewältigt werden, der Mensch muß sich auf die Erde besinnen. Drei Halbkreise sind passend zu den drei Geraden nach unten geöffnet, schließen also nach oben ab, als sollten die Früchte der Erde hier festgehalten werden, um die Existenz zu sichern.

Der vierte Halbkreis an der Seite symbolisiert den Handgriff, mit dem das Gefäß der Früchte angepackt werden soll. Dieser Halbkreis schließt aber auch zum folgenden Zeichen ab, als wollte man sich erst besinnen, den Weg, der nun mit ins Geistige führt, aufzuschieben.

Hier wird also alles nach innen abgeschlossen, aber die Öffnung zur Erde hin scheint unendlich, was im Stier ja noch nicht möglich war. Das Irdische herrscht hier also vor, als sollte der Baum nicht zu hoch in den Himmel wachsen. Wahrhaftig, sollen sich Früchte am Baum bilden, muß der Baum beschnitten werden; das weiß jeder

Landwirt, jeder Gärtner. Mit dem Begrenzen wächst Kraft zu, das ist hier die Erkenntnis.

Die Sonne steht im Abschnitt Jungfrau etwa vom 23. August bis zum 23. September, das ist die Zeit, die man Jungfrauzeit nennen kann. Der Name sagt, daß in der inneren Reinheit, die äußerlich in der Jungfrau versinnbildlicht oder gesehen wird, die Kraft zur Existenz, zur Selbsttreue, liegt. Erdhafte Begrenzung nach oben und weibliche Erfahrungsklugheit ernten und sorgen in der Natur vor.

 Waage
180 bis 210 Grad des Tierkreises

Das Symbolzeichen Waage hat wie das vorangegangene drei Gerade, jedoch nur einen Halbkreis. Hier jedoch liegen die Geraden, nachdem die irdische Sicherung abgeschlossen ist, wieder waagerecht wie im Zeichen Krebs. Nun muß die Ausdehnung in die andere Dimension, in die Breite, gehen. Die Öffnung ist nach oben noch abgeschlossen, aber der Blick dorthin ist doch in einem erhobenen Halbkreis höher und konzentrierter. So kann Raum nach oben gewonnen werden. Aber wie das gegenüberliegende Widderzeichen nach oben völlig offen war, so ist dieses Zeichen geschützt, nur nach den Seiten – zum anderen – bleibt eine Unendlichkeit, die auszufüllen ist. Das ist das Verbindende. Hier geht es nun darum, in diesem Nach-allen-Seiten-Offensein die Mitte zu finden. Würde nur eine Seite belastet, also ohne Ausgleich, dann kippt das Symbol, das auch eine Waageähnlichkeit hat, um. Aber der Sinninhalt ist mehr als das Abwiegen, das Auswägen, es geht um das Gleichgewicht aus der Mitte heraus. Diese Mitte erst ermöglicht es, die kommende Dunkelheit und die kommende Naturhärte zu überstehen, trotz der Belastungen den geistigen Weg nach oben zu finden und die äußere Dunkelheit durch ein inneres Licht zu erhellen.

Die Sonne hat nun wieder einen Gleichstand erreicht, denselben, von dem aus sie ihren Jahresweg gestartet hat. Diese Tagundnachtgleiche, die im Widder aufbrechend war, ist nun im Versinken. Zweimal im Sonnenjahr ist Tagundnachtgleiche, nur einmal Helle, also höchster Punkt, nur einmal Dunkelheit, also tiefster Punkt der Sonne.

Die Sonne steht im Abschnitt Waage etwa vom 23. September bis zum 23. Oktober, das ist die Zeit, die man Waagezeit nennen kann. Der Name sagt, daß in der Mitte des Weges das Gleichgewicht gefunden werden sollte, denn nur dann kann gerecht abgewogen werden. Männlich bewegende Luftigkeit läßt auch in der Natur einen Ausgleich finden, da die Wintersaat gesetzt und das abgestorbene Laubwerk davongefegt wird.

♏ Skorpion
210 bis 240 Grad des Tierkreises

Das Symbolzeichen Skorpion besteht wie die beiden vorhergegangenen, Jungfrau und Waage, aus Halbkreisen und Geraden. Dieses Zeichen ähnelt sehr dem der Jungfrau. Man bedenke, daß eben das Zeichen Waage – nach links und rechts offen – beide sich ähnelnde Zeichen verbindet. Jungfrau war der Schluß eines Werdegangs mit dem Ziel der Existenz- und Erdsicherung. Skorpion ist der Anfang des Höherstrebens aus der Erdsicherung. Daher hat sich auch die seitliche Halbkreisbegrenzung des Jungfrauzeichens nun zu einem aufstrebenden Pfeil gewandelt.

Aus der Erdsicherung erhebt sich der Mensch. Der Einzelne, das Individuum, will neu werden, hat eine neue Startrichtung in den Himmel angenommen, viel zielbewußter als der bedingungslose Aufbruch im Zeichen Widder. Nachdem sich der Mensch jetzt den Naturgegebenheiten hat beugen müssen, nachdem er vom Sterben weiß, will er in die Höhe – und sei es durch den Tod! Er will den Himmel erreichen. Das ist das Besondere an diesem Abschnitt. Der Drang der Auferstehung ist hier zu sehen, der Wunsch, sich aus den Niederungen zu erheben. So hat man das Zeichen Skorpion auch immer mit dem Adler in Verbindung gebracht. Das Auferstehen verlangt von jedem Opfer, Verzicht, aber auch Einsatz seiner vollen Persönlichkeit. Also kann nur jeder für sich den Weg finden. Deswegen auch die so gezielte Gerade mit dem Pfeil am Ende des Zeichens. Dieser Pfeil besagt ja auch die innere Bereitschaft, das Gewonnene wieder zu verlassen, weil nur mit wenig Gepäck die Freiheit gewonnen werden kann.

Die Sonne steht im Abschnitt Skorpion etwa von 23. Oktober bis zum 23. November, das ist die Zeit, die man Skorpionzeit nennen kann.

Der Name Skorpion versinnbildlicht: Was am Boden behaftet ist, will über Einsatz und Verlust in die Höhe kommen. Das wird auch durch eine Härte, die dem Tier Skorpion innewohnt, ausgedrückt. Daß der Skorpion sich selbst töten kann, wie oft geschrieben wird, ist eine Legende, es geht hier um den Bogen vom Skorpion zum Adler. Weibliche Urkraft stemmt sich gegen das Absterben ohne Sinn, gibt so der Natur Kraft zum neuen Aufbruch, der erst erfolgen kann, wenn das Gestorbene auch abgeworfen ist.

Schütze
240 bis 270 Grad des Tierkreises

Das Zeichen Schütze besteht aus vier Geraden. Vier Gerade bilden einen Pfeil, der im Grunde das Ende des vorhergegangenen Zeichens Skorpion ist. Der Wille in die geistige Höhe ist hier verdeutlicht, das Individuum hat sich von den Niederungen des nur Irdischen gelöst. Dieses dritte Herbstzeichen besteht nur aus Geraden: Nachdem der letzte Kreis im Zeichen Löwe war, wird der nächste Kreis erst im Zeichen Steinbock zu sehen sein. Dies ist also von Jungfrau über Waage, Skorpion und Schütze die Zeit, in der die Kraft der Sonne im Schwinden ist. Das betrifft aber nur die äußere Sonne, denn das Ringen um die innere Sonne wird durch ihre Abschwächung angeregt. In diesem Schütze-Pfeil bleibt das Irdische im unteren Querstrich verhaftet, aber es bremst kaum noch, nur den Übermut des Zuhochhinauswollens.

21

Aus der Dunkelheit des Nebelherbstes stößt alles zum inneren Licht, das die Sterne anzeigen, die jetzt während dieser Phase am klarsten zu sehen sind. So ist dieses Hinaufwollen auch nicht mehr bedingungslos, es schafft keine Angriffsfläche, sondern gibt anregende Impulse.

Die Sonne steht im Abschnitt Schütze etwa vom 23. November bis zum 21. Dezember, das ist die Zeit, die man Schützezeit nennen kann. Der Name sagt, daß das Hochziel anzuvisieren ist: die Entwicklung aus dem Irdischen zum Höheren, Himmlischen. Es geht auch weniger um die Höhe des Ziels als um das Bemühen, Anvisieren! Daher der Name Schütze. Man muß höher hinauswollen, als man treffen kann. Männliche, verhaltene Glut erhebt sich über das Materielle, um die Natur mit innerer, geistiger Kraft für die kommende winterliche Prüfung zu stärken.

 Steinbock
270 bis 300 Grad des Tierkreises

Das Symbolzeichen Steinbock besteht aus allen drei Zeichen-Elementen. Aus dem Kreis, dem Halbkreis und der Geraden. Am Anfang sieht man die schräg aufsteigende Gerade, die sich aus dem Pfeil des Schütze-Zeichens gebildet hat. Der Kreis ist die Sonne, die jetzt weit unter dem Horizont steht, die aus der Tiefe wieder neu aufsteigen muß. Der Halbkreis auf dem Kreis zeigt, wie die Natur sich öffnen will. Dieses Symbol ähnelt sehr dem Symbol des Stierzeichens. Auch dort: ein untenliegender Kreis mit der Öffnung des Halbkreises. Aber die tiefstehende Sonne ist hier durch das Aufsteigen der Geraden angezeigt.

Beim Stierzeichen kann die Gerade entfallen, weil die Sonne schon sehr in der Höhe steht. Aber beim Steinbockzeichen ist die Aufsteigung wichtig, die Kraft, sich zäh nach oben zu bewegen, nachdem man die geistige Höhe anvisiert hatte. Oder: Mit der geistigen inneren Kraft, der inneren Sonne, steigt auch wieder das Leben aus der tiefsten Erde auf. Es kommt auf die kleinen Schritte an. Daher sind hier auch alle Zeichensymbole vereint – das einzige

Abschnittssymbol, das dies aufweisen kann. Was also aus der Tiefe aufsteigt, das kommt nach oben, wenn das Aufsteigen trotz aller Widerstände zäh und kraftvoll angelegt ist.

Die Sonne steht im Zeichen Steinbock etwa vom 21. Dezember bis zum 21. Januar, das ist die Zeit, die man Steinbockzeit nennen kann. Der Name symbolisiert das Tier, das die höchsten und steilsten Gipfel anvisiert, ohne dahin zu fliegen, denn der Steinbock steigt auf, mit seinen Beinen und Füßen, in die Einsamkeit. Weibliche Erdkraft belebt die Natur aus der Tiefe heraus.

 Wassermann
300 bis 330 Grad des Tierkreises

Das Symbolzeichen des Abschnitts Wassermann besteht aus Halbkreisen, die in zwei Linien untereinander aneinandergereiht sind. Einmal öffnen sich diese Halbkreise nach oben, einmal nach unten, einmal schließen sie sich zur Erde, einmal zum Himmel ab. Dies zeigt die Wechselseitigkeit, die auf jedem Gebiet befruchtend wirkt. Daher diese Linienform. Himmel und Erde befruchten sich wie Geist und Materie, Liebe und Trieb. Vom einen führt der Umbruch zum anderen. Alles lebt in sich, wenn es sich gegenseitig befruchtet; dann allein ist die Erstarrung, die Verkrustung, zu vermeiden. Dieses dauernde In-Bewegung-Sein hat natürlich auch eine Gefahr des Zerfließens, die die Luftwellen, die hier die geistigen und körperlichen Rhythmen versinnbildlichen, anzeigen. Aber diese waagerecht liegenden Halbkreise, die sich im nächsten Abschnitt in senkrecht stehende Halbkreise verwandeln, zeigen vor allem das Gemeinsamgehen an. Das ist impulsiv, schöpferisch aber auch noch verwirrend.

Diese Schlangenlinien haben mit Wasserwellen nichts zu tun, wie der Name Wassermann vereinfacht andeuten könnte. Hier ist kein Wasserelement, sondern es geht um die innere, luftig-geistige Befruchtung!

Die Sonne steht im Abschnitt Wassermann etwa vom 21. Januar bis zum 19. Februar, das ist die Zeit, die man Wassermannzeit

nennen kann. Der Name besagt, daß männlich (= Mann) befruchtende (befruchtend = Wasser) Bewegung die Natur zum Aufbruch
zwingt. Die Natur kündet dies auch schon an: Mitten im Winter
zeigen sich oft frühe Vorboten des Frühlings (Krokusse).

✕ Fische
330 bis 360 Grad des Tierkreises

Das Symbolzeichen Fische besteht aus zwei Halbkreisen. Diese zwei
Halbkreise stehen aufrecht: sie lehnen sich aneinander, sie öffnen
sich nach den Seiten, wie sich die Halbkreise des vorhergegangenen
Zeichens nach oben und unten öffneten. So sind diese Halbkreise
auch zusammen zu sehen, da sie zusammen das Öffnen nach allen
Seiten symbolisieren, und der Geist (Luft = Wassermann) das
Wasser (Fruchtbarkeit = Fische) bewegt.

Dieses Zeichen zeigt ferner bei der Öffnung nach links und
rechts, daß die Öffnung nach oben und unten bleibt, wenn der
eigene Urkern am Ende als Start für das Neue gefunden ist. In
diesem Symbol liegt die Wurzel in der Mitte, nicht wie beim
Zeichen Widder unten. Diese Halbkreise sind auch als Symbol
sowohl des zunehmenden als auch des abnehmenden Mondes zu
sehen, da dieser Himmelskörper wie kein anderer das Wachsen und
Vergehen, aber auch die Wiedergeburt verdeutlicht. Tag für Tag,
Monat für Monat, Jahr für Jahr, in alle Ewigkeit, ob Menschen
schon gelebt haben oder noch leben werden. Damit wird deutlich:
nur wenn Altes abstirbt, wie es im Skorpion deutlich wird, kann
Neues auferstehen. Opfernde Hingabe bereitet das Gebären vor.

Die Sonne steht im Abschnitt Fische etwa vom 19. Februar bis
zum 20. März, das ist die Zeit, die man Fischezeit nennen kann. Der
Name kommt von der Versinnbildlichung der Fruchtbarkeit, die das
Wasser allein ermöglicht. Ohne Wasser gibt es keine Fruchtbarkeit.
Aber das Wasser ist nur fruchtbar, wenn sich Fische in diesem
Wasser tummeln können. Fische, die unter- und auftauchen. Fische,
die in die Tiefe versinken, aus ihr aber auch wieder lebend auftau-
chen, so das lebendige Wasser spiegelnd. Schöpferische Fruchtbar-

24

keit überwindet die Starre des Winters und bereitet den Neubeginn vor.

So sagen allein die Symbolzeichen unendlich viel über die Abschnitte des Tierkreises aus. Mit diesen Aussagen kann jeder im Grunde bereits die ersten Erkenntnisse gewinnen, die in Verbindung mit den Planeten zur Ausdeutung eines Horoskops führen.

Hier sind die Abschnitte beschrieben, als stünde die Sonne in ihnen, denn Ausgangspunkt der Astrologie war, ist und bleibt der jährliche Sonnenweg oder das tropische Jahr. Daher sind aus dem jährlichen Sonnenweg und seiner Einteilung in vier Jahreszeiten zu je drei Abschnitten noch weitere Erkenntnisse zu gewinnen, die die Bedeutung der Tierkreisabschnitte abrunden und vervollständigen.

Der jährliche Sonnenlauf wird in vier Jahreszeiten eingeteilt:

Frühling:	Widder	Stier	Zwillinge
Sommer:	Krebs	Löwe	Jungfrau
Herbst:	Waage	Skorpion	Schütze
Winter:	Steinbock	Wassermann	Fische

Die Jahreszeiten zeigen sich immer im gleichen Rhythmus:
Die Jahreszeit bricht herein, bewegt;
sie zeigt sich fest, stabilisiert sich;
sie gleicht sich der folgenden Jahreszeit an.

Genauso hat man von altersher die Tierkreisabschnitte eingeteilt:

bewegende Abschnitte:
Widder, Krebs, Waage, Steinbock

feste Abschnitte:
Stier, Löwe, Skorpion, Wassermann

angleichende Abschnitte:
Zwillinge, Jungfrau, Schütze, Fische.

25

Diese Einteilung präge man sich früh genug ein, weil sie bereits deutliche Charakterseiten kundgibt, was die innere Motorik betrifft. Eine weitere Einteilung ist die in männliche und weibliche Abschnitte. So sind also

Männliche Zeichen: (ansprechend)		Weibliche Zeichen: (antwortend)	
Widder:	– bewegend	Stier:	– fest
Zwillinge:	– angleichend	Krebs:	– bewegend
Löwe:	– fest	Jungfrau:	– angleichend
Waage:	– bewegend	Skorpion:	– fest
Schütze:	– angleichend	Steinbock:	– bewegend
Wassermann:	– fest	Fische:	– angleichend

Man sieht aus obiger Übersicht schon, wie immer mehr zwischen den Zeichen differenziert wird. Die Differenzierung geht aber weiter, denn die Abschnitte wurden auch den vier Elementen Feuer, Erde, Luft und Wasser zugeteilt.

Die Feuerzeichen sind:

Widder:	–	männlich	–	bewegend
Löwe:	–	männlich	–	fest
Schütze:	–	männlich	–	angleichend

Die Erdzeichen sind:

Stier:	–	weiblich	–	fest
Jungfrau:	–	weiblich	–	angleichend
Steinbock:	–	weiblich	–	bewegend

Die Luftzeichen sind:

Zwillinge:	–	männlich	–	angleichend
Waage:	–	männlich	–	bewegend
Wassermann:	–	männlich	–	fest

Die Wasserzeichen sind:

Krebs:	–	weiblich	–	bewegend
Skorpion:	–	weiblich	–	fest
Fische:	–	weiblich	–	angleichend

Man merke sich also als Denkhilfe: Die Feuer- und Luftzeichen sind stets männlich, die Erd- und Wasserzeichen stets weiblich.

Faßt man nun alle Einteilungen zusammen, so wird man sehen, daß schon von daher kein Tierkreisabschnitt mehr dem anderen gleicht. Das läßt bereits wertvolle Schlüsse für die Kombination zu.

Hier nun die Gesamtübersicht:

Widder:	– Feuer	– bewegend	– männlich
Stier:	– Erde	– fest	– weiblich
Zwillinge:	– Luft	– angleichend	– männlich
Krebs:	– Wasser	– bewegend	– weiblich
Löwe:	– Feuer	– fest	– männlich
Jungfrau:	– Erde	– angleichend	– weiblich
Waage:	– Luft	– bewegend	– männlich
Skorpion:	– Wasser	– fest	– weiblich
Schütze:	– Feuer	– angleichend	– männlich
Steinbock:	– Erde	– bewegend	– weiblich
Wassermann:	– Luft	– fest	– männlich
Fische:	– Wasser	– angleichend	– weiblich

Man kann sich außerdem schon vorstellen, daß diese Abschnittsmerkmale auch auf die Planeten zu beziehen sind, wenn diese in den jeweiligen Abschnitten stehen. Nun nimmt man zu den gefundenen Begriffen noch die entsprechende Jahreszeit hinzu, um so für jedes Zeichen oder für jeden Abschnitt eine vielsagende spezielle Charakterisierung zu finden.

Grade des Meßkreises

Widder:	0 – 30°	bewegende, männliche, feuerelementare Frühlingskraft
Stier:	30 – 60°	feste, weibliche, erdelementare Frühlingskraft
Zwillinge:	60 – 90°	angleichende, männliche, luftelementare Frühlingskraft
Krebs:	90 – 120°	bewegende, weibliche, wasserelementare Sommerkraft
Löwe:	120 – 150°	feste, männliche, feuerelementare Sommerkraft
Jungfrau:	150 – 180°	angleichende, weibliche, erdelementare Sommerkraft
Waage:	180 – 210°	bewegende, männliche, luftelementare Herbstkraft
Skorpion:	210 – 240°	feste, weibliche, wasserelementare Herbstkraft
Schütze:	240 – 270°	angleichende, männliche, feuerelementare Herbstkraft
Steinbock:	270 – 300°	bewegende, weibliche, erdelementare Winterkraft
Wassermann:	300 – 330°	feste, männliche, luftelementare Winterkraft
Fische:	330 – 360°	angleichende, weibliche, wasserelementare Winterkraft.

Wie wir die Jahreszeiten in bewegende, feste und angleichende Abschnitte einteilen, so teilen wir die einzelnen Abschnitte gleichfalls in bewegende, feste und angleichende Dekaden ein. Die Dekade von 1 bis 10 Grad ist immer bewegend, die von 10 bis 20 Grad immer fest, die von 20 bis 30 Grad immer angleichend, nach dem gleichen Prinzip des Einbrechens, der Festigung und der Angleichung.

Bedeutung der Planetensymbole

Wir kennen in der Astrologie – sieht man einmal von der speziellen Hamburger Schule ab – zehn Gestirne. Dazu käme der auf- und absteigende Mondknoten; der absteigende liegt dem aufsteigenden genau gegenüber.

Wir wollen an dieser Stelle die Ausdrücke Lichter, Planeten und Gestirne genau klären:

Die Lichter sind Sonne und Mond. Die Planeten sind Merkur, Venus, Mars, Jupiter, Saturn, Uranus, Neptun und Pluto. Früher bezeichnete man auch Sonne und Mond als Planeten. Das ist falsch. Wir sprechen von Gestirnen, wenn wir Sonne, Mond und Planeten im Zusammenhang meinen.

Hier Sonne, Mond, Planeten und ihre zeichnerischen Symbole:

Sonne	☉	Saturn	♄
Mond	☽	Uranus	⛢
Merkur	☿	Neptun	♆
Venus	♀	Pluto	♇
Mars	♂	Mondknoten	☊
Jupiter	♃		

Bei diesen Gestirnen unterscheidet man
innere Gestirne: Mond – Merkur – Venus,
äußere Gestirne: Mars – Jupiter – Saturn,
transsaturnische Gestirne: Uranus – Neptun – Pluto.

Zwischen Sonne und Erde kreisen die Gestirne Merkur und Venus sowie der Mond; sie werden daher *innere* Planeten genannt. Mars, Jupiter und Saturn kreisen um Sonne und Erde, daher die *äußeren* Planeten genannt. Uranus, Neptun und Pluto kreisen außerhalb der Bahn von Saturn, daher *transsaturnische* Planeten genannt.

Wichtig ist diese Einteilung für den Anfänger deswegen, damit er versteht, warum die Gestirne schnell oder langsam laufen. So sind die schnellen Gestirne, wie Sonne – die ja scheinbar um die Erde wandelt –, Mond, Merkur und Venus für das individuelle Horoskop überwiegend wichtig. Mars bringt dann schon die Verbindung zu Jupiter und Saturn, die oft für alle Menschen gilt, die im selben Monat geboren sind. Die transsaturnischen Gestirne kann man eigentlich nur noch im Jahrgangs- oder im Generationszusammenhang deuten.

Jetzt geht es um die Frage, welche Deutungsaussagen die Symbole der Gestirne und die des Mondknotens beinhalten. Auch hier gilt: Jedes Symbol verkörpert bereits die Aussagekraft des jeweiligen Gestirns und die seiner Charakteristik.

☉ Sonne

Die Sonne wird durch einen Kreis symbolisiert, in den ein Punkt eingezeichnet wird. Dieses Symbol gibt das Ganze wieder, das Kosmische, in dem der Einzelne – das ist der Punkt – eingeschlossen ist. Das Individuum wird von unserem Sonnensystem umfaßt. So spiegelt sich hier das Ego wider, das Ich, das vom Kern her eine runde Sache ist. Die Sonne ist das Symbol des Lebens in unserem Sonnensystem, ist die Autorität, da es ohne sie kein Leben auf der Erde gäbe.

So zeigt dieses Symbol die Sonnenkraft in uns an, oder das Herz, von dessen Arbeit unser Leben abhängt. Aus dem Mittelpunkt des Kreises wächst die Gestaltungskraft heraus. Diese wandelt sich natürlich beim Gang der Sonne durch die Abschnitte des Tierkreises. Das gilt natürlich für alle Gestirne.

So symbolisieren also der Kreis und der Punkt das Ich im Sonnensystem, das Sein, das Leben, die Grundveranlagung; das Bewußte in einem, das Selbst, die Urkraft, die dem Horoskopeigner wie dem Ereigniseigner mitgegeben wurde.

☽ Mond

Das Symbolzeichen Mond besteht aus zwei Halbkreisen, einem größeren und einem kleineren. Ein Halbkreis ist offen zum Empfang. Zwei Halbkreise, parallel angeordnet, zeigen aber auch, wie aus dem einen Halbkreis der andere wächst. Also ist hier das Wachsen und umgekehrt das Vergehen gemeint.

Diese Halbkreise sind auch Schalen, die gefüllt werden müssen. Da nun der Mond sein Licht von der Sonne empfängt, gilt die Sonne in der Astrologie als der zeugende Vater, der Mond als die gebärende Mutter.

Das Mondsymbol zeigt, wie alles ohne eigenes Zutun aufgenommen wird. So symbolisiert der Mond in der Astrologie das Unbewußte, das Grundgemüt, die Empfangsbereitschaft.

Damit ist hier die seelische Empfänglichkeit angeschnitten. Mond ist das Gegenteil oder der Projizierungspunkt der Sonne. Also nicht das Ich, sondern das Volk; nicht das Bewußtsein, sondern das Unbewußtsein; nicht der Geist, sondern das Grundgemüt.

Diese beiden Symbolzeichen, Kreis und Halbkreis, sind die Hauptsymbole für die Planetenkräfte, denn jedes folgende Planetensymbol enthält entweder einen Kreis, einen Halbkreis oder beides. Nur gesellt sich oft noch ein Kreuz hinzu. Aber Kreis oder Halbkreis, die die Hauptkräfte andeuten, müssen stets vorhanden sein.

Der folgende Planet enthält alle drei Symbolelemente.

Merkur

Der Planet Merkur, der schnellste aller Planeten, wird durch Kreis, Halbkreis und Kreuz symbolisiert. In der Mitte ist der Kreis, das Ich. Oben befindet sich der Halbkreis, die Masse. Unten sieht man das Kreuz, die Erde, das Irdische mitsymbolisierend, das Kreuz des Individuums, auf dem alle Lebensbewältigung aufbaut. So beinhaltet das Symbolzeichen Merkur das Ich in der Mitte mit der sich öffnenden Sehnsucht nach oben und der Verwurzelung in die Erde, in das Irdische.

Merkur ist der einzige Planet, der alle drei Zeichenelemente vereint. So ist er der Mittler, aber auch der Verstehende für alle Vorkommnisse, für alle Erlebnisebenen. Merkur ist überall zu Hause; wendig, diplomatisch, beredt, neugierig und doch stets neutral. Die drei Zeichenelemente zeigen, daß Merkur meist zwei Zeichenelemente der anderen Planeten besitzt, also die anderen versteht; er hat auch die Hauptelemente von Mond und Sonne in seinem Zeichen. Wer etwas vom anderen hat, kann den anderen verstehen. So kennt Merkur die Höhe des Bewußtseins, die Tiefe des Unterbewußtseins, und er weiß um das Kreuz der Menschen, das jeder tragen muß. Dies macht seine Größe, aber auch seine Unscheinbarkeit aus.

Das ist auch die Kraft seiner Vermittlung, die sowohl vom Kopf als auch von der Seele, vom gemeinsamen Leid oder der gemeinsamen Freude kommen kann. Wer um Himmel und Erde weiß, wer die Zeugung wie das Gebärende in sich trägt, der kann denken, der vermag die Seelen auch durch die Nacht zu führen, der weiß um die Nervenvibration und um die Handlungsnotwendigkeiten.

♀ Venus

Venus wird durch einen Kreis und durch ein Kreuz symbolisiert. Dieses Zeichen-Symbol sagt aus, daß der Lebenskern auf der Erde ruht, dem Himmel zugewandt. Das Ich ist fest verwurzelt. Hier wird irdisch empfunden, die Sinnlichkeit, das Sinnenhafte erfahren.

Der Lebenskern wächst aus der Erde heraus, das gibt Kraft und Zutrauen; das ist das anziehende Weibliche in jedem, das auch den Genuß und die Freuden der Erde in sich aufnimmt. Die Liebe beruht auf der Seßhaftigkeit, nicht auf dem zigeunerischen Weglaufen. So symbolisiert auch der Kreis auf dem Kreuz die Körperlichkeit und die daraus erwachsende künstlerische Empfindung, das Gefühl für irdische Schönheit. Aus dem Kreuz wird ein Kreis, also aus dem Leiden das Glück, ein Ganzes zu sein, wenn man will, ohne Ecken. So wie das Weibliche dies dem Männlichen vermittelt. Die irdische Sinnenlust, die zur Fruchtbarkeit führt, steckt in diesem Symbol.

Im Gegensatz dazu sei auf das Symbol der Erde verwiesen, das wir ja in der Astrologie nicht verwerten: Hier steht das Kreuz über dem Kreis. Hier herrscht also noch das Erdhafte über dem Ganzen. Das Irdische erdrückt den Kern.

 Mars

Das Symbol des Mars besteht aus einem Kreis, den auch Venus hat, und einem zum Pfeil abgewandelten Kreuz. Dies zeigt auf einen Blick, wie ähnlich sich Venus und Mars sind. Venus schlägt aber die Wurzeln nach unten, verrät Passivität, während das pfeilartige Kreuz des Mars nach oben in die Ferne strebt. Der Trieb und Wille ist drängend, ist wachsend, schweift über den eigenen Gesichtspunkt der Venus hinaus. Aus dem Kern, aus der Selbstsicherheit, strebt alles nach oben, ziellos noch, aber strebend sich bemühend. So mag manches Ziel zu hoch anvisiert sein, mag manches Ziel in der Luft hängen, weil die Verwurzelung fehlt. Aber dieses Symbolzeichen verrät die Impulsivität, die Aktivität um der Aktivität willen. So ist es gut, daß Venus verwurzelt bleibt. Nimmt man beide Zeichen in einem, so sähe das so aus:

 Das heißt, das Männliche strebt in die Höhe, das Weibliche hält am Boden fest und verwurzelt das Männliche. Das ist die Ergänzung. So wie Venus, Erde und Mars dann eins sind, so ergänzen sich auch die Symbolzeichen.

Will das Männliche zuviel erobern, zu hoch hinaus, dann muß es das Weibliche verlieren. Das Männliche befreit sich dann vielleicht von dem Kreuz, der Pflicht, aber es schwebt verloren im Raum. Wenn das Weibliche zu sehr im Irdischen verankert bleibt, ohne sich aktiv und impulsiv aufladen zu lassen, dann kommt es aus seiner Höhle nicht heraus. Deswegen symbolisieren Venus und Mars im Horoskop je einen Teil der Kräfte, die stark einseitig sind und sich ergänzen müssen.

So ist hier schon eine große Problematik angesprochen, wenn nämlich Venus oder Mars im Horoskop nicht aspektiert sind. Mars will sich des Kreuzes entledigen, was aber nur zur Aktion, nicht zur Sinnentfaltung führt – deswegen hat der Entfaltungsplanet Jupiter in seinem Symbolzeichen auch das Kreuz mächtig stehen.

♃ Jupiter

Das Symbol des Jupiter besteht aus einem Kreuz und einem Halbkreis. Das Symbol zeigt an, wie sich erst aus dem Kreuz, der Erdverbundenheit, die Entfaltung erfüllt. Der Halbkreis geht in die Höhe und zur Seite, empfangend und wachsend. Mars will nur empor, Jupiter will das Echo (Mond) und den Sinn (Kreuz – Erde), ist also allen Seiten verbunden. Der Halbkreis ist der aufgehende Mond, der Mond, der wächst und der oben steht. Er wächst nach oben in die Mission, in die Lehre, in das Führende. Da oben ist die Weisheit zu erfahren und auch zu verkünden, oder die Gerechtigkeit zu finden. Aber nicht Gerechtigkeit im bürgerlichen Sinn. Oben ist auch die Frömmigkeit und das Ästhetische.

♄ Saturn

Das Symbol des Saturn besteht – wie das Symbol des Jupiter – aus einem Kreuz und einem Halbkreis. Nur geht hier der Halbkreis in die Tiefe, das heißt, Saturn will die Entfaltung aus der Erde wachsen lassen, aus der traditionellen Verwurzelung. Er ist also genau gegensätzlich zu Jupiter. Saturn besagt – wie das Zeichen anzeigt –, daß beständige Entfaltung nur aus der Tiefe kommen kann. Deswegen ist hier der Halbkreis im Sinn des zunehmenden Mondes angeordnet. So wird Erfahrenes immer wieder gefiltert und konzentriert, ehe sich die Saturnkraft entfaltend offenbart.

Das ist dann meist der Weg der Prüfung, die ja stets erfordert, in sich hineinzuschauen. In sich hineinschauen heißt unweigerlich, sich zu konzentrieren, sich zu beschränken. Dies zeigt auch eine Verhärtung an, denn nach oben scheint alles begrenzt zu sein, aber es geht um das Verwirklichen und nicht um das uferlose Ausweiten.

Der Wert des Konservativen ist zu erkennen, das bewahrt, um dann besser und erfolgreicher zu überleben. So sind Saturn und Mars keine Feinde, aber überdimensional auseinanderstrebende Kräfte: Der eine strebt zur illusionshaften Vogelfreiheit, der andere zur kaum etwas riskierenden Bewahrung. Alles mit sich herumzutragen, das kann die Kräfte auch ermüden, genauso wie alles von sich abzuschütteln, denn wer mit zu leichtem inneren Gepäck reist, hat nichts mehr, das ihn irgendwo seßhaft werden läßt. Die Seßhaftigkeit aber ist hier in diesem Zeichen symbolisiert. Keines ist, was die Planeten betrifft, so in den Boden gerichtet.

⛢ Uranus

Das Symbol des Uranus besteht aus einem Kreis mit einem Punkt und aus einem zum Pfeil verwandelten Kreuz. Der Pfeil allerdings steht senkrecht über dem Kreis, die Mitte oder den kulminierenden Punkt anvisierend. Er kommt aus der Tiefe des Individuums, denn nun, nachdem die geheiligte Siebenzahl der Planeten überschritten

35

wurde, muß, wie bei der Sonne, das Individuum auch wieder im Symbolzeichen aufleben und erscheinen. So kommt auch die Intuition aus dem Individuum, aus seiner Tiefe. Der Einzelne hat Intuition, nicht die Menge! Kein Kollektiv kennt dies, denn Intuition ist mit das Persönlichste, was es gibt. Hier schießt aus dem Ich etwas in die Höhe. Der Einzelne hat Erkenntnisse, macht Erfindungen, findet den intuitiven Durchbruch, wenn das Denken nicht mehr weiter weiß. Das gibt auch die persönliche Originalität, die natürlich auch überspannt sein kann.

Aber was intuitiv geboren wird, das schießt schnurstracks in die Höhe, wie es das Symbolzeichen so herrlich erfaßt. Das führt zu Umwälzungen, auch zu Revolutionen, zumal das Ich oft von der Intuitionskraft mitgerissen werden kann. Dieses Aufbrechen ohne Rücksicht, raketenartig – das ist in diesem Zeichen versinnbildlicht, wie es besser kaum ausgedrückt werden kann.

♆   Neptun

Das Symbol des Neptun besteht aus einem Halbkreis und einem Kreuz. Halbkreis und Kreuz haben die gleiche Mitte. Der Halbkreis ist nach oben – also auf Empfang von oben – ausgerichtet, er steht mitten im Kreuz, aber nach oben strebend. So symbolisiert dies den irdischen Instinkt mit der Sehnsucht nach der himmlischen oder kosmischen Inspiration. Das führt aus dem Instinkt auch in die Mystik und ins Mystische, was ja gefährlich werden kann, da die Verwurzelung nach unten so tief nicht ist.

Das Empfangen ist hier also das Wesentliche, wenn dies auch erdverbunden (Kreuz) ist. Da sieht man durch die gemeinsame Mitte die Antennen, die ausstrahlen, was natürlich zu Verwirrung und Eigentäuschung führen kann. Aber das Aufnehmen dessen, was in der Luft liegt, ist ja die Grundlage für die Entwicklung des Instinkts gewesen. Zu ahnen, Gefahr zu wittern, Chancen zu erspüren, ist der Anfang jeder Medialität.

Das hat dann mit dem Verstand wenig zu tun, das wächst aus der instinktiven Empfangsbereitschaft heraus, das gedeiht auf dem Boden einer starken, oft übersteigerten Sensibilität.

ⵙ   Pluto

Das Symbol des Pluto ist leider umstritten. Manche zeichnen ein stilisiertes »P«, nach dem Anfangsbuchstaben dieses Planeten. Andere wählen ein übersteigertes Widderzeichen mit einem Querstrich, ohne dann aber Pluto diesem ersten Zeichen des Tierkreises zuzuordnen. Am archetypischsten scheint mir das Zeichen, das aus zwei Halbkreisen besteht, einem größeren und einem kleineren, wobei der kleinere den größeren von oben oval abschließt, dabei aber gleichzeitig in dem größeren Zeichen einliegt.

Hier wird also deutlich das von oben Empfangene abgedeckt und das nach unten Suchende abgefangen. Es wird etwas verschlossen. Was? Zwei Halbkreise sagen es: Das Wachsen kann – bewahrt und konzentriert – ungeahnte Kraft geben, die allerdings bei passender Gelegenheit explodieren könnte.

Es läßt sich auch folgern, daß hier etwas gewaltsam zurückgehalten wird, etwa das Individuelle der Masse, die so durch Macht gefangen gehalten wird. Pluto symbolisiert zusammengeballte Machtdurchsetzung und Masse. Sein Symbolzeichen sieht wie eine Bombe aus, wie eine Mine. Der Lebenskreis hat sich verformt, aus dem Kreis wurde ein eiförmiges Oval, wie ja eben die Masse das Individuum verformt.

Hier ist also eine unharmonische Ballung zu spüren, die ängstigen könnte, wenn diese Kraft nicht zielbewußt eingesetzt und gesteuert werden kann. Wie die größte Kraft im kleinsten Urkern sitzt – man denke nur an die Atomkraft, mit ihrer Findung wurde übrigens auch Pluto entdeckt –, so erwächst auch hier aus der Zusammenballung, Zusammenschiebung des Kreises ungeahnte Explosionskraft, die vom Ich verkraftet werden muß.

Diese Symbole sind erst einmal bewußt und unbewußt aufzunehmen, dann sprechen die Zeichen der Tierkreisabschnitte und die der Planeten zu einem und schließlich aus einem heraus.

Nun ist zu untersuchen, welche Planeten in welchen Zeichen ihre verwandte Kraft finden. Damit beginnt bereits die Kombinationsschulung. Doch sei auch der Mondknoten nicht vergessen.

☊ Mondknoten

Das Symbol des Mondknotens setzt sich zusammen aus einem Halbkreis und zwei Kreisen. Beim aufsteigenden Mondknoten hat der Halbkreis eine Öffnung nach unten, beim absteigenden Mondknoten hat der Halbkreis eine Öffnung nach oben.

Der Mondknoten ist als Symbol nicht überzubewerten. Der Knoten selbst ist nur ein rechnerischer Punkt, da, wo die Mondbahn die Ebene der Ekliptik schneidet. Der aufsteigende Knoten nordwärts, der genau gegenüberliegende Mondknoten südwärts.

Früher nannte man diese rechnerischen Punkte auch Drachenkopf und Drachenschwanz, weil auf der Ekliptik die Sonnen- und Mondfinsternisse stattfinden, eben dann, wenn der Mondknoten dicht bei der Sonne oder beim Vollmond stand. Diese Kreise, verbunden mit dem Halbkreis, symbolisieren das Verbindungssuchende zweier Lebenskerne. So sagt man auch, die Mondknoten würden die Verbindungen nach außen – also zum anderen – darstellen. Einmal in positiver, also jupiterhafter Hinsicht, dann in schwieriger, also saturnischer Hinsicht.

Die Mondknotenachse wird auch die Verbindungsachse genannt. Immerhin: Dieses Aufnehmen des anderen ist im Symbol gut enthalten, wobei die Richtung des Halbkreises wohl entscheidend sein könnte. Man sollte sich in der Astrologie abgewöhnen, die Begriffe negativ oder positiv zu verwenden. Daß der aufsteigende Knoten die Wölbung nach oben hat, der absteigende Knoten die Öffnung nach unten, hat wohl starken symbolischen Wert, weil so das Gegensätzliche, oder das Suchen der gegensätzlichen Bindung, gut ausgedrückt wird.

Noch eins: Die Planeten können scheinbar rückläufig sein, das heißt, vom Standpunkt der Erde aus gesehen bewegen sie sich scheinbar zurück oder stehen still. Dies ist nur eine Anblicksfrage: Von der Sonne aus gesehen wäre ein Planet nie rückläufig oder retrograd.

Rückläufig heißt, daß der Lauf eines Planeten gegen die Folge der Zeichen oder Abschnitte geschieht! Die äußeren Planeten scheinen um die Zeit ihrer Opposition zur Sonne, die inneren Planeten um die Zeit ihrer Konjunktion mit der Sonne rückläufig.

Das mag dem Anfänger etwas kompliziert erscheinen, aber er braucht sich zunächst nur einzuprägen, daß die Rückläufigkeit in den Ephemeriden durch ein R angegeben ist. Läuft ein Planet dann wieder vorwärts, finden wir neben seiner Positionsangabe ein D, das heißt »direkt«.

Wenn sich ein Planet rückläufig, also seiner Bahn entgegen zu bewegen scheint, dann ist das – da die Astrologie von der Anschauung kommt – natürlich in die Deutung mit einzubeziehen, wie es auch im praktischen Leben bemerkenswert ist, wenn sich etwas zurückzuentwickeln scheint. In Wahrheit geschieht ja auch im Leben alles in die Zeit hinein, in die Zukunft. Eine scheinbare Rückentwicklung – die ja auch gleichzeitig Zukunftsentwicklung ist – ist also um so bemerkenswerter.

Wenn ein Planet stillzustehen scheint, dann verstärkt das natürlich seine stationäre Wirkung sehr. Die Rückläufigkeit, der Stillstand oder der Wechsel zum direkten – rechten – Lauf ist besonders bei den Zukunftstendenzen wichtig. Der Grund für die scheinbare Rückläufigkeit ist die scheinbare Bewegung der Planeten um die Erde, während sich ja in Wahrheit die Erde um die Sonne bewegt. Bei Oppositionen der äußeren Planeten zur Sonne oder bei Konjunktionen der inneren Planeten zur Sonne kann der Himmel das Bild der Rückläufigkeit aufweisen, aber nie bei Sonne und Mond!

So haben wir also die Bedeutung der Symbolzeichen der Tierkreisabschnitte, der Gestirne und des Mondknotens untersucht.

Widder	= Aufbruch	Waage	= Gleichgewicht
Stier	= Bewahrung	Skorpion	= Behauptungswille
Zwillinge	= Kontakt	Schütze	= Hochziel
Krebs	= Schöpfertum	Steinbock	= Ehrgeiz
Löwe	= Zeugung	Wassermann	= Umwälzung
Jungfrau	= Ernte	Fische	= Hingabe

Sonne	= Ich, Ego, Bewußtsein
Mond	= Unterbewußtsein, Seele, Gemüt
Merkur	= Denken, Handeln, Vermitteln
Venus	= Empfinden, Weiblichkeit, Kunst
Mars	= Trieb, Wille, Urenergie
Jupiter	= Entfaltung, Mission, Sinn, Weisheit
Saturn	= Bewahrung, Tradition, Konzentration
Uranus	= Intuition, Urimpuls, neue Wege
Neptun	= Instinkt, Inspiration, Medialität
Pluto	= Macht, Durchsetzung, Masse
Mondknoten	= Bindung, Verbindung.

Planeten und ihre
Abschnittsverwandtschaft

Die astrologische Erfahrung durch Jahrtausende hat gezeigt, daß die Kraft, das Temperament, der Charakter einzelner Abschnitte des Tierkreises und einiger Planten der gleichen Grundrichtung entsprechen, daß also eine Verwandtschaft zwischen Abschnitten und jeweiligen Planeten besteht. Früher gebrauchte man den Ausdruck, daß jeder Abschnitt einen Herrscher hätte; so sollte etwa die Sonne über den Abschnitt Löwe herrschen. Dies ist sehr banal, nicht psychologisch gedacht.

Planeten und Abschnitte wurden auch mit Würden und Schwächen belegt. Danach steht jeder Herrscher eines Abschnitts im gegenüberliegenden Abschnitt in der Vernichtung. Da die Sonne im Abschnitt Löwe herrscht, sollte sie im Abschnitt Wassermann vernichtet stehen. Mal, so sagten alte Lehrbücher, sollen Planeten herrschend, vernichtet, mal aber auch erhöht in Würde oder erniedrigt in Schwäche stehen. Diese Einteilung ist zu schematisch, sie legt auch Aussagen ohne Eigenkombination von vornherein fest.

Wer sich, wie im nächsten Abschnitt gezeigt wird, der Mühe unterzieht und die Zeichen der Abschnitte mit den Zeichen der Planeten kombiniert, kommt zu weitaus besseren Aussagen, die vor allem psychologisch mehr hergeben, als der Ausdruck »in dem oder dem Abschnitt steht dieser oder jener Planet vernichtet«. Grundsätzlich kann aber zwischen Abschnitten und Gestirnen von einer Verwandtschaft gesprochen werden.

Nun fragen wir uns: Welche Planetenkraft ist mit welchem Abschnitt verwandt? Dabei werden wir feststellen, daß die einzelnen Abschnitte des Tierkreises in der Folge immer vielfältiger werden – entsprechend jeder Entwicklung.

Es heißt, Mars findet seine ihm gemäße, verwandte Kraft in Widder.

$$\mathcal{O}^{\!\text{\tiny '}}\ {}_i\ \Upsilon\quad(\ \text{\male}\ )$$

Widder ist Aufbruch, ist unbedingtes Durchbrechen des Früh-lings. Dies entspricht natürlich der Marskraft, die auch kämpfen, siegen und überwinden will. Widder ist das erste Frühlingszeichen. Nicht ohne Grund war Mars einst der Gott des Krieges, aber auch der Gott des Frühlings; er wurde mit Schwert und Pflug dargestellt. Mars findet also im Zeichen Widder seine verwandte Kraft.

Venus soll ihre verwandte Kraft im Zeichen Stier finden. Hier muß eingeschränkt werden, daß Venus wie Merkur einmal als Morgen-stern, einmal als Abendstern am Anschauungshimmel der Astrolo-gie erscheint. Wir müssen also bei Venus und Merkur unterscheiden zwischen Morgen- und Abendstern.

$$\text{\female}\ {}_i\ \text{\taurus}\quad(\ \text{\mercury}\ )$$

In Stier herrscht Venus sicher als Morgenstern. Man nehme nur das Zeichen vom Abschnitt Stier und das der Venus und lege sie übereinander, dann bekämen wir das Zeichen Merkur, der ja neben Zwillinge auch im zweiten weiblichen Erdzeichen Jungfrau seine verwandte Kraft findet. Insofern besteht die Verwandtschaft zu Recht. Man kann also sagen, daß hier in diesem ersten festen Erdzeichen Venus real handelnd und mit weiblicher Kraft steht. Man sollte noch beachten: Merkur hat in Luft (Zwillinge) und Erde (Jungfrau) sein Zuhause, genauso wie Venus in Erde (Stier) und Luft (Waage).
Stier ist Sicherung des Lebens, Sicherung des Aufbruchs, Aufga-be einer weiblichen Kraft, die dem Kämpfer ein Zuhause gibt. Das Zuhause ist aber nur vorhanden, wenn es fest und beständig ist, wenn es wohnlich geschmückt, heimisch ist, wenn dort der Aben-teurer, der Krieger seine Geliebte, sein Bett findet. Das verkörpert

Venus als Morgenstern, so daß man sagen kann: Venus als Morgenstern findet im Abschnitt Stier ihre verwandte Kraft.

Merkur als Morgenstern soll seine verwandte Kraft im Abschnitt Zwillinge finden.

$$\female_i \; \square \; \left(\boxed{\mercury} \right)$$

Der Abschnitt Zwillinge ist der Kontakt, der wissensdurstige, neugierige Abschnitt. Hier wird die Verbindung zum anderen gesucht, die eigene Ergänzung im anderen, hier wird nach dem Aufbruch und der Lebenssicherung der Verstand, die Vernunft, das Wissen eingesetzt, damit die Kommunikation funktioniert. Dies entspricht einem aktiven, also einem real handelnden Vermittler, der durch die Alltagswelt führen will, der hier in seinem Element ist. Merkur als Morgenstern findet seine verwandte Kraft im Abschnitt Zwillinge.

Das Licht Mond soll seine verwandte Kraft im Abschnitt Krebs finden.

$$\mathcal{D}_i \; \mathfrak{S} \; \left(\mathfrak{D} \right)$$

Von den Zeichen her fehlt im Krebssymbol der Halbkreis. Der wird hier durch den Mond eingeführt. Noch mehr: Mond in Krebs zeigt, daß vom Symbol her nun alle Grundzeichen zweimal vorhanden sind – zwei Kreise, zwei Gerade und zwei Halbkreise, damit also auch vom zeichnerischen Bild her ausdrückend, daß aus zwei drei werden, die Grundbasis jedes Weiterlebens, jedes Schöpfertums.

Wenn die Sonne in den Abschnitt Krebs geht, kommt bei uns der Sommer, wo sich jedes Wesen in der Natur fast schutzlos ausliefern kann. Auch die Seele, Grundlage jeder Weiterentwicklung, weil in ihr alle Kollektiv- und Individualerfahrungen der Menschheitsgeschichte gespeichert sind, kann sich nun öffnen. Krebs ist auch das mütterliche Zeichen, was ebenfalls dem Mond entspricht. So findet also der Mond seine verwandte Kraft im Abschnitt Krebs.

Die Sonne soll im Abschnitt Löwe ihre verwandte Kraft finden.

$$\odot \, i \, \mathcal{O}\!\mathcal{L} \qquad (\odot\!\mathcal{L})$$

Auch hier ist bereits das Sonnensymbol mit dem Mond-Halbkreissymbol beherrschend vorgeprägt. Der Mond empfängt sein Licht allein von der Sonne; so zeugt die Sonne den Mond. Die Sonne allein zeugt jedes Leben, wenn fruchtbarer Boden vorhanden ist. Fruchtbar wird der Boden durch Wasser, wie in Krebs vorhanden. Hier nun, auf dem fruchtbaren Urgrund, weckt die Sonne das Leben.

Wer zeugen kann, wird von einem Glücksgefühl überwältigt. Zeugungskraft – auch im tieferen Sinn – gibt selbstsichere Ausstrahlung, gibt Führungsqualität. Das Sonnenhafte strahlt gerade dann über die Grenzen des Ich zum Du, wenn die Sonne uns im Abschnitt Löwe durch die Hundstage ihre größte Macht offenbart. So findet die Sonne ihre verwandte Kraft im Abschnitt Löwe.

Merkur als Abendstern soll seine verwandte Kraft im Abschnitt Jungfrau finden.

$$\yen \, i \, \mathfrak{M} \qquad (\mathfrak{M})$$

Merkur ist, wie schon bei Zwillinge gesagt, das Handeln, das Denken, das Vermitteln. Im Abschnitt Zwillinge führt Merkur durch die Tagwelt, hier, im Abschnitt Jungfrau, durch die Nachtwelt. Im Abschnitt Jungfrau bereitet sich mit dem Einsammeln der Ernte, ihrer Reinigung und Lagerung alles auf die Nachtwelt vor, auf die kommende Dunkelheit.

Dazu benötigt man Merkur, der die Tore zum ernsten Denken,

44

zur Philosophie öffnet und die Denkgrundlage für die weitere Entwicklung gibt, der die Erde in vorsorgenden Besitz nimmt, um die Wirkung der Sonne zu speichern, damit die Früchte der Sonne recht lange erhalten bleiben. Das verlangt: Genauigkeit, Sorgfalt, Akribie. So findet Merkur als Abendstern seine verwandte Kraft im Abschnitt Jungfrau.

Venus als Abendstern soll ihre verwandte Kraft im Abschnitt Waage finden.

$$♀_i \; \Omega \qquad (\underline{\underline{\,\circ\!\!\!\!-\,}})$$

Im Abschnitt Waage wird die Mitte, das innere Gleichgewicht angestrebt. In der Mitte treffen sich die Geschlechter, im Zugehen aufeinander trifft sich das Du mit dem Ich. Dann kann die Venusbindung eingegangen werden, die Voraussetzung für jede Fortpflanzung, auch geistiger Art, ist. Auch muß in Betracht gezogen werden, daß Venus in diesem Zeichen zu Hause ist – als Ergänzung zum gegensätzlichen Oppositionsabschnitt Widder, wo Mars seine verwandte Kraft findet. So ist hier die nächtliche, auch die himmlische Liebe (so groß das Wort klingen mag) zu sehen.

Aus der Mitte, aus dem Gleichgewicht, kommt die Diplomatie, entwickeln sich menschliche Freuden, die Kunst, die Eleganz, das taktvolle Niveau. Es geht nicht mehr um die Bewältigung des Alltags, sondern um seine Erhebung durch Verschönerung. So findet Venus als Abendstern ihre verwandte Kraft im Abschnitt Waage.

Im Zeichen Skorpion sollen Mars und Pluto ihre verwandte Kraft finden.

$$\mathrm{\sigma^{7}_{+}} \cup i \, \mathfrak{M} \! \mathcal{\vee} \quad \left(\mathfrak{M} \! \mathcal{\vee} \right)$$

Mars ist Kampf, Auflehnung, gerade jetzt, da der Untergang droht, da in der Natur alles im Nebel zu versinken scheint. Mars bricht aus dem Dunkel hervor, weil er das Licht sucht. Ging es in Widder um das Sonnenlicht, so geht es hier um das innere Licht, das ja erst die realen Grenzen des Lebens überwinden hilft. Das wird nur mit eigener, individueller Durchsetzungskraft erzielt, weswegen Pluto mit einbezogen werden kann. Pluto ist Masse, aber auch das Streben, sich von der Masse abzusetzen, sich in der Masse durchzusetzen. Hier, in diesem Abschnitt, muß das geleistet werden: der Wille der Individualdurchsetzung, weil nur Leidenschaft zum Ziel führen kann; der Behauptungswille des Abschnitts Skorpion wird in keinem Planeten so gleichgesetzt wie in den Planeten Mars und Pluto.

Im gegenüberliegenden Oppositionsabschnitt Stier steht Venus als Morgenstern, Venus, den Alltag sichernd. Jetzt geht es aber um die Überlebenssicherung, die weit über den realen Tag hinausführt. So finden Mars und Pluto im Abschnitt Skorpion ihre verwandte Kraft.

Im Zeichen Schütze soll Jupiter seine verwandte Kraft finden.

$$\mathrm{2\!\!\!\downarrow} \, i \, \nearrow \quad \left(\nearrow \right)$$

Jupiter ist das Sinngebende in einem Horoskop, die Entfaltungskraft, das Streben nach führender Weisheit, die Glaubenssehnsucht. Das Zeichen Schütze ist gleichfalls der Blick in die leuchtende Höhe, gerade dann, wenn die Nacht am Ende des Abschnitts am dunkelsten und längsten ist. Sinnbildlich nahmen und nehmen sich die Menschen nun den Himmel in ihr Heim, indem sie die Kerzen am Weihnachtsbaum anzünden – nichts anderes als das Symbol der

Milchstraße, des mythischen Lebensbaumes. Im Oppositionsabschnitt Zwillinge steht Merkur als Tagesbewältiger. Nun aber will Jupiter über den Tag hinausführen, will das Leben mit Sinn erfüllen.

Das Hochziel des Abschnitts Schütze anzuvisieren, das entspricht Jupiter, der archetypisch auch als die höhere Sonne bezeichnet wird. Nicht ohne Grund herrschte in der Mythologie Zeus/Jupiter über die anderen Götter, auch über Helios/Apollon. So ist Jupiter – vereint man beide Zeichen – der Bogen für den Schützen. Damit findet Jupiter seine verwandte Kraft im Abschnitt Schütze.

Saturn soll seine verwandte Kraft im Abschnitt Steinbock finden.

Saturn hat die Wurzeln in der Tiefe. Am tiefsten Punkt steht die Sonne, wenn sie im Abschnitt Steinbock weilt. In der Tiefe regeneriert sie sich, wo Saturn die Konzentration, die Beschränkung, das Zeitmaß ist, das allein zur Regeneration führen kann. Saturn herrscht als Chronos über die Zeit, die Sonne und Mond anzeigen. Daher wurde unter anderem Saturn auch als Gegensonne angesehen.

Der Oppositionsabschnitt des Steinbocks ist Krebs, wo der Mond seine verwandte Kraft findet. Die Verwandtschaft von Saturn und Mond ist deutlich: Vom Zeitmaß her ist hier ein Tag gleich ein Jahr, da die Tage des Saturnumlaufs den Tagen des Mondumlaufs entsprechen. Aber beide, Saturn und Mond, wirken in der Tiefe: Der Mond als Unterbewußtseinssymbol uferlos schweifend, während Saturn das Uferlose einschränkt und beschränkt.

Das Aufnehmen, das Empfangende des Mondes – im Oppositionszeichen Krebs – wird hier geprüft, sortiert und damit erst dann als gezielte Erfahrung eingesetzt. Dies entspricht dem Abschnitt Steinbock, da mit der Erfahrung aus der Tiefe der Weg zur Höhe mit kleinen Schritten anvisiert wird, da die Erde als Grundlage die Basis für das Leben auf dem Gipfel gibt. So findet Saturn seine verwandte Kraft im Abschnitt Steinbock.

Uranus soll seine verwandte Kraft im Abschnitt Wassermann finden.

Von den Symbolen her ergänzen sich beide: das waagerecht, zur Seite offen liegende Symbol des Abschnitts Wassermann und das von unten senkrecht in die Höhe führende Symbol des Uranus. Aber das ist es nicht allein. Uranus kommt aus der Tiefe, die Intuition kommt von unten, wo jetzt die Sonne steht. Der Wassermann-Oppositionsabschnitt ist ja Löwe, der Sonnen-Abschnitt. Intuition aber ist eine innere Sonne, denn sie führt zu Erkenntnissen, zu Erfindungen, zum Weiterleben, zur Weiterentwicklung. Wenn man will, führt Intuition erst zum Licht, auch technisch gesehen, in das All hinaus, denn Uranus symbolisiert auch die technische Entwicklung, den Sprung in den Weltraum. Mit der Intuitionskraft kommt der Mensch der Sonne in unserem Weltallsystem näher. Das führt zu Umwälzungen, aber – und hier liegt die Gefahr – auch zum Bluff, zur Scharlatanerie, wenn nämlich die innere Sonne, die Wahrheit, der echte Geist nicht respektiert wird, wenn sich also Uranus über die Sonne des Oppositionsabschnitts Löwe hinwegsetzen will. So findet Uranus im Abschnitt Wassermann seine verwandte Kraft.

Bleibt Neptun, der seine verwandte Kraft im Abschnitt Fische finden soll.

Neptun ist der animalische Urinstinkt, der sich zur Inspiration erheben kann. Fische ist der Abschnitt der Hingabe, der Aufopferung. Erst aus der Bereitschaft zur Hingabe auch in der Abgeschiedenheit, der Bilanzsuche, kann der Mensch wieder zu seinem Urinstinkt zurückfinden, kann er in die Medialität gehen, kann er die echte, befruchtende Inspiration empfangen. Fügt man die Symbole von Neptun und Fische zusammen, dann bekommt man ein nach allen Seiten ausstrahlendes Gebilde, das von innen leuchtet oder das seine Antennen rundum ausgerichtet hat.

Hier, da das lebendige Wasser im Zeichenabschnitt die Kraft der Befruchtung für den neuen Anfang gibt, regiert Neptun mit seiner Überlebens- und Weiterlebenskraft. Neptun spürt im Meer der Unendlichkeit – auch des Himmels – die Zusammenhänge auf, die rationell nicht mehr faßbar sind. Das Neptunische zieht uns hinab, aber auch von dort wieder herauf. Die Seher erspüren in der Unendlichkeit die Fixpunkte, ihre Gesichte. Einst sah man Jupiter als verwandt (auch verwandt) für den Fische-Abschnitt an, wohl mit der Berechtigung, daß der Sinn der Entfaltung in der Hingabe liegt. Aber Neptun führt zurück zum Urinstinkt, und damit gibt er die Chance zur Inspiration – im Gegensatz zum Oppositionsabschnitt Jungfrau, wo alles irdisch handelnd ausgerichtet ist. So findet Neptun seine verwandte Kraft im Abschnitt Fische.

Damit wäre das noch leere Horoskopformular in seiner Aussagefülle beschrieben. Soviel verrät allein das blanke Blatt. Natürlich gibt es Horoskopformulare, die viel mehr an Symbolen in den Abschnitten stehen haben; das aber ist eher verwirrend und für die Eigenkombination hindernd. Es reicht, die Aussage der Abschnitte und deren verwandte Planetenkräfte in sich aufzunehmen.

Zu beachten wäre noch, daß der Kreis in der Mitte des Horoskops den Horoskopeigner darstellt. Dieser Kreis sollte nicht durch Linien oder andere Einzeichnungen berührt werden, weil hier das Ich allein zu Hause ist. Der Kreis stellt auch den Ausgangspunkt des Betrachters dar, denn von hier ist zu sehen, welche Abschnitte zur Zeit einer Geburt oder zur Zeit eines Ereignismoments in den verschiedenen Tag- oder Nachtzeiten beziehungsweise zu den Himmelsrichtungen stehen, aber davon später. Zunächst gilt es, die Kombination zu üben, wie sich die Aussagen der Planeten in den einzelnen Abschnitten darstellen, bei denen die Planeten nicht ihre verwandte Kraft finden.

Auch hier geht es im Folgenden um Anregungen, um Hinweise, natürlich auch um Richtungsimpulse, die zur eigenen Deutung führen sollen. Es sei daher dringend empfohlen, nicht irgendwo nachzuschauen, was Venus im Abschnitt Löwe oder Krebs bedeutet. Natürlich käme man auch damit vielleicht zum Ziel – viele Wege führen nach Rom –, aber wer die eigene, ursprüngliche Deutung sucht, der muß die Kombinationsgabe, die jeder in sich hat, schulen. Wer einmal – nur so zur Hilfe – in ein Rezeptbuch schaut, der schaut immer wieder hinein, und dann sind die Gleise festgefahren. Deswegen sei davor gewarnt. Man kann in vielen Büchern viel über Astrologie erfahren, aber die Bücher, die Anregungen zur Kombination geben, sind selten. In diesem Sinn möge man auch die folgenden Anregungen verstehen, wenn es um die Kombination der Planeten in den einzelnen Abschnitten geht. Das alles ist nämlich noch ziemlich leicht zu erfassen; schwieriger wird es, wenn die Aspekte und die Stellung der Planeten in den Häusern mit einbezogen werden müssen, wenn Aszendent und Lebenskern kombiniert werden sollen. Doch zunächst zu einer der wichtigsten Grundlagen der Kombination – zu den drei Kreuzen der Astrologie.

Kreuze in der Astrologie

Wir kennen die vier Jahreszeiten, die in je drei Abschnitte eingeteilt sind. Diese drei Abschnitte stellen nun die drei Kreuze dar. Diese Kreuze sind besonders wichtig – das sei vorweggenommen – für die Deutung der Quadrate. Wir kennen ferner drei Einteilungen der Jahreszeiten: 1. die bewegenden Abschnitte, wo etwas bewegt wird; 2. die festen Abschnitte, wo sich etwas festigt oder etwas stabilisiert wird; 3. die sich angleichenden Abschnitte, wo sich etwas angleicht und so auf das Folgende einstellt. Somit haben wir auch drei Kreuze.

Das bewegende Kreuz

Dieses Kreuz wird gebildet aus den Abschnitten Widder, Krebs, Waage und Steinbock. Es umfaßt von jedem Element das Bewegende; früher sagte man auch, das Kardinale.

Diese Abschnitte stehen nun, wie bei den zwei folgenden, im 90-Grad-Abstand nebeneinander oder im 180-Grad-Abstand gegenüber. Dies bedeutet nun, um vorzugreifen, Opposition und Quadrat. Also Spannung und Entwicklungskrise.

Hier sieht man schon, wie sehr das Motorische wichtig ist, weil zuviel Bewegung sich hemmt oder überspannt, oder zuviel Festigkeit sich auch im motorischen Sinn behindert; auch zuviel Angleichung ist bremsend.

Das feste Kreuz

Dieses Kreuz wird gebildet aus den Abschnitten Stier, Löwe, Skorpion und Wassermann. Es umfaßt von jedem Element das Feste; früher sprach man auch vom Fixen Kreuz.

♉ ✝ ♏
♌

Das angleichende Kreuz

Dieses Kreuz wird gebildet aus den Abschnitten Zwillinge, Jungfrau, Schütze und Fische. Es umfaßt von allen Elementen die Abschnitte, die sich dem Folgenden anpassen, die also annähernd sind.

♓ ✝ ♐
♍

Hier wird nun etwas sichtbar, das besonders in der alten Astrologie wichtig war, die nur mit den sieben Planeten arbeitete. Als Uranus, Neptun und Pluto noch nicht entdeckt waren, waren jedem Planeten (ausgenommen die Lichter Sonne und Mond) zwei Abschnitte zugeteilt, in denen diese ihre verwandte Kraft fanden. Das waren

Merkur	= Zwillinge und Jungfrau,
Venus	= Stier und Waage,
Mars	= Widder und Skorpion,
Jupiter	= Schütze und Fische,
Saturn	= Steinbock und Wassermann.

Schauen wir uns nun die Kreuze an, dann entdecken wir etwas Beachtenswertes.

Im bewegenden Kreuz finden vier Gestirne ihre Verwandtschaft:

Mars = Widder
Mond = Krebs
Venus = Waage
Saturn = Steinbock.

$$\saturn\ i\ \taurus$$
$$\mars\ i\ \aries \rule{2cm}{0.4pt} \venus\ i\ \libra$$
$$\moon\ i\ \cancer$$

Im festen Kreuz sind es auch vier Gestirne, die dort ihre Verwandtschaft finden:

Venus = Stier
Sonne = Löwe
Mars = Skorpion
Saturn = Wassermann.

$$\saturn\ i\ \aquarius$$
$$\venus^{M}\ i\ \taurus \rule{2cm}{0.4pt} \mars\ i\ \scorpio$$
$$\sun\ i\ \leo$$

Nur zwei Planeten tauchen in diesen Kreuzen nicht auf: Merkur und Jupiter. Diese Planeten teilen sich das angleichende Kreuz:

Merkur = Zwillinge
Merkur = Jungfrau
Jupiter = Schütze
Jupiter = Fische.

$$\jupiter\ i\ \pisces$$
$$\mercury^{M}\ i\ \gemini \rule{2cm}{0.4pt} \jupiter\ i\ \sagittarius$$
$$\mercury^{A}\ i\ \virgo$$

So kann man auch von dieser Charakteristik her sagen, daß sowohl Merkur als auch Jupiter die am wenigsten festgelegten Kräfte symbolisieren, die ihre Entwicklung in sich tragen, die sich den anderen Kräften angleichen. Ein ganz wichtiger Gesichtspunkt, der nicht vergessen werden sollte.

Heute sehen die Kreuze, berücksichtigt man nur die Planeten, so aus:

Bewegendes Kreuz: Mars, Mond, Venus als Abendstern, Saturn

$$♄$$
$$♂ \text{———}\!\!\!+\!\!\!\text{———} ♀^A$$
$$☽$$

Festes Kreuz: Venus als Morgenstern, Sonne, Pluto, Mars, Uranus

$$♇$$
$$♀^M \text{———}\!\!\!+\!\!\!\text{———} ♅/♂$$
$$☉$$

Angleichendes Kreuz: Merkur als Morgenstern, Merkur als Abendstern, Jupiter, Neptun

$$♆/♃$$
$$☿^M \text{———}\!\!\!+\!\!\!\text{———} ♃$$
$$☿^A$$

Dies ist also zu bedenken, wenn wir uns später Aspekte ansehen. Das ist aber besonders wichtig, wenn wir die Menschen von der Grundanlage her betrachten. So gelten im täglichen Leben immer die sogenannten feurigen Menschen als die, die durch ihr lebhaftes Temperament soviel Bewegung in das Leben bringen. Astrologisch ist dies so nicht zu betrachten. Es gibt durchaus Horoskope, da das Feurige gar nicht ausgeprägt ist, aber das Bewegende.

Hat jemand etwa vier Planeten im Abschnitt Krebs, zwei in Waage und zwei in Steinbock, dafür keinen Feuerabschnitt besetzt, dann wird er mehr bewegen als jemand, der sieben Planeten in Feuerzeichen hat, es sei denn, alle sieben Planeten ständen im Abschnitt Widder. Aber das kann zur heutigen Zeit nicht mehr passieren.

Vier Planeten in Krebs plus zwei in Waage plus zwei in Steinbock; das ergibt acht Planeten in bewegenden Zeichen. Von solchen Menschen geht etwas aus.

Steht die überwiegende Zahl der Planeten in festen Abschnitten, dann kann von einem stabilisierenden Menschen gesprochen werden.

Stehen die überwiegenden Planeten in sich angleichenden Abschnitten, dann sind dies Menschen, die die Anpassung, den Ausgleich suchen.

Soviel Grundsätzliches zu den Abschnitten des Horoskopformulars.

Kombination von Planeten
und Abschnitten

Es wird durch den Gang der Sonne durch die zwölf Abschnitte bereits klargeworden sein, daß sich die Kraft, die durch das Licht Sonne symbolisiert wird, in den einzelnen Abschnitten jeweils ändert. Die Beschreibung der Abschnitte, die wir gegeben haben, entspricht ungefähr der, als stünde die Sonne in den jeweiligen Abschnitten.

Aber wie sich die Kraft der Sonne ändert, so auch die Kraft des Mondes, des Merkur und aller anderen Planeten. Man kann das an einem Beispiel erläutern: Den Abschnitten entsprechend gibt es zwölf Kleider, die jeder Planet zur Vefügung hat. Mit dem Eintritt in einen neuen Abschnitt legt der Planet sein altes Kleid ab und zieht ein neues an.

Bei Menschen ist es leicht zu beobachten – so äußerlich dies hier sein mag –, wie sich mit dem Kleid auch das Auftreten ändert. Jede Frau bewegt sich in einem Abendkleid anders als in Bluejeans, in einem Hausanzug anders als in einem Badedress.

Von hier ausgehend könnte man sich etwa die Kleider wie folgt denken:

Widder:	Kampfanzug
Stier:	Ländliche Kleidung
Zwillinge:	Reiseanzug
Krebs:	Sonnenkleidung
Löwe:	Gala-Anzug
Jungfrau:	Arbeitsanzug
Waage:	Abendkleidung
Skorpion:	Schockierender Individualanzug
Schütze:	Reiterkluft
Steinbock:	Bergsteigeranzug

Wassermann: Weltraumanzug
Fische: Mönchsgewand

Dieses sind natürlich nur Anregungen. Mancher möge sich andere Kleidungsarten ausdenken, denn eigentlich sollen diese Vorschläge auch nur inspirieren. Man kann sich aber durchaus beim Mond – als schnellstem Wandler – vorstellen, daß er sich etwa alle zweieinhalb Tage »umzieht« und sich so in seinem Auftreten verändert.

Besser ist es natürlich, anzunehmen, daß die Planeten in den Abschnitten etwas von der Kraft der Planeten annehmen, die hier ihre Verwandtschaft haben. Das entspräche einer kleinen Konjunktion. Die Konjunktion ist der Aspekt, wenn zwei Planeten beisammenstehen. Davon später mehr.

Einst nannte man die Konjunktion eine Zusammenfügung. Dieses Wort würde hier bestens zutreffen. Nehmen wir an, der Mond steht in Widder, dann wäre er mit dem Planeten, der hier seine verwandte Kraft findet, zusammengefügt, also mit Mars. Damit hätte der Mond in Widder eine marsische Färbung.

In Stier wäre der Mond mit Venus als Morgenstern zusammengefügt und hätte eine venushafte, weibliche, reale Färbung.

Im Abschnitt Zwillinge hätte der Mond, mit Merkur als Morgenstern zusammengefügt, eine merkurische Färbung.

In Krebs wäre der Mond mit sich selbst zusammengefügt, da er hier seine verwandte Kraft findet. Also würde der Mond überpotenziert auftreten.

Im Abschnitt Löwe wäre Mond mit der Sonne zuammengefügt, was eine sonnenhafte Färbung ergibt.

Im Abschnitt Jungfrau hat dann der Mond wieder eine Zusammenfügung mit Merkur, hier aber – im Gegensatz zum Zeichen Zwillinge – mit Merkur als Abendstern. Also hätte der Mond eine merkurische Färbung, die mehr in die Tiefe geht als im Abschnitt Zwillinge.

Dies trifft auch für die Waage zu. Hier würde Mond mit Venus als Abendstern zusammengefügt und hätte hier mehr eine venushafte, musische Färbung.

In Skorpion fügt sich nun der Mond mit Pluto und Mars zusammen, also hätte er eine explosive individuelle mars- und plutohafte Färbung.

In Schütze wäre Mond mit Jupiter zusammengefügt, man kann also von einer jupiterhaften, großzügigen Mondfärbung sprechen.

In Steinbock wird Mond mit Saturn zusammengefügt, so ist hier von einer saturnischen, beharrenden Färbung zu sprechen.

In Wassermann fügen sich Uranus und Mond zusammen, die Mondfärbung ist also intuitiv uranisch, und im Abschnitt Fische schließlich fügen sich Neptun und Mond zusammen, so muß hier von einer instinkthaft neptunischen Mondfärbung gesprochen werden.

Hier nun Anregungen für die Bedeutung der Planetenstellungen in den einzelnen Abschnitten.

Mond in den Abschnitten

☽ in ♈ Aufbrechendes Unterbewußtsein, kämpferische Seele, innere Unruhe, starkes Wechselbedürfnis. Sich getrieben fühlen. Erfolgsbedürfnis, wenn auch meist nur unbewußt.

☽ in ♉ Nach Sicherheit strebendes Gemüt. Erdverbundenes Unterbewußtsein. Sehnsucht nach Geborgenheit. Sich Sicherheit wünschend.

☽ in ♊ Kontaktbereite Seele, neugieriges Unterbewußtsein. Innerer Wissensdurst, den anderen erspüren. Unbewußt mit allen Kontakt suchen.

☽ in ♋ Gemütvolle Seele. Wichtige Betonung des Unterbewußtseins. Nach innen hören. Probleme überschlafen müssen. Ahnungsvermögen.

☽ in ♌ Stolzes Unterbewußtsein, nach außen drängende See-
lenwünsche. Sehnsucht nach Autorität und Anerkennung. Launenhafte Verletzbarkeit bei Nichtanerken-
nung.

☽ in ♍ Registrierende Seele. Das Gemüt ist bereit zur Analyse.
Angestrengte Beherrschung. Nervosität aus Zukunfts-
angst. Sich daher unbewußt den Realitäten zuwendend.

☽ in ♎ Musisches Unterbewußtsein. Aufgebrochene Seele für
die Umwelt. Künstlerische Sehnsüchte. Ästhetik steht
unbewußt im Vordergrund. Zärtlichkeitswunsch.

☽ in ♏ Leidenschaftliches Gemüt, aufgebrochene Seele. Ver-
wundbares Innere. Seelische Aufbäumung gegen den
Tod. Hinwendung zu den Grenzfragen, wenn auch unbewußt. Rachewünsche.

☽ in ♐ Missionarisches Unterbewußtsein. Strebende, lerneifri-
ge Seele. Sehnsucht nach Horizonterweiterung, unbe-
wußter Missionseifer.

☽ in ♑ Ehrgeiziges Unterbewußtsein, tiefschürfendes Gemüt.
Tiefe Ideale, vor allem, um etwas darzustellen. Innere
Zähigkeit, auf Niederlagen fast hysterisch reagierend.

☽ in ♒ Geistig orientiertes Unterbewußtsein. Psychologische
Hinwendung zur Seele. Sehnsucht nach tiefer Men-
schenreifung. Unbewußt exzentrische Wege einschlagen. Schwer in der Seele zu fassen.

☽ in ♓ Hingebendes Gemüt, aufopferndes Unterbewußtsein.
Innere Bindungssehnsucht. Streben nach Verstehen.
Auch tiefe, unbewußte Gläubigkeit. Neigung zum Ok-
kultismus.

Bevor wir uns Merkur und Venus in den Abschnitten zuwenden, sei noch einmal auf den Unterschied dieser beiden Gestirne als Morgen- oder Abendstern hingewiesen. Es hat in der menschlichen Geschichte lange gedauert, ehe erkannt wurde, daß Morgen- und Abendstern bei Merkur und Venus derselbe Stern waren. Von der Anschauung des Himmels war das wichtig, denn Astrologie kommt aus der Anschauung. So wurde besonders die Venus als Morgenstern völlig anders beurteilt als Abendstern. Als Morgenstern war Venus die kämpferische Frau bis hin zur Amazone, als Abendstern die Geliebte, die Braut, die junge Frau.

Dies muß wieder in die Deutung einbezogen werden. So war auch Merkur als Morgenstern der Führer durch die Tagwelt, als Abendstern der Führer durch die Nachtwelt; Venus als Morgenstern die Frau, die die Tagwelt beherrscht, Venus als Abendstern die Frau der Nacht, das nächtliche Glück. Bei den nachfolgenden Anregungsstichworten ist das wichtig. Steht also in einem Horoskop Merkur oder Venus als Morgenstern, dann sind die Anregungsstichworte realer, tagbewußter zu nehmen. Stehen Merkur oder Venus als Abendstern, dann sind sie mehr als nächtliche dunklere Kräfte anzusehen, die mehr aus der Tiefe wirken.

Venus und Merkur sind Morgensterne, wenn sie vor der Sonne – am Horizont gemessen – auf- oder untergehen, Abendsterne, wenn sie nach der Sonne auf- oder untergehen. Davon später bei der Besprechung der Horizontlinie mehr.

Merkur in den Abschnitten

☿ in ♈ Kämpferisches Denken, schnelles, scharfes Reagieren. Spitze Formulierungen, selbstsicheres Handeln. Oft zu spontane Einfälle. Ideen kommen und gehen.

☿ in ♉ Charmantes Vermitteln, Denken auf Sicherheit ausgerichtet. Diplomatisches Geschick, gefühlvolles Handeln. Kunst, den Partner für sich einzunehmen.

☿ in ♊ Kontaktsuchende Gespräche. Übergroßer Wissensdurst. Schnelles, neugieriges Denken. Starke Verstandesaufgeschlossenheit. Lesebedürfnis. Nervliche Unruhe.

☿ in ♋ Schöpferisches Denken, Traditionsgedächtnis. Launenhaftes Reagieren. Denken aus dem Unterbewußtsein. In den anderen hineinkriechen wollen. Zähes Handeln.

☿ in ♌ Stolzes Handeln und Denken. Glutvolles Reagieren. Überzeugende Sprache, Vertreten des eigenen Standpunkts. Autoritäre Ausdrucksweise. Vieles versprechen.

☿ in ♍ Tiefsinniges Denken. Gründliche Analyse, genaues Handeln. Prüfung der Möglichkeiten. Stets am Ball bleibend, Realitäten hoch schätzend. Die Genauigkeit lieben.

☿ in ♎ Diplomatisches Geschick in Verhandlungen. Musisches Denken. Empfindungsreiches Reagieren. Bewußt den Charme einsetzend. Mit Worten blenden.

☿ in ♏ Leidenschaftliche Reaktionen in Wort und im Handeln. Individuelles Denken, persönlichste Ausdrucksweise. Ungestümes Handeln, scharfböse Antworten. Spitzzüngigkeit.

☿ in ♐ Missionarisches Grunddenken. Lerneifer. Überlegtes Handeln. Gerechtigkeitsdenken. Joviale Ausdrucksweise. Vermittelnd auf den anderen zugehend. Überzeugungsarbeit.

☿ in ♑ Ehrgeiziges Handeln. Folgerichtiges Denken. Genaues Durchspielen seiner Möglichkeiten. Wissen um das Endziel. Begabung für kleine Handlungsschritte.

☿ in ♒ Umstürzlerische Ideen. Ungewöhnliches Denken und Reagieren. Das Menschliche anvisieren. Rasche Handlungsweise. Erfinderbegabung, technisches Überlegen.

☿ in ♓ Hingebungsvolles, aufopferndes Handeln. Gläubiges Denken. Ahnend reagieren. Instinkt ins Vermitteln einbeziehen. Okkultes Wirken. Grenzüberschreitendes Denken.

Venus in den Abschnitten

♀ in ♈ Kämpferisches Gefühl. Triebhafte Aufladung, hochgeladene Sexualität. Empfindungswollen. Heftigste weibliche Reaktionen. Triebgefühl. Besitzergreifende Liebesgier.

♀ in ♉ Weibliche Tatkraft. Starkes Empfinden. Häuslichkeit. Starke weibliche Anziehung. Sicherheit und Ruhe gebend. Anlehnungsbedürftig. Liebesstarker, empfindsamer Beistand.

♀ in ♊ Sprachgewandtes Empfinden. Analysierung des Gefühls. Kontaktsuchende Weiblichkeit. Weiblicher Ausdruck in Rede und Schreiben. Empfindsame Ansprechbarkeit.

♀ in ♋ Schöpferisches, mütterliches Empfinden. Starke Weiblichkeit. Ganz auf Wärme ausgerichtet. Sich in den anderen empfindsam einfühlen.

♀ in ♌ Stolzes Empfinden. Herrische Weiblichkeit. Dominante Erotik. Weibliche Schaffenskraft, glutvolle Sexualität. Weibliche Kraft, als Frau etwas leisten wollen.

♀ in ♍ Beherrschtes Empfinden. Den Wert der Weiblichkeit kennend. Nachtragende Empfindsamkeit nach außen unter Kontrolle haltend. Raffiniert kaltes Reagieren.

♀ in ♎ Anspringendes Empfinden. Stets offen von allen Seiten. Musische Interessen, Sinn für Künstlertum und Eleganz. Anziehende Weiblichkeit. Flirtend, verführerisch.

♀ in ♏ Leidenschaftliches weibliches Reagieren. Starke Anziehung auf das andere Geschlecht. Kämpferisch. Sich abheben wollen, spontane Reaktionen.

♀ in ♐ Stolzes Empfinden. Ehrgefühl. Glutvolle Weiblichkeit. Lernempfinden. Sich vom Inneren her auf die Uraufgaben besinnen. Den anderen mitreißen wollen.

♀ in ♑ Ehrgeiziges Empfinden. Die Basis des Erdhaften im Anschluß an den anderen nie verlierend. Das Glück zwingen wollen. Streben nach Glückserfüllung.

♀ in ♒ Originelles Empfinden. Sinn für Menschlichkeit. Vom Weiblichen her extreme Wege einschlagend. Geistige Erotik, Lust am Außergewöhnlichen. Exzentrische Äußerungen des Empfindens.

♀ in ♓ Hingebende Weiblichkeit. Vom Empfinden her starke Aufopferung. Gläubiges Zärtlichkeitsbedürfnis. Aufgebrochene Weiblichkeit. Liebessehnsucht ohne Ende. Nixenhaft.

Mars in den Abschnitten

♂ in ♈ Starker Wille und Urtrieb! Bedingungsloses Einsetzen. Mit Schärfe antretend. Ohne Rückendeckung sich behaupten wollen. Rücksichtsloser Einsatz, auch gegen sich selbst.

♂ in ♉ Starker Empfindungstrieb. Vom Empfinden getriebener Wille. Anziehung zum anderen Geschlecht. Wille, sich ein Haus zu schaffen. Starke erotische Liebeskraft.

♂ in ♊ Kontaktsuchender Wille. Scharfes Denkvermögen. Literarische Sehnsucht. Kritikerbegabung. Satirische Begabung. Überall dabeisein wollen. Spitzfindigkeit.

♂ in ♋ Schöpferischer Wille. Schnell reagierendes Unterbewußtsein. Wille, den Dingen auf den Urgrund zu gehen. Kämpferische Mütterlichkeit. Launische Willensrichtung, wenig Selbstkontrolle.

♂ in ♌ Stolzer Trieb. Zeugungswille. Kämpferischer Autoritätsanspruch. Über das Ziel hinausschießend. Sonnenhafte Anziehung auf das andere Geschlecht. Willensdurchsetzung.

♂ in ♍ Rechthaberischer Trieb. Überzeugungsfanatiker im Kleinlichen. Starker Arbeitswille. Betonte Literatur- und Philosophiebegabung. Gabe, Verdecktes aufzuspüren. Spürsinn als Waffe.

♂ in ♎ Wille zu gefallen. Künstlerische Durchsetzung. Anbetung des anderes Geschlechts. Wille lernt sich hinter Charme verbergen. Ausgleich anstrebend, da Gefahr, aus dem Gleichgewicht zu kommen.

♂ in ♍ Leidenschaftlicher Durchsetzungswille. Individuellster Ich-Trieb. Auflehnung. Aufruhr. Sich nie mit Niederlagen abfinden können. Auf den anderen zustürmen. Jähzorn.

♂ in ♐ Missionarische Willensrichtungen. Führungsanspruch. Beispiele geben wollen. Anbetungssehnsucht. Religionsfanatiker. Erkenntniswille. Überstarkes Ehrgefühl.

♂ in ♑ Bedingungsloser Einsatz. Hohe Ziele anvisierend, die aber irdisch orientiert bleiben. Zäher Wille, harter Trieb. Hindernisse mobilisieren. Einsatz, wenn andere noch schlafen.

♂ in ♒ Neue Wege suchend. Ungewöhnlicher Trieb. Exzentrische Wege zur Willensdurchsetzung einschlagen. Geistige Regsamkeit. Schnelles Umschalten, rasante Neueinstellung und Neuausrichtung.

♂ in ♓ Aufopfernde Hingabe. Sich auch im Stillen behaupten wollen. In der Tiefe schürfen. Stets Unruhe bringen. Glaubensüberzeugung, und wenn, mit Glauben an sich. Opfer auf sich nehmen. Wille flutet auf und ab.

Jupiter in den Abschnitten

♃ in ♈ Kämpferischer Entfaltungswille. Triebhafte Missionssehnsucht. Ungeduldiger Lerneifer. Gerechtigkeitsfanatismus. Scharfe Ehrreaktionen. Grundüberzeugungen.

♃ in ♉ Kräftige Gefühlsentfaltung. Charmantes Führungsvermögen. Lebenssicherung als Mission. Entfaltung aus der Empfindungskraft. Ausbau seines Wirkungszentrums.

♃ in ♊ Literarische Entfaltung. Mission der Kontaktaufnahme. Lehrerdrang. Vermitteln von großen Ideen. Geistiges Interesse. Führung durch Kritik. Strebendes Besserwissen.

♃ in ♋ Schöpferische Aufgaben suchen. Familienmission. Aus dem Unterbewußtsein sich entfalten. Irrwege dabei nicht ausschließen. Mütterlicher Führungsanspruch.

♃ in ♌ Autoritätsentfaltung. Führung aus Missionsanspruch. Echte Überzeugung der eigenen Leistung. Joviale Hilfsbereitschaft für Bittende. Ruhmsucht, Stolz.

♃ in ♍ Fleißentfaltung. Führung in der Arbeitswelt. Vermenschlichung des Lebens. Literarische Tiefe. Mission des Glaubens und der Treue als innere Überzeugung.

♃ in ♎ Kunstentfaltung. Diplomatische Mission. Überzeugung vom Ausgleich. Betonung der Mitte. Zivilisatorische Sehnsucht. Friedenseinsatz. Anspruch, den Partner zu führen.

♃ in ♏ Leidenschaftliche Missionsüberzeugung der eigenen Aufgaben. Individueller Entfaltungstrieb. Dabei Aufopferungsbereitschaft. Den Sinn hinter der Todesgrenze suchend zu erkennen.

♃ in ♐ Überhöhter Führungsanspruch. Beispielhaftes Verhalten mit zu hohen Anforderungen. Streben nach dem Ideal. Lerneifer, starke Sehnsucht nach Ferne und Horizonterweiterung.

♃ in ♑ Ehrgeizige Entfaltung. Aus dem kleinsten Samen den größten Baum wachsen zu lassen. Mission, der Erde das Beste abzuringen. Durchsetzung der eigenen Person mit Zähigkeit.

♃ in ♒ Menschheitssehnsucht. Oft paradoxe Entfaltungswege. Glaube an die Technik, den technischen Fortschritt. Weltallmissionen. Unstillbarer Wissensdurst. Gefahr der Übererwartung.

♃ in ♓ Entfaltung in der Hingabe. Religiöse Missionen. Glaube an den tiefen Sinn des Lebens. Glaube an das Leben danach. Okkulte Geheimnisse aufspüren und entfalten.

Saturn in den Abschnitten
(schon etwas jahrgangsmäßig zu sehen)

♄ in ♈ Kämpferische Konzentration. Behauptungswille. Äußere Beherrschung, innere Ungeduld. Gegen das Bestehende revoltieren. Unberechenbarkeit. Unbeherrschtheit.

♄ in ♉ Irdische Gebundenheit. Beschränkung auf das Wesentliche. Freude am kleinen Glück. Absicherung nach allen Seiten. Beherrschte Liebeskraft. Sich bewahrend.

♄ in ♊ Suche nach tiefen Begegnungen. Ablehnung aller Oberflächlichkeit. Konzentration auf das Wissen. Ernstes Kontaktbedürfnis. Den anderen erst kommen lassen.

♄ in ♋ Schöpferische Konzentration. Wissen um die Beschränkung. Sehr traditionsbewahrend. Das Wesentliche erkennen. Beherrschtes Unterbewußtsein. Karge Seelenäußerungen.

♄ in ♌ Eindämmung der angeborenen Expansion. Beherrschung der inneren Wärme. Möglichkeit des kalten Herzens. Führungsanspruch mit beherrschter Konsequenz durchsetzen.

68

♄ in ♍ Wertschätzung des Einsatzes, der Arbeit. Konzentration auf das Wesentliche. Festgefahrene Standpunkte. Tiefschürfende Philosophie. Geistiger Hochmut. Kargheit im Geben.

♄ in ♎ Konzentration in der Suche nach dem Ausgleich. Beschränkende aber aussagefreudige Kunstentfaltung. Strenge Verhandlungsführung. Verzicht auf Lob und Tadel. Still urteilen ohne Urteile fällen zu wollen.

♄ in ♏ Sehr konzentrierte, individuelle Durchsetzung. Stolz und innerer Hochmut. Leidenschaftliche Beschränkung. Kraft bis ins hohe Alter bewahren wollen. Gefahr der Eigenbestrafung.

♄ in ♐ Den Weg von der Tiefe zur Höhe finden wollen. Konzentrierte Entfaltung, aber mit steter Erweiterung. Strenge zu den Lernenden, hoher Anspruch an sich. Selbstloses Vorbild.

♄ in ♑ Irdischer Ehrgeiz. Überlebenskraft. Aufbau aus der Tiefe der Realität. Konzentriert auf sein Ziel zugehen. Fast unbemerkt weiterkommen. Starke Lebens- und Überlebenskraft.

♄ in ♒ Konzentration auf die Ausrichtung menschlicher Sehnsüchte. Den Geist verehrend. An die Entwicklung in kleinen Etappen glaubend. Ablehnung von Bluff und Illusion.

♄ in ♓ Hingabe in der Konzentration. Glaubensprivileg. Strenge gegen sich und andere. Fels im Meer, Vereinsamung. Aber innere Regeneration, die als Sicherheit im Alter ausstrahlt.

Uranus in den Abschnitten
(unbedingt jahrgangsmäßig zu sehen)

♅ in ♈ Erneuerungsdurchsetzung. Plötzliche, kämpferische Intuition. Explosive Einfälle. Ursprünglicher Behauptungswille. Alles überrennen wollen. Unberechenbarkeit.

♅ in ♉ Intuition für die reale Lebensgestaltung. Originelle Alltagsausstattung. Neue Wege in der Lebenssicherung gehen. Spekulationslust. Exzentrische Anziehung.

♅ in ♊ Kontaktsuchende Einfälle. Mit Intuition und neuen Erkenntnissen die Umwelt anspringen. Alles verwirren. Stets voller Pläne und Witz. Ironie und Bluff ausstrahlend.

♅ in ♋ Schöpferische Intuition. Seelenkraft, die urplötzlich wirkt. Launenhaftigkeit bis zum Exzeß, aber echte Ideen, die zünden. Die Gabe, sich zeitweise völlig umzukrempeln.

♅ in ♌ Zeugungseinfälle, Reichtum der Ideen. Autoritäre Durchsetzung von überraschenden Plänen. Wahre Erkenntnisse. Rattenfängereigenschaften. Gefahr der Selbstüberschätzung.

♅ in ♍ Erfinderreichtum. Verbesserungen der Arbeitsleistung. Sprunghafte Ideen, die sich real auswerten lassen. Literarische Erkenntnisse, die neue Ideen produzieren.

♅ in ♎ Neue Wege in der Diplomatie. Einfallsreichtum in der Kunst. Exzentrische Anziehung auf das Du. Gefahr der Selbstüberschätzung, der Eitelkeit. Anziehungskraft.

♅ in ♍ Leidenschaftlich eigene Erkenntnisse durchsetzen. Intuitionsreichtum, der nur sehr persönlich ist. Plötzliche Machtansprüche. Stets alle Grenzen überwinden wollen.

♅ in ♐ Höchste Zielanvisierung. Technisches Streben ins All. Aber auch aus der Tiefe auftauchende Urgedanken. Plötzlich erwachende Gläubigkeit. Fanatismus.

♅ in ♑ Einfälle, die dem Ehrgeiz nützen. Überwindung der zu realen, irdischen Bindung. Ungeahnter Wagemut von Schwerblütigen. Hindernisse werden auf ungewöhnlichem Weg beseitigt.

♅ in ♒ Hoher Einfallsreichtum. Neue Ideen, die zünden. Neue technische Überraschungen. Das Ziel liegt im siebenten Himmel, viel zu hoch. Aber Anziehung, Blendung.

♅ in ♓ Intuitive Hingabe für andere. Elend erkennend. Schlagartig fällt es wie Schuppen von den Augen. Tiefste Erfahrungen werden wachgerufen. Geniale Einfälle.

Neptun in den Abschnitten
(fast nur generationsmäßig zu sehen)

♆ in ♈ Aufbrechender Instinkt. Kämpferische Inspiration. Instinktive Angriffslust. Animalischer Ehrgeiz.

♆ in ♉ Instinktives Schutzbedürfnis. Schutz und Sicherung aus animalischer Angst aufsuchend. Inspiration aus der Ruhe.

♆ in ♊ Kontakt als instinktive Lebenslust. Instinktives Sprechbedürfnis. Inspiration aus dem Hören und Sehen.

♆ in ♋ Schöpferischer Instinkt. Inspiration aus der Seele, aus dem Unterbewußtsein. Instinktive Verläßlichkeit.

♆ in ♌ Zeugender Instinkt. Sich instinktiv ausbreiten, fortpflanzen wollen. Inspiration aus der Erleuchtung.

♆ in ♍ Instinktives Grunddenken. Instinktives Streben nach den Ergebnissen. Irdische Inspiration.

♆ in ♎ Verbundenheitssehnsucht aus dem Instinkt. Instinktiv wissen, daß Alleinsein tötet. Inspiration aus dem inneren Gleichgewicht.

♆ in ♏ Leidenschaftlich, persönlich orientierter Instinkt. Ungewöhnliche Inspiration aus dem inneren Engagement.

♆ in ♐ Instinktives Strebertum. Wartend auf die himmlische Inspiration. Sich ganz den Eingebungen ausliefernd.

♆ in ♑ Ehrgeiz aus dem Instinkt. Instinktives Absetzungsbedürfnis. Inspiration aus dem Eigenerfolg durch Fleiß und Abgrenzung.

♆ in ♒ Reformerischer Instinkt. Wandlungsinspiration. Erkenntnis aus dem Fortschrittsglauben. Menschliche Inspiration.

♆ in ♓ Hingebender Instinkt. Zurückfinden zum animalischen Kern. Inspiration aus tiefer Gläubigkeit und Opferbereitschaft.

Pluto in den Abschnitten
(nur generationsmäßig zu werten)

♇ in ♈ Aufbrechendes Machtgefühl. Sich über die Masse erheben wollen. Explosionsartiger Einsatz.

♇ in ♉ Durchsetzung in seinem eigenen Reich. Kraftvolle Abschirmung von anderen. Gefühlsdurchsetzung.

♇ in ♊ Macht durch Worte und Reden sowie durch Schriften. Die Masse mit Intelligenz angehend. Überzeugungskraft.

♇ in ♋ Schöpferische Durchsetzung. Aus der Masse kommen, sich von dieser absetzen wollen. Launenhafte Machteinsetzung.

♇ in ♌ Autoritäre Durchsetzung. Sich über die Menge erheben. Auszeichnungssucht. Sich als Massenführer sehen (natürlich auch im kleinsten Rahmen).

♇ in ♍ Macht durch Fleiß und Akribie. Durchsetzungsbürokratie. Gesetzesmacht und Durchsetzungserlasse sind Alltag.

♇ in ♎ Diplomatisches Vorgehen bei der Durchsetzung, aber sein Ziel nie verlieren. Drohender Charme. Zuckerbrot und Peitsche.

♇ in ♏ Leidenschaftliche Durchsetzung auf Kosten anderer. Macht im kleinsten Rahmen. Unbeugsamkeit. Auflehnung.

♇ in ♐ Machtführung. Überzeugung, die Masse aus der Masse zu erlösen. Durchsetzung mit Hilfe religiöser Gebote.

☿ in ♑ Leidenschaftliche Einsetzung, um es im Ehrgeiz der Masse zu zeigen. Durchsetzung über das Alltagsdenken.

☿ in ♒ Reformerische Ideen werden mit Macht durchgesetzt. Das Neue hat recht, weil es neu ist. Umkrempelung des Bestehenden.

☿ in ♓ Machtvolle Opferbereitschaft, aber auch Durchsetzung mit verführerischem okkulten Wissen und Mitteln. Letzte Hingabe als Beispiel.

Damit wären die Planeten in den Abschnitten behandelt. Aber nur als Anregung. Jeder wird und soll seine individuelle Kombinationsdeutung finden. Auch der Autor hat in anderen Büchern andere Stichworte gegeben, aber die Richtung ist stets die gleiche.

Nun ist es ja noch verhältnismäßig leicht, die Planeten in den Abschnitten zu deuten, nimmt man im Geist nur die Geburtsherrscher dazu. Ungleich schwieriger wird es – ohne daß Angst vor der Kombination aufkommen soll – wenn nun Planeten miteinander gedeutet werden sollen, weil sie sich im Aspekt anblicken.

Denn das heißt ja, daß hier vier Deutungswirkungen zusammengefügt oder zusammenkombiniert werden müssen. Ein Planet in einem Abschnitt (zwei Deutungshinweise) mit einem anderen Planeten in einem Abschnitt (weitere zwei Deutungshinweise).

Es kann passieren, daß ein Planet sechs und mehr Aspekte hat, dann sind oft zwölf und mehr Deutungshinweise in eine Planetenaussage zusammenzufassen. Nun, das klingt jetzt schwieriger als es später ist, wenn man nur die Richtung und das langsame Vorgehen nicht aus dem Auge läßt. Doch zunächst zu den Aspekten, die ja ein wesentlicher Deutungsfaktor sind.

Die Aspekte

Die Aspekte stellen eine der wichtigsten Voraussetzungen für die Horoskopdeutung dar. *Aspekt* heißt in der Astrologie Anschein. Es kommt also darauf an, wie die Planeten sich an-scheinen. Dieser jeweilige Aspekt-Anschein nun ist scheinbar. Er entspricht nicht dem astronomischen, sondern, wie vieles in der Astrologie, nur dem symbolischen Himmel, was übrigens auch für die schon erwähnte Rückläufigkeit und andere astrologische Gesetze gilt. Der Anblick zweier Planeten wird so aufgefaßt, wie er sich – von der Erde aus gesehen – ergibt.

Bei einer Konjunktion, da also Planeten – auf die Ekliptik gemessen – zusammenstehen sollen, stehen sie in Wahrheit oft unendlich weit auseinander. Etwa bei der monatlich erfolgenden Konjunktion von Pluto und Mond. Von einem astronomischen Zusammenstehen kann hier nicht gesprochen werden. Es sieht eben nur von der Erde oder vom Ereignisort so aus, als stünden Pluto und Mond zusammen.

Die alte Astrologie kennt fünf Hauptaspekte:

Konjunktion, den 00-Gradaspekt
Sextil, den 60-Gradaspekt
Quadrat, den 90-Gradaspekt
Trigon, den 120-Gradaspekt
Opposition, den 180-Gradaspekt.

Mit diesen fünf Hauptaspekten kam die Astrologie bis zur Zeit um Kepler hervorragend aus. Seit Kepler gibt es etliche kleinere Aspekte. Die Huber-Schule geht von der überlegenswerten Betrachtung aus, daß man – da die Astrologie ja alle 30 Grad einen neuen Abschnitt kennt – auch alle 30 Grad einen Aspekt annehmen kann. So kommen hier zu den genannten Aspekten noch das Halbsextil, der 30-Gradaspekt und das Quincunx, der 150-Gradaspekt hinzu. Andere Schulen – wie insbesondere Ebertin – benutzen noch das Halbquadrat, den 45-Gradaspekt und das Anderthalbquadrat, den 135-Gradaspekt.

Sicher haben Ebertin und Huber wie alle anderen Schulen mit diesen Aspekten gute Erfahrungen gemacht, sonst würden sie diese Aspekte nicht lehren. Aber es bleibt zu bemerken, daß zumindest die Namen verwirrend sind.

Denn was heißt Halbquadrat? Soll hier die Wirkung eines halben Quadrates gezeigt werden? Oder was heißt Anderthalbquadrat, soll hier die Wirkung eines Quadrates plus eines Halbquadrates angedeutet werden?

Aber mit diesen Aspekten ist es heute noch nicht getan; da kennen wir den 72-Gradaspekt, den 144-Gradaspekt. Wir kennen den sogenannten Leistungsaspekt, den 165-Gradaspekt, damit auch den 15-Gradaspekt.

Im Grunde gibt es bereits für jeden Grad einen Aspekt. Der bekannte Astrologe Fankhauser hat einmal ausgerechnet, daß sich allein mit den alten fünf Hauptaspekten sechsundfünfzig Wirkungspunkte ergeben. Mit den zusätzlichen Aspekten vom Halbsextil, dem Quincunx, dem Halb- und dem Anderthalbquadrat ergeben sich einhundertsechzig Wirkungs-Aspektpunkte. »Dies hat den Spott der Gegner der Astrologie angeregt, in der Art, daß sie sagen, mit 500 Granaten auf den Quadratmeter läßt sich eine Maus treffen, mit 160 Aspektstellen im Horoskop läßt sich dann für alles eine Erklärung finden.« Soweit Fankhauser, und damit sei vor dem Gebrauch zuvieler Aspekte gewarnt.

Zumindest für den Anfang reichen die fünf alten Hauptaspekte völlig aus, und der Autor gesteht, daß er auch nach jahrzehntelanger Beschäftigung mit der Astrologie mit diesen fünf Aspekten sehr gut zurechtkommt.

Bevor wir uns den einzelnen Aspekten zuwenden, müssen wir vom Orbis reden. Orbis heißt Umkreis. Es stellt sich in der Astrologie die Frage, wie weit so ein Orbis gleich Umkreis bei Aspekten zumutbar ist.

Jeder weiß, wirft er auf einen Punkt einen Lichtstrahl, daß in der Mitte des Strahls das Licht am gebündeltsten, also am stärksten ist, daß aber jeder Lichtstrahl, wenn wir einmal vom modernen Laserstrahl absehen wollen, nach allen Seiten kreisförmig ausstrahlt. Das ist der Orbis des Lichtstrahls, und dies muß man sich auch für den Orbis in der Astrologie vorstellen.

Oder: ein Stein wird ins Wasser geworfen. Vom Einfallspunkt des Steins nun weiten sich ringförmig Wellen aus, die schließlich verlaufen. Das ist der Orbis des Steineinfalls. So kennt man in der Astrologie bei Aspekten auch einen Orbis. Das Problem liegt in der Größe.

Alle Orbes sind willkürlich gewählt, davon muß man ausgehen. Natürlich wird der Orbis auch gleich einem Zeitvorgang gesetzt, aber auf den Zeitschlüssel haben sich bis heute die Astrologen nicht geeinigt.

Ist der Orbis etwa entsprechend der Zeit, die ein Planet pro Tag braucht, um weiterzuwandeln, dann bekommen wir – abgesehen vom Mond – einen Orbis von zirka 2 Grad für die schnellsten Planeten bis zu einer Bogenminute für den langsamsten Planeten. Das ist also kaum anwendbar. Der einzige nicht willkürlich festgelegte Orbis kommt wieder aus der Anschauung. Nämlich von der Beobachtung der Konjunktion der Sonne mit dem Mond. Bei einer solchen Konjunktion verschwindet der Mond – bildlich gesehen – vom Himmel. Und die Zeit dieses Verschwindens dauert etwa so lange, bis der Mond so 10 Grad weitergewandelt ist. Das ist eine Grundlage für den Orbis, den man nun für die anderen Planeten abstufen kann.

So könnte man sagen:

Sonne und Mond haben einen Orbis von je 10 Grad,
die schnellen Planeten Merkur, Venus, Mars von je 8 Grad,
die langsamen noch sichtbaren Planeten Jupiter und Saturn von je
6 Grad
und die fernen, jenseits von Saturn stehenden Planeten Uranus,
Neptun und Pluto von je 4 Grad.

Bei der Bemessung eines Orbis zwischen zwei Planeten nimmt
man nun jeweils die Zahl der beiden Planeten, addiert diese und
teilt die Summe dann durch zwei. So kommt man in etwa mit dem
Orbis gut zurecht. Beispiele:

Orbistafel

$$\left. \odot \atop \math{D} \right\} = 10° \qquad \left. ♃ \atop ♄ \right\} = 6°$$

$$\left. ☿ \atop ♀ \atop ♂ \right\} = 8° \qquad \left. ♅ \atop ♆ \atop ♇ \right\} = 4°$$

$$\math{D} + ♅ = 10 + 4 = 14 : 2 = 7°$$
$$♅ + ♆ = 4 + 4 = 8 : 2 = 4°$$
$$☿ + ♄ = 8 + 6 = 14 : 2 = 7°$$
$$♀ + ♆ = 8 + 4 = 12 : 2 = 6°$$
$$\math{D} + \odot = 10 + 10 = 20 : 2 = 10°$$

Und nun zu den einzelnen Aspekten und deren Kombinationen.

Konjunktion

Die Konjunktion ist der Nullgradaspekt und wird mit einem Bogen im Horoskop eingezeichnet. Es ist also der Aspekt, da *scheinbar* Planeten, von der Erde aus gesehen, zusammenstehen. Einst nannte man diesen Aspekt die Zusammenfügung. Ein Begriff, der wieder eingeführt werden sollte, denn hier sind zwei Kräfte, die durch die Planeten symbolisiert werden, zusammengefügt. Das Zeichen für die Konjunktion ist:

Dieses Zeichen drückt klar aus, daß ein Ganzes, das *Zusammenge-fügte*, in eine Richtung, also gemeinsam wirkt. Nun muß natürlich nicht alles Zusammengefügte auch zusammenpassen, aber die Wirkung erfolgt in einer Richtung, nur eben nicht gleichartig in der Harmonie oder in der Disharmonie.

Die Konjunktion kann auch als Basisaspekt bezeichnet werden, da beide Planetenkräfte in der Regel von der gleichen Basis aus ihre Richtung zeigen. Dies trifft nicht mehr so ganz zu, wenn eine Konjunktion besteht zwischen einem Planeten am Ende eines Zeichens und einem Planeten am Anfang des folgenden Zeichens. Aber die Zusammenfügung drückt doch die gemeinsame Basis aus, so differenziert diese Basis auch sein mag.

Konträr der Konjunktion ist die Opposition.

Opposition

Die Opposition ist der 180-Gradaspekt und wird mit einer geraden Linie im Horoskop eingezeichnet. Es ist also der Aspekt, da sich Planeten scheinbar gegenüberstehen. Eine Opposition ist am Himmel nur bei Sonne und Mond zu sehen, da der Mond dann ein Vollmond ist.

Diesen Aspekt nannte man einst Gegenschein. Auch ein Begriff, der wieder in die Deutungsüberlegungen einbezogen werden sollte. Gegenschein heißt, daß sich der Schein beider Planeten gegeneinander richtet, wobei ja das Wort »gegen« nicht mit feindlich gleichgesetzt werden darf. Zwei Kräfte stehen sich hier gegenüber, scheinen sich an; das kann eine durchaus anziehende, aber auch eine schwer zusammenfügbare Spannung ergeben. Das Zeichen für die Opposition ist:

Dieses Zeichen drückt klar aus, daß zwei Lebenskerne (Kreis) sich gegeneinanderstellen. Aufeinander zukommend oder sich abstoßend, das kommt auf die Natur der Planeten an. Beide Kräfte stehen sich – bildlich gesprochen – sozusagen Aug' in Aug' gegenüber, sie schauen sich an, mag das Visier zum Kampf herunter- oder in Freundschaft aufgeklappt sein. Hier entscheiden Natur und die Zeichen der Planeten. Aber Spannung ist stets vorhanden, deswegen der Name Spannungsaspekt.

Ganz anders ist das Sextil anzusehen.

Sextil

Das Sextil ist der 60-Gradaspekt und wird mit einer gestrichelten Linie im Horoskop eingezeichnet. Es ist also der Aspekt, da sich die Planeten 60 Grad voneinander entfernt befinden. Nun weiß jedermann, daß das Lauftempo unserer Planeten sehr unterschiedlich ist. Wir kennen den Schnelläufer Mond, die schnellen Planeten Merkur und Venus und dann die ganz langsamen Planeten wie Pluto und Neptun. Auch die dazwischenliegenden Planeten haben unterschiedliche Zeitgesetze.

Stehen nun Planeten in einem Abstand von 60 Grad, dann ist es in der Regel so – bildlich gesehen – daß diese Planeten vor einer Konjunktion oder nach einer Konjunktion am Himmel zu sehen sind. Das heißt, entweder bewegen sie sich aufeinander zu oder voneinander weg. Daher nennt man diesen Aspekt auch den Bewegungsaspekt. Das Zeichen für das Sextil ist:

Im Grunde ein Stern, oder aber ein Gebilde, das sechs Richtungen aufzeigt. Es ist Bewegung in diesem Symbol, was auch der Natur dieses Aspektes entspricht. Diese Bewegung ist nun ablösend oder zulaufend, was für alle Aspekte gilt, hier aber besonders deutlich wird. Viele Sextile in einem Horoskop zeigen viel Bewegung an, denn die Planeten stehen untereinander in einem nahen, wenn auch nicht hautnahen Kontakt, sie sind miteinander in – oft neutralisierter – Bewegung. Anders als beim Trigon.

Trigon

Das Trigon ist der 120-Gradaspekt und wird mit einer gestrichelten Linie im Horoskop eingezeichnet. Es ist also der Aspekt, der durch die Dreiteilung des Kreises äußerlich gekennzeichnet wird. Innerlich wird dies dadurch wichtig, daß in der Regel die Planeten, die sich im Trigonschein anblicken, im gleichen Element stehen.

Ein Trigon aus dem Feuerzeichen Widder zum Feuerzeichen Löwe oder Schütze zeigt, daß die Natur der Planeten das gleiche Element hat, sie sich also vom Grundtemperament schon verstehen, miteinander harmonisieren. Deswegen nannte man diesen Aspekt einst den harmonischen Aspekt. Man kann aber auch von einem Gleichklang sprechen, der hier deutlich wird. Jeder von uns weiß, welche Schwierigkeiten im Leben auftauchen, wenn verschiedene Temperamente aufeinandertreffen, was beim Trigon kaum der Fall ist. Das Zeichen für das Trigon ist:

Ein harmonisches Dreieck. Die Zahl drei galt immer als *die* Zahl des Gleichklangs, was hier gut zum Ausdruck kommt. Aber wo viel Gleichklang besteht, da gibt es keine Spannung, kein elektrischer Funke zündet, da schläft man gut wie in einem harmonischen Urlaub, nur die Welt wird dabei nicht erobert.

Als schwierigster Aspekt gilt das Quadrat.

Das Quadrat ist der 90-Gradaspekt und wird mit einem geraden Strich im Horoskop eingezeichnet. Es ist also der Aspekt, der durch die Vierteilung des Kreises entstand und nun im harmonischen Kreis das Kreuz darstellt. Einst nannte man das Quadrat auch schlicht Viertelschein, aber dieser Name scheint nicht so glücklich für die Deutung, es sei denn, man erweitert diesen Begriff dahin, daß man sagt: das Quadrat zeigt jeweils ein Viertel der Kräfte an, die erst die anderen Kräfte, die schlummern, wecken müssen, was Schwierigkeiten und Hemmungen bereitet.

Besser ist es wohl, das Quadrat als Kreuzungsaspekt zu bezeichnen, da sich hier die Scheine zweier Planeten kreuzen. Das heißt, jeder Planet trifft den anderen von der Seite her. Die offene Flanke wird berührt, was immer gefährlich ist. Aber dieses Sicheinstellen auf die offenen Flanken im Leben führt ja zur Rundumsicht.

Durch das Quadrat wird erst das Ganze aufgebaut. Das Wort Kreuzungsaspekt heißt, daß die Quadrate anzeigen, welches Kreuz einem in diesem Leben aufgeladen wurde, und es ist nie ein schwereres, als man tragen kann. Aber das Wort meint auch, man sollte Kreuzungen – – man denke an zwei belebte Hauptverkehrsstraßen – bewußt überqueren. Also die Gefahren und Möglichkeiten sehen, die einen davon abhalten können, auf die andere Seite oder ans andere Ufer zu gelangen. Das Quadrat verlangt stets eine Eigenentwicklung, eine Eigenentscheidung, eine Reife durch Angriffe von der Seite, weil die eigene offene Flanke zu ungeschützt war oder ist. Das Zeichen für das Quadrat ist:

In dieses Zeichen muß man sich erst hineindenken. Es zeigt nämlich nicht ein Viertel an, nicht einen Viertelschein, sondern etwas Ganzes, wenn auch ein eckiges Ganzes. Aus dem Kreis, dem runden Erlebnis, wurde ein eckiger Kreis, der unharmonisch ist, weil sich die Seiten nur über Ecken verbinden. Einst war das Quadrat auch das Zeichen der Materie, der Kreis das Zeichen des

Geistes. Nun sieht man, wie sich Quadrat – also Materie, und Kreis – also Geist und Atem unharmonisch gegenüberstehen.

Natürlich geht der Kreis in das Quadrat und das Quadrat in den Kreis:

Diese Lebensentwicklung, die das Quadrat auch anzeigt, wird fast jeder für sich durchmachen. Überwiegt die Materie, schließt sie den Geist ein. Überwiegt der Geist, dann schließt er die Materie ein.

All dies sind Überlegungen, die das Quadrat uns zeigt. Vom Kreuzungsweg angefangen. Es sei deutlich gesagt: Wer vor Quadraten Angst hat, der wird das Leben nicht bewältigen, wie ihm aufgetragen, denn Angst ist ein schlechter Lehrmeister. Jeder muß sich seinen Quadraten stellen, weil es ohne Quadrate keine Entwicklung gibt. Aber die Entwicklung des Lebenskerns ist die Hauptaufgabe des jeweiligen Lebens, und diese Entwicklungsrichtungen und Aufgaben zeigen uns die Quadrate an.

Damit zur Kombination!

Die Kombination

Grundsätzliches

Die Kombination gehe man so einfach wie möglich an. Stets sei die Anschauung, die plastische Vorstellung in den Vordergrund gestellt. Etwa:

Die zehn Planeten symbolisieren Kräfte in uns. Zehn Kräfte in jedem Horoskop. Diese Kräfte personifiziert man nun im Geist für die Kombination. Man stellt sich also zehn Personen vor, die in einem Raum zusammen sind. Diese zehn Personen sind:

Sonne: den Lebenskern, das Ich symbolisierend.
Mond: die Seele, das Gemüt symbolisierend.
Merkur: das Denken, das Handeln symbolisierend.
Venus: das Empfinden, das Fühlen symbolisierend.
Mars: den Willen, den Trieb symbolisierend.
Jupiter: die Entfaltung, die Mission symbolisierend.
˙Saturn: die Konzentration symbolisierend.
Uranus: die Intuition symbolisierend.
Neptun: den Instinkt symbolisierend.
Pluto: die Durchsetzung symbolisierend.

Zunächst bleibt man bei diesen einfachen Stichworten; es können auch andere sein, wenn die Richtung stimmt. Und natürlich umfaßt jedes Planetensymbol mehr als nur dieses obengenannte Stichwort. Aber nur aus der einfachen, unkomplizierten Vorstellung kommt man weiter. Alle zehn Personen sind natürlich nur Teile einer Gesamtperson, das ist klar, aber man vertiefe sich in dieses Bild.

Da sind also zehn Personen, je eine Kraft darstellend, in einem Raum, und nun zeigt an Hand von Aspekten das Horoskop an, wie die zehn Personen in einem Raum miteinander verbunden sind. Da stehen einige zusammen, andere stehen einander gegenüber, andere stehen seitwärts von einander. Wieder andere bewegen sich nahe, aber nicht hautnah, umeinander herum, und andere schließlich halten sich in den gleichen Elementen des Raums auf, also etwa an den dunklen Stellen oder andere an den hellen Stellen. So kann die Person, die die Rolle des Mars darstellt, der Person, die die Rolle des Saturn darstellt, gegenüberstehen. Aber neben der Person Saturn steht dicht dabei die Person, die die Rolle der Venus darstellt. Im Horoskop ergäbe das folgendes:

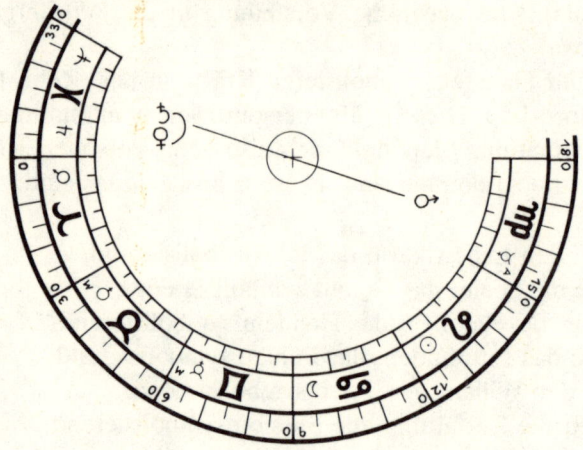

Saturn/Venus in Konjunktion haben eine Opposition zu Mars.

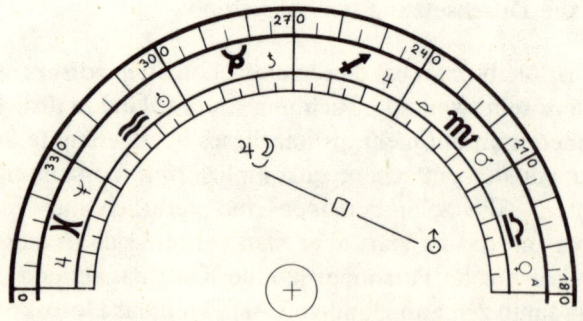

86

Oder aber die Person, die die Rolle des Jupiter darstellt, die also hier die Rolle der Entfaltung symbolisiert, steht mit der Person, die die Rolle des Mondes innehat, damit die Seele symbolisierend, zusammen. Beide werden von der Seite durch die Person, die die Rolle der Intuition symbolisiert, also Uranus, angeschaut. Im Horoskop hieße dies: Jupiter/Mond-Konjunktion im Quadrat zu Uranus.

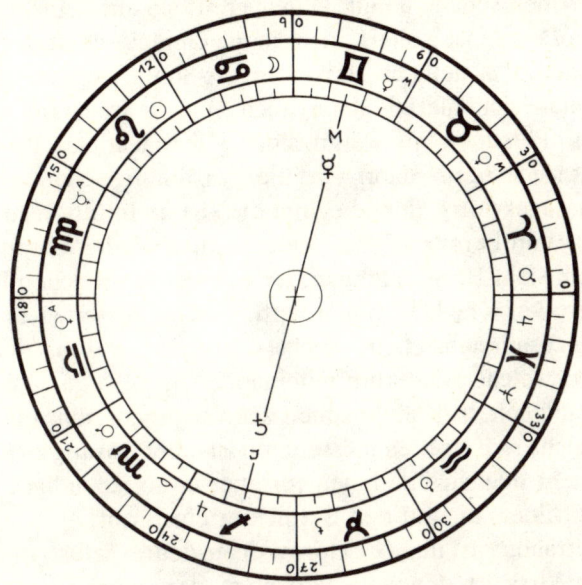

Oder eine Person, die den Merkur darstellt, also das Denken symbolisiert, will hoch hinaus, aber die Person, die die Rolle des Saturn darstellt, damit die Konzentration verkörpert, will in die Tiefe. Die eine Person will also zum Dach klettern, die andere in den Keller steigen, aber beide sind durch eine gespannte Oppositionsleine aneinander gebunden.

Das hieße im Horoskop: Merkur an der Himmelsmitte (davon später mehr) hat eine Opposition zu Saturn an der Himmelstiefe.

So ist das bildliche Denken schulbar. Natürlich muß das Bilddenken sofort mit abstrakten Begriffen verbunden werden, um nicht ins Schaubudentheater abzugleiten. Da helfen uralte Bildwerke der

Planetengötter, die sich jeder vor Augen führen kann, weil damit eine natürliche Distanz zu den banalen Vorstellungen der eigenen Fantasie geschaffen werden kann.

Ferner sieht man in diesem Raum eine Person, die das Ich, also die Sonne, darstellt, und damit symbolisiert sie den Lebenskern. Diese Person steht isoliert im Raum. Niemand von den anderen neun Personen schaut sie an, keiner greift sie an, keiner spielt mit ihr. Diese Person ist isoliert, nicht in die Gemeinschaft der anderen eingebunden. Das heißt im Horoskop: die Sonne steht unaspektiert.

Stellt man sich hierbei dann noch vor, in welchem Kleid die jeweiligen Personen im Raum sind – je nachdem, in welchem Abschnitt sie stehen – dann wird die Vorstellung schon sehr lebendig, ja aussagekräftig, dann beginnt die eigene Intuition zu zünden. Man sieht nun bereits Abläufe oder immer wiederkehrende Konflikte. Man sieht Entwicklungen, weiß, zwischen welchen Personen es zum großen Krach kommen wird, welche Personen durch dick und dünn zusammenstehen, welche sich verstehend mit den Augen zublinken, welche wiederum miteinander in Bewegung sind. Man erkennt plötzlich, welche Personen sich verstehen, ohne ein Wort zu sagen, welche sich streiten müssen, um zu einer Lösung zu kommen. Und je mehr man sich da hineinversetzt, umso lebendiger wird die Fülle der Bilder, die auf den Betrachter einstürmt.

Der Betrachter ist nun der Horoskopausdeuter selbst, und er muß nun den Wirrwarr der zehn Personen, der sich zuerst scheinbar bietet, ordnen und dann deuten. Das heißt, er gibt ein Urteil über diese Gemeinschaft ab.

Er entdeckt, welche Person, damit welche Kraft, das Übergewicht, das Sagen hat, welche Person dagegen zum Dulden verurteilt ist.

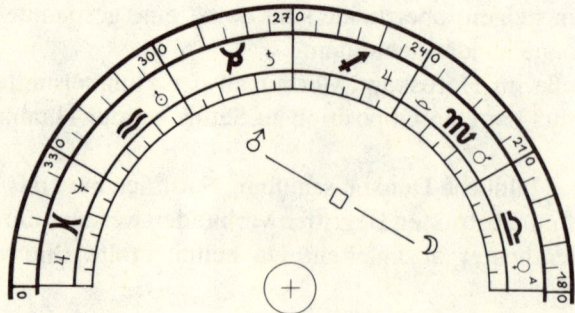

Wenn sich hier Personen hemmen, weil sich ihr Weg immer wieder kreuzt, etwa wenn Mond und Mars im Quadrat zueinander stehen, dann ist klar zu beobachten, daß hier ein Lernprozeß ablaufen muß, ehe diese beiden Personen erkannt haben, daß es ja nichts hilft, immer in die eine Richtung zu rennen, wenn man dann doch nur auf den anderen stößt.

Hier muß dann gesehen werden, wer Vorfahrt hat, wer dagegen auf den anderen Rücksicht nehmen muß, oder daß beide Rücksicht nehmen müssen.

Das ist das Wesentliche! Der Betrachter, also der Horoskopausdeuter, erkennt nun, welchen Einfluß er hat: er kann nämlich diese zehn Personen erkennen, er kann sie schulen, ja, er kann sie führen. Das heißt, er hat Macht über sie, nachdem er ihre Kraft, ihren Rhythmus, ihre Richtung erkannt hat.

Astrologie ist Arbeit am Charakter!

Das ist es! Kennt man die Urveranlagung, dann kann man etwas aus dieser Erkenntnis lernen, kann sich darauf einstellen, Spannungen als schöpferisch annehmen, Kreuzungspunkte regeln. Aus dem sich von der Seite scheel Anschauen entwickelt sich dann ein stummes Verstehen.

Natürlich werden sich die Personen, die im Quadrat zueinander stehen, nie in die Augen schauen können, aber sie können lernen, sich stumm zu verstehen, also lernen, miteinander umzugehen, ohne stets aneinander zu stoßen. Denn stößt man dauernd aneinander, dann kommt dies einer Krise gleich. Diese Krise kann jetzt bewußt werden, und damit ist die Möglichkeit gegeben, den anderen wahrzunehmen, ihn zu achten, ihn zu respektieren. Das braucht seine Zeit, da müssen Mißverständnisse abgebaut werden, da muß jede Person die andere begreifen lernen, sie verstehen.

Dies zeigt, wie bildlich die Deutung sein muß, aber auch wie innerlich oder wie psychologisch. Einige Begriffe mögen helfen, dieses Zusammenschauen zu verstehen. Astrologisch heißen die Begriffe Dispositor und zulaufende oder sich ablösende Aspekte.

Zunächst zu den sogenannten Dispositoren.

In der alten Astrologie war der Dispositor im Grunde der Herrscher eines Tierkreisabschnitts, in dem ein Planet stand. Das heißt: steht der Mond im Abschnitt Steinbock, dann ist Saturn der Dispositor des Mondes. Um also die Stellung des Mondes auszudeuten, mußte man, und man tut es heute noch, sich die Stellung des Saturn anschauen. Steht der Saturn nun im Abschnitt Löwe, dann ist dessen Dispositor die Sonne.

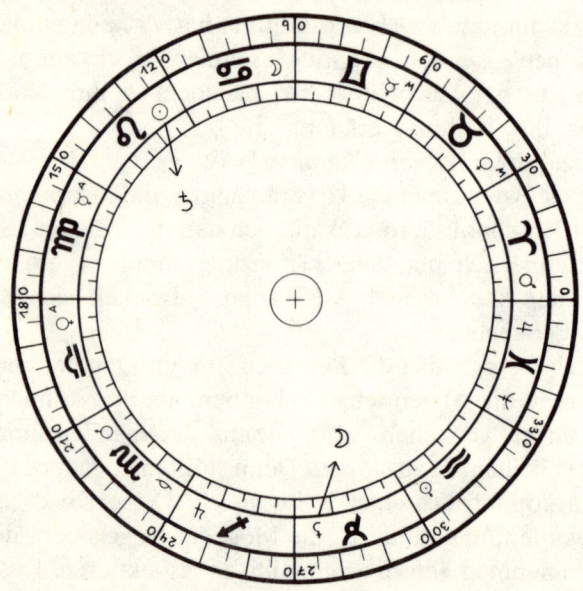

Manche Astrologen, besonders die amerikanischen, verfolgen nun die Dispositoren bis ins Unendliche oder bis sich die Reihe schließt.

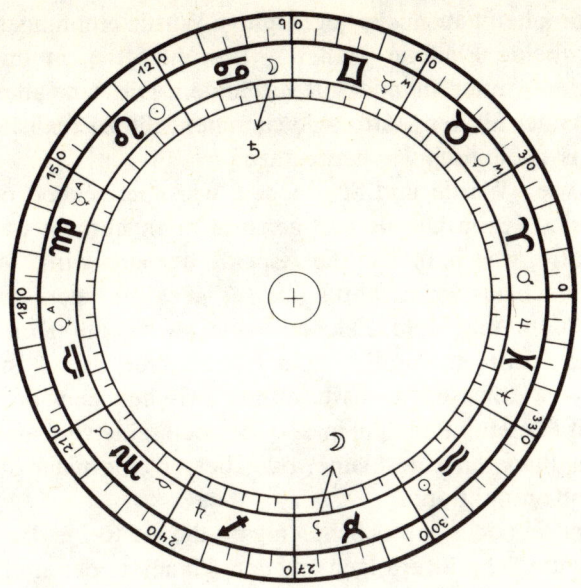

Steht also der Mond in Steinbock, dann ist der Dispositor der Saturn. Steht Saturn in Krebs, dann ist der Dispositor des Saturn der Mond. Damit ist die Reihe schon zu Ende.

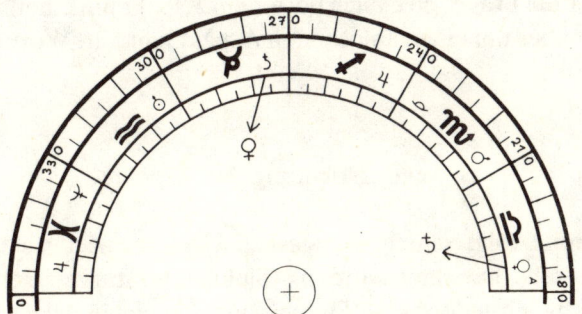

Dies nennt man auch eine Rezeption. Das soll eine starke Stellung sein. Etwa auch, wenn Saturn in Waage steht; dann ist Venus der Dispositor. Steht nun Venus im Abschnitt Steinbock, dann ist hier für Venus der Dispositor Saturn. Man kann auch sagen: beide Planeten stehen in Rezeption.

Rezeption heißt auch »die gegenseitige Würde empfangend«. Das bedeutet: beide Planeten stehen – obwohl oft nicht im Aspekt miteinander – untereinander gut verbunden. Dies sind alles Begriffe, die aus der älteren Astrologie stammen, die zu realistisch war, nicht so psychologisch wie heutzutage.

Worte wie »Würde und Schwäche«, wie »herrschend oder vernichtet« sind schon Urteile und genauso unangebracht wie positiv oder negativ, was ja oft auf die Aspekte bezogen wird. Moderner und wohl auch aus der Erfahrung besser ist es, zu sagen, der Planet findet in dem und dem Zeichen seine verwandte Kraft. Diese verwandte Kraft ist dann – steht ein anderer Planet in diesem Zeichen – so anzusehen, als bestünde zwischen dem im Zeichen stehenden Planeten und dem in dem Zeichen seine verwandte Kraft findenden Planeten eine kleine, oder besser eine nicht überzubewertende Konjunktion.

Erwähnt sei noch, daß es Schulen gibt, die die Reihe der Dispositoren bis zum Schluß verfolgen und dem Planeten, der am Ende der zurückverfolgten Reihe steht, eine besondere Bedeutung zusprechen.

Aber zuviele Deutungsmöglichkeiten verwirren, davor sei gewarnt. Wichtiger als die Dispositoren, die natürlich beachtet werden sollen, ist die Frage, ob es sich bei einem Aspekt um einen zulaufenden oder aber um einen ablösenden Aspekt handelt. Worum geht es hier?

Bewegungsrichtung der Aspekte

Jeder Planet folgt seinem Zeitgesetz. Über die Zeitgesetze ist an anderer Stelle berichtet worden. (Siehe Literaturverzeichnis) Die Gestirne haben jedoch eine Durchschnittsgeschwindigkeit für ihren täglichen Lauf, der nach Erich Carl Kühr in etwa so aussieht:

Mond	13° 38'
Merkur	1° 19'
Venus	1° 15'
Sonne	59' 08"
Mars	38'
Jupiter	4' 59"
Saturn	3' 49"
Uranus	3'
Neptun	1' 40"
Pluto	nicht genau berechenbar, ca. 20"

Dies sind die Durchschnittswerte. Nun schreibe jeder die jeweilige Geschwindigkeit auf den Geburtstag bezogen heraus, um daraus seine Schlüsse zu ziehen.

Läuft Merkur auffallend langsam, etwa 34 Bogenminuten am Tag, dann ist er anders zu beurteilen, als wenn er etwa 2 Grad täglich läuft.

Die Anschauung sagt uns, daß ein langsam laufender Merkur ein langsameres, bedächtigeres Denken anzeigt, als ein schnellaufender oder gar zu schnell laufender Merkur. Dies gilt auch für alle anderen Planeten in dieser Denk-Deutungsrichtung.

Das ist nun sehr wichtig. Denn wenn der Mond auf die Sonne zuläuft, dann nimmt sein Licht ab, bis er ganz vom Himmel verschwindet. Läuft er dagegen – sich von der Sonne ablösend – weg, dann wächst sein eigenes Licht. Das heißt: im Zulaufen gibt sich der Mond auf, im Ablösen wird er langsam zur Eigenselbständigkeit kommen.

Dieses sichtbare Bild des Himmels muß nun auch auf die anderen Planeten und bei jedem Aspekt übertragen werden. Ausschlaggebend ist die tägliche Geschwindigkeit der Planeten, also die Geschwindigkeit für den Tag, da das Horoskop gestellt wurde.

Was für die Konjunktion gilt, gilt für die Aspekte. Ob nun ein Aspekt zulaufend oder ablösend ist, entscheidet der an diesem Tage schnellere Planet. Dies ist nicht nur wichtig bei Merkur, Venus und Sonne, sondern auch bei Jupiter, Saturn, usw.

Die Sonne kann schneller als Merkur sein, wenn der etwa gerade aus der Rückläufigkeit wieder zur Direktläufigkeit kommt. Rückläufigkeit wird in der Ephemeride durch ein »R« gekennzeichnet, Direktläufigkeit nach der Rückläufigkeit durch ein »D«. Wenn die Planeten in ihrer eigentlichen scheinbaren Richtung laufen, findet man keine Angaben in der Ephemeride.

So ist also wichtig, festzuhalten, welche Geschwindigkeit die Planeten am Tage der Horoskopstellung haben, damit jedermann sofort weiß, welche Reihenfolge punkto Tagesgeschwindigkeit die Planeten einnehmen. Dies ist im Grunde nur für die alten sieben traditionellen Planeten wichtig, denn die Aspekte der Transsaturnier, also der Planeten hinter Saturn, sind mehr generationsmäßig als individuell zu messen.

In der Regel kann man sagen, die Reihenfolge ist, was die Schnelligkeit betrifft:

Mond	Jupiter
Merkur	Saturn
Venus	Uranus
Sonne	Neptun
Mars	Pluto

Schnellster Planet ist stets der Mond, langsamster Planet in der Regel Pluto.

Differenziert muß man sich aber die täglichen Geschwindigkeiten aller Planeten betrachten, die aus der Ephemeride leicht herauszulesen sind. Hat man die Reihenfolge festgestellt, dann betrachtet man die Aspekte danach, ob der schnellere Planet sich auf die genaue Aspektstelle mit den anderen Planeten zubewegt, oder sich von der genauen Aspektstelle wegbewegt.

Beispiel: Venus steht auf 1 Grad 30 Bogenminuten im Abschnitt Stier. Mond steht auf 29 Grad 20 Bogenminuten Schütze.

Beide Planeten bilden also ein Trigon. Der Abstand beträgt 2 Grad und 10 Bogenminuten. Aber hier handelt es sich um ein zulaufendes Trigon, denn der Mond läuft auf die genaue Aspektstelle, die bei 1 Grad und 30 Bogenminuten Steinbock liegen würde, zu.

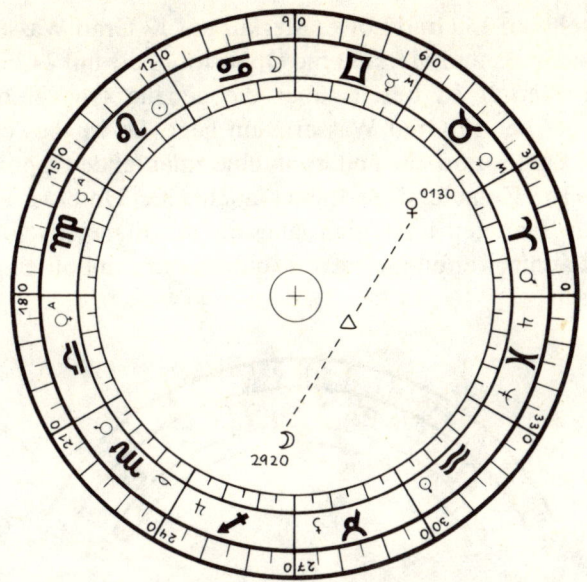

Ein anderes Beispiel:

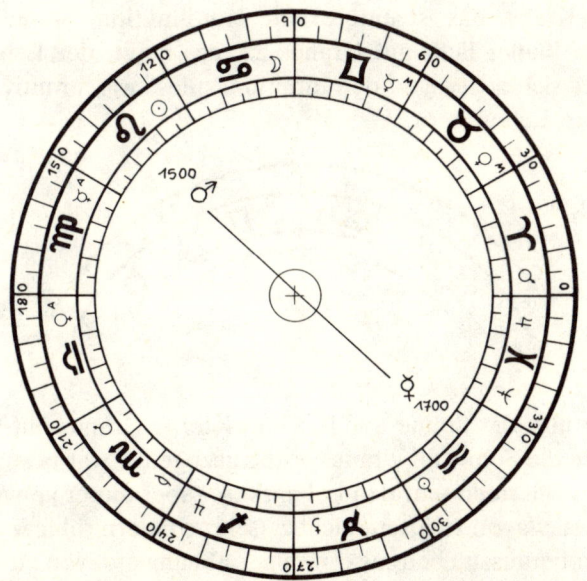

Mars steht auf 15 Grad Löwe. Merkur auf 17 Grad Wassermann. Also bilden Mars und Merkur eine Opposition, die um 2 Grad exakt ist. Aber Merkur ist bereits über die genaue Oppositionsstelle herüber, die bei 15 Grad Wassermann liegt. So ist dies eine sich ablösende Opposition, die anders als eine zulaufende Opposition zu bewerten ist. Zulaufend ist immer auch eine Unterwerfung des schnelleren Planeten unter den langsameren Planeten, wobei der Ausdruck »unterwerfen« selbstverständlich nur symbolisch gemeint ist.

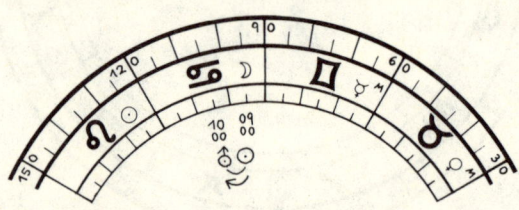

Ein anderes Beispiel: Sonne steht auf 9 Grad Krebs. Uranus auf 10 Grad Krebs, das ist eine exakte Konjunktion. Sonne als der schnellere Planet läuft auf Uranus zu, das heißt, der Lebenskern unterwirft sich sozusagen der Intuition; alles, was intuitiv ist, bestimmt den Lebenskern.

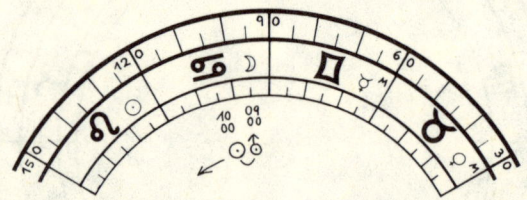

Stände nun die Sonne auf 10 Grad Krebs, Uranus auf 9 Grad, dann wäre die Sonne an Uranus vorbeigezogen. Zwar bestimmt die Intuition wohl noch sehr den Lebenskern, aber dieser versucht sich schon etwas davon zu lösen, nicht zu sehr, sondern ruhiger aus dem Intuitiven herauszuleben, also weniger abhängig davon zu sein.

96

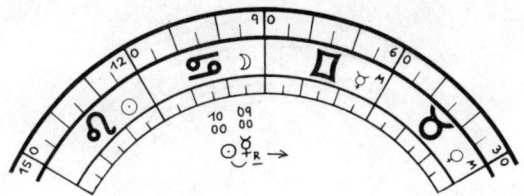

Nun kann natürlich auch Merkur auf 9 Grad Krebs stehen, die Sonne auf 10 Grad Krebs. Aber Merkur ist scheinbar rückläufig, in der Ephemeride steht hinter dem Zeichen Merkur ein R. Das bedeutet, daß die Laufrichtung des Merkur zurückgeht.

Merkur bewegt sich von 9 Grad Krebs in Richtung 8 und 7 und 6 Grad Krebs. Also bewegt sich Merkur von der Sonne weg, so heißt es hier: Merkur will sich von der Sonne entfernen, das Denken löst sich vom Lebenskern mehr in die Objektivierung hinein.

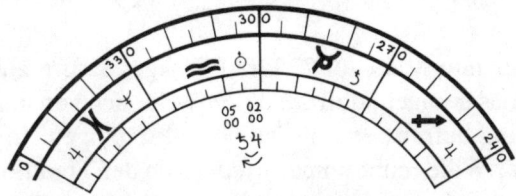

Steht etwa Saturn auf 5 Grad Wassermann, Jupiter aber auf 2 Grad Wassermann, dann läuft Jupiter (wenn er schneller ist) auf Saturn zu. Die Entfaltung also unterwirft sich der Beschränkung, der Tradition.

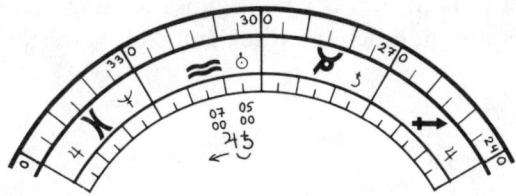

Stände aber Jupiter auf 7 Grad Wassermann, dann würde die Entfaltung, das Expansive, sich aus der Beschränkung lösen oder wenigstens versuchen, sich davon frei zu machen. Sehr deutlich wird dies bei Mars und Saturn.

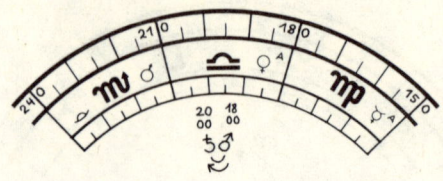

Saturn steht auf 20 Grad Waage. Mars auf 18 Grad Waage. Der Trieb also läuft in die Konjunktionsstelle des Saturn. Das bedeutet, Trieb und Wille binden sich mit dem Traditionellen, kämpfen dafür, stehen mit ihrer Kampfkraft dafür ein, daß alles erhalten bleibt.

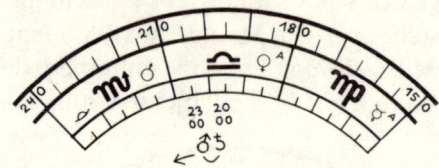

Stände aber nun Mars auf 23 Grad Waage, Saturn auf 20 Grad, dann würde das besagen, daß der Trieb/Wille sich von der Tradition der Bewahrung befreit, er will sich verselbständigen. In der Praxis heißt dies, der Wille rennt immer wieder von der Tradition weg, will neue Wege einschlagen. Zwar holt ihn die Kraft der Tradition stets ein, aber die Deutung ist eben ganz anders zu sehen, als wenn Mars vor Saturn stünde und auf diesen zulaufend wäre. Damit dürfte klar sein, wie wichtig unterschiedlich zulaufende oder sich ablösende Aspekte zu werten sind. Das wird in den Kombinationsübungen noch erhärtet werden. Bei der Bewegungsrichtung der Aspekte ist nun auch schon ausführlich die Rückläufigkeit bewertet worden.

Rückläufigkeit

Die Rückläufigkeit ist nur scheinbar. In Wahrheit gibt es astronomisch keine Rückläufigkeit, sondern nur eine symbolische von der Anschauung her. Die Anschauung erlebt jeder, der mit einem schnelleren Auto etwa in einer Kurve einen langsameren Wagen überholt. Der Beifahrer, fixiert auf den Wagen, der eben überholt wurde, sieht, wie gegen die Hintergrundslandschaft der Wagen nicht nur zurückbleibt, sondern wie er sich auch scheinbar rückwärts bewegt. Wenn ein TEE-Zug einen Güterzug überholt, kann man dies ebenfalls beobachten. Auch wenn man in einem fahrenden Zug sitzt und an einem im Bahnhof stehenden vorbeirollt.

Diese Rückläufigkeit wurde oft in der alten Astrologie bei der Grundausdeutung als Negativum bewertet. Negatives gibt es aber in dem Sinn nie in der Astrologie, im Gegenteil, auch dies ist positiv zu werten. Wer nämlich einen Weg, den er gegangen ist, noch einmal zurückgeht, um ihn dann wieder vorwärts zu gehen, der kennt den Weg, der hat sein Pensum gelernt.

So verstärkt eine Rückläufigkeit eigentlich das Wissen, das Erkennen, was wiederum der Reifeentwicklung dient. Vielleicht kommt jemand mit vielen rückläufigen Planeten im Geburtshoroskop nicht so schnell vom Start weg wie andere, aber am Ziel ist er, zumal wenn es sich um einen Langlauf handelt, eher. Rückläufigkeit trainiert.

Aber: Sonne und Mond als Symbole von Lebenskern und Seele beziehungsweise Unterbewußtsein sind nie rückläufig! So sind auch Lebenskern und Unterbewußtsein nie zögernder als andere Gestirne oder »beschädigt«, wie man früher sagte, wenn viele rückläufige Planeten im Horoskop stehen. Die Rückläufigkeit ist wichtig für die Richtungsbewertung der Aspekte, sie zeigt an, welche Kräfte im Leben einem besonderen Lernprozeß unterzogen werden, aber das ist eher positiv aufzunehmen.

Auch hier kommt es wieder auf die Natur der Planeten an. So ist ein Merkur rückläufig nicht so besonders zu werten, denn Merkur ist immer neutral, er kennt als Führer durch die Tag- und Nachtwelt alle Richtungen, alle Bewegungen. Wichtig ist hier nur seine Bewegungsrichtung zur Sonne.

Venus ist rückläufig etwas unterschiedlicher zu bewerten. Als Morgenstern ist Venus mit einer Rückläufigkeit wohl als etwas gehemmter im Empfinden zu sehen. Dagegen Venus als Abendstern unter Rückläufigkeit stehend ist eher fördernd, denn als Muse oder als hingebende Liebende ist Venus sicher eher in der Tradition, im Vergangenen behaftet. Mars und Rückläufigkeit, das paßt allerdings nicht so günstig zusammen, denn Mars ist vorwärtsdrängend.

Wenn Mars nun rückläufig ist, steht er ungefähr in Opposition zur Sonne, mit der er – bedingt durch seine Zeitgesetze (die hier nicht abgehandelt werden können) – nicht Schritt halten kann. Nun richtet er seinen Lauf gegen die Sonne, wagt einen verzweifelten, vergeblichen Kampf gegen seine urtümlich vorwärtsgerichtete Bewegung und seinen vorwärtsstürmenden Antrieb. So wird Mars in der Rückläufigkeit lernen müssen, Niederlagen hinzunehmen und trotzdem seinen Willen und Trieb durchzusetzen.

Auch Jupiter ist vorwärts auf Entfaltung gerichtet, also hemmt hier die Rückläufigkeit zunächst wohl etwas. Aber wahre Entfaltung kann nur geschehen, wenn der Blick zurück stets möglich erscheint, ja als Notwendigkeit angesehen wird; so ist also die Rückläufigkeit von Jupiter neutraler zu werten. Nicht so neutral wie bei Merkur, aber auch nicht so entgegen der Grundrichtung wie bei Mars. Saturn und Rückläufigkeit dagegen, das scheint gut zusammenzupassen, denn die Grundrichtung des Saturn ist der Blick auf das Gewesene, das erhalten, bewahrt werden soll. So ist hier eine Rückläufigkeit fast günstiger zu werten als eine Rechtsläufigkeit.

Uranus wiederum ist stürmend, emporschießend, hier ist die Rückläufigkeit eher bremsend in der Kraft der Intuition; man möchte sagen, der zweite Intuitionseinfall ist es!

Neptun und Rückläufigkeit paßt wiederum gut zusammen, denn der Instinkt entwickelt sich aus einem Erfahrungsprozeß, und diese Erfahrungen immer wieder aufzunehmen hält den Instinkt wach.

Bei Pluto löst Rückläufigkeit ein eher zwiespältiges Gefühl aus. So wie eine Mine, die nicht bei der ersten Berührung hochgeht. Hier müssen wohl die Aspekte mit einbezogen werden. Allerdings ist hier die Rückläufigkeit meist so lange, daß dies individuell kaum zu werten ist, das betrifft meistens gleiche Jahrgänge. Es kommt also – auch bei der Rückläufigkeit – auf die Planetennatur an.

Und noch eines: Aspekte sind Zeitwege wie auch Bewegungen der Rückläufigkeit. So braucht es eine Zeit, von einem Ort zum anderen zu kommen, egal in welcher Richtung, aber die Richtung selbst ist bei der Aspektdeutung eben ausschlaggebend.

100

Kombinationsübungen

Konjunktionen

Konjunktion heißt Zusammenfügung, heißt, Planetenkräfte stehen auf derselben Basis, und sie bilden damit auch eine Basis. Ob eine gute oder eine schlechte Basis, das kommt auf die Natur der Planeten an.

Die Grundüberlegung ist also stets: Passen diese Kräfte zusammen, fügen sie sich gut aneinander, so daß ihre Kraft addiert wird, oder aber passen diese Kräfte eigentlich nicht zusammen, so daß ihre Kraft verbraucht wird, weil sich die Kräfte stets stören oder gegenseitig hemmen.

Nun soll bei allen Überlegungen immer noch gleich der Tierkreisabschnitt mit dazukombiniert werden. In der Regel stehen ja bei einer Konjunktion Planeten in demselben Abschnitt, aber nicht, wenn die Konjunktion aus zwei Abschnitten erfolgt.

Gehen wir zunächst von dem gemeinsamen Abschnitt aus. Gemeinsamer Abschnitt bedeutet gleiche Grundrichtung. Beispiel:

Sonne und Merkur stehen im Zeichen Schütze. Lebenskern und Denken ist also gleich idealistisch, glutvoll, missionarisch, auch jovial. Sehr ehrempfindlich, etwas lehrerhaft.

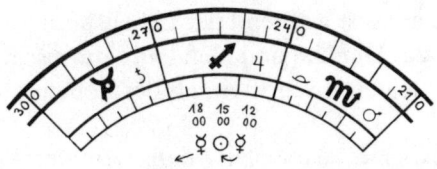

Hier nun kommt es darauf an, ob sich Merkur auf die Sonne zubewegt. Tut er dies, dann kann davon ausgegangen werden, daß das Denken sich ganz dem Lebenskern unterwirft.

Anders, wenn sich Merkur von der Sonne wegbewegt. Hier will das Denken neutralisieren, auch andere zu Gehör kommen lassen; der Verstand geht davon aus, daß eine gewisse Entpersönlichung vonnöten wäre. Dabei kommt es immer auf den Abstand der Planeten voneinander an. Einst sagte man, wenn Merkur und Sonne sehr dicht zusammenstünden (was übrigens bei allen Planeten in einer Konjunktion mit der Sonne zutrifft), der Merkur wäre verbrannt. Das heißt, er ist ganz von der Sonne aufgesogen. Denken und Ich sind also höchst identisch. In der Praxis besagt diese Konstellation, wie schwer es dem Horoskopeigner fallen dürfte, andere Argumente als die eigenen anzuerkennen.

Nehmen wir nun einmal an, die Sonne stünde Ende des Abschnitts Schütze, Merkur Anfang des Abschnitts Steinbock.

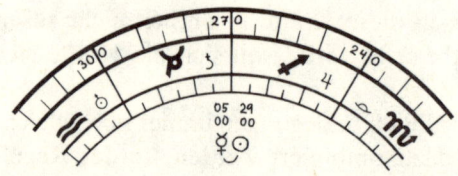

Hier ist schon die Grundrichtung anders. Die Sonne, also der Lebenskern, will führen, lehren, schaut idealistisch nach oben. Das Denken aber und das Handeln sind vom persönlichen irdischen Ehrgeiz getragen. Dieser Ehrgeiz kennt in dem Sinn keinen Idealismus, keine überpersönlichen Ziele wie der Lebenskern. Hier gerät also Denken und Handeln mit dem Lebenskern automatisch in Konflikt. Oder anders: während der Lebenskern jovial ist und auch so reagiert, ist das Denken und Handeln saturnisch, schwerfälliger, bewegt sich in kleineren Schritten, als der Lebenskern es von Natur aus will.

In der Praxis sähe das so aus, daß zwar der Lebenskern, das Grund-Ich, recht idealistisch ist, aber in Wort und Tat kommt dies nicht so recht zum Ausdruck, da geht alles bewahrender, zögernder, realer zu.

102

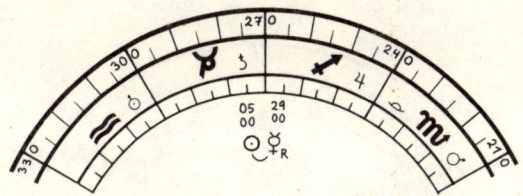

Nun umgekehrt: Stände die Sonne in Steinbock in den Anfangs-
graden, Merkur aber rückläufig, also von der Sonne weglaufend, in
den Endgraden des Abschnitts Schütze, dann würde der Horoskopeigner ein idealistisches Handeln und Denken an den Tag legen.
Nähme man ihn aber beim Wort, dann würde sich schnell zeigen,
daß der Lebenskern, das Ur-Ich, viel ehrgeiziger im persönlichen
Sinn ist, viel realer und irdischer, als es nach außen ausschaut.

Hieran wird deutlich, wie unterschiedlich die Konstellationen alle
zu sehen sind, und wie unendlich viele Konstellationen und Kombinationen möglich sind. Es ist also geradezu unmöglich, für alle
anfallenden Konstellationen einen Deutungshinweis zu geben. So
muß man die Kombination, das kann nicht oft genug betont werden,
aus sich heraus schulen.

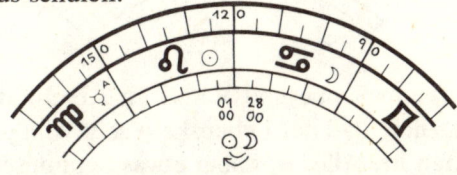

Hier steht Mond Ende Krebs auf die Sonne zulaufend, die auf ein
Grad Löwe steht. Zwei völlig unterschiedliche Abschnitte bilden
hier durch die Konjunktion Mond/Sonne eine Basis. Beide Planeten
stehen noch dazu in Zeichen, in denen sie ihre verwandte Kraft
finden. Wenn auch der Mond schon in den sich anpassenden Graden Krebs steht, die Sonne in den sehr bewegenden Graden des
Abschnitts Löwe. Immerhin, das Unterbewußtsein, in sich sehr
stark, paßt sich ganz dem Lebenskern an, der sehr autoritär sein
dürfte. Das heißt, dieser Lebenskern dürfte das Unterbewußtsein
kaum zu Wort kommen lassen, wenigstens nicht bewußt. Nachts
aber könnte der Horoskopeigner sich von Alpträumen geplagt
sehen, denn so ein starkes Unterbewußtsein läßt sich nicht leicht
verdrängen.

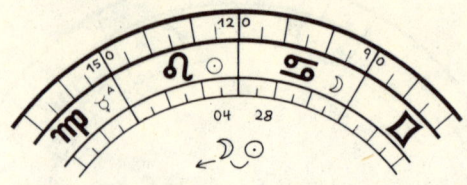

Stünde nun Mond Anfang Löwe, also im Sonnenabschnitt und sich von der Sonne lösend, da diese Ende Krebs im Mondabschnitt steht, sähe die Sache völlig anders aus. Hier versucht das Unterbewußtsein sich autoritär zu verselbständigen, und der mondhafte Lebenskern (Sonne in Krebs) würde dies sogar begrüßen. Dieser Mensch wäre sehr viel innerlicher als der Mensch vom eben geschilderten Beispiel. Darauf kommt es also an: sich die bildliche Vorstellung zu machen, die das Horoskop uns widerspiegelt.

Eine Konjunktion Sonne und Venus im Abschnitt Fische. Dies besagt grundsätzlich, daß der Lebenskern sehr vom jeweiligen Empfinden betroffen ist. Alles ist dabei etwas neptunisch zerfließend. Geht nun die Sonne auf Venus zu – denn oft ist die Sonne der schnellere Planet – dann wird der Lebenskern viel empfindsamer, ja weiblicher reagieren, als wenn sich die Sonne von der Venus fort bewegt.

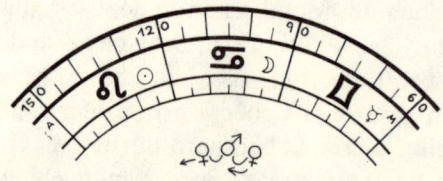

Nun zu einer Konjunktion zwischen Mars und Venus im Zeichen Krebs. Hier besteht also ein schöpferischer Wille und Trieb, der sich mit einem schöpferischen Empfinden verbunden hat. Grundsätzlich geht hier Trieb und Empfinden wohl stets miteinander, so daß etwa jedes Triebbegehren auch als tiefe Liebe aufgefaßt wird. Bewegt sich in dieser Konjunktion Venus auf Mars zu, dann ist Mars stärker, als wenn sich etwa Venus von Mars löst. Dann kann sich schon das Empfinden vom Trieb lösen, wenigstens wird dies versucht. Eine Konjunktion, die in der Jugend Bedeutung hat.

Eine Konjunktion Mars/Sonne im Abschnitt Skorpion. Leidenschaftlicher Trieb, der den Lebenskern stets erfaßt. Wandelt nun die Sonne auf Mars zu, dann ordnet sich der Lebenskern dem Trieb unter. Löst sich die Sonne, dann kann von einem Befreiungsversuch gesprochen werden. Auch hier ist natürlich wichtig, wie weit die Sonne, ob zu- oder weglaufend, von Mars steht. Es soll ja nur die Kombinationsüberlegung deutlich werden.

Eine Konjunktion Jupiter Endgrade Fische, Sonne Anfangsgrade Widder. Hier besteht keine gleiche Ebene. Der Lebenskern ist marsisch, Jupiter neptunisch. Also der Lebenskern ist kämpferisch aufbrechend, die Entfaltung aber hingebend und opferbereit. Das wird Konflikte geben, denn kämpferische Grundhaltung verträgt sich oft schwer mit der hingebenden, opferbereiten Entfaltung. Das wird eine Reifeentwicklung benötigen, die zu beachten ist.

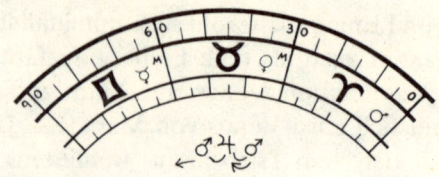

Mars/Jupiter stehen nun in Konjunktion im Abschnitt Stier. Beide sind venushaft orientiert, hier wird also der Trieb mit der Entfaltung in eine Richtung gehen, dabei spielt es nicht einmal eine so große Rolle, ob Mars zulaufend oder ablösend ist.

Dies läßt sowieso bei den großen Planeten untereinander nach, also auch bei der großen Konjunktion von Jupiter und Saturn, die ja immer – geschichtlich gesehen – Zeichen gesetzt haben soll. Diese beiden Planeten treffen alle 20 Jahre zusammen; von einer wirklich großen Konjunktion wird allerdings nur dann gesprochen, wenn diese dreimal hintereinander im Zeitraum eines Jahres etwa stattfindet.

Individuell besagt dies wohl, daß diesen Jahrgängen die Aufgabe zuwächst, sich in der Entfaltung konzentrierte Beschränkung aufzuerlegen, damit nicht zuviel verspielt wird. Typisch generationsmäßig, daß diese psychologische Wahrheit kaum befolgt wurde, denn die große Konjunktion von 1941 brachte ja den Zweiten Weltkrieg. Die Folge: Riesige Entfaltung einerseits, die zur noch schwereren Beschränkung danach führte.

Echte Gegenspieler in der Kräfteversammlung der Planeten sind der aufbrechende Mars und der bewahrende, beharrende Saturn. Beide sind so konträr eingestellt, daß hier eine Konjunktion in ihrer Grundbedeutung erst erkannt und verstanden werden muß. Dieses Beispiel ist klar: Mars in Konjunktion mit Saturn im Zeichen Jungfrau, wie 1980 geschehen.

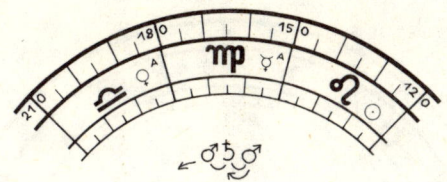

Das heißt, beide Kräfte sind von merkurischem Ernst in der Grundveranlagung, beide treten für die Pflicht, für die Notwendigkeiten des Alltags ein. Aber Mars will immer das Neue, Saturn dagegen die Tradition hochhalten. Geht nun Mars auf Saturn zu, dann wird sich die Marskraft, da sie sich Saturn unterwirft, wohl für das Bestehende einsetzen, die Tradition verteidigen. Hier sind dann neue Gesetze, Vorschriften, die das Bewahrende durchsetzen wollen, zu erwarten.

Ist aber Mars ablösend von Saturn, dann wird der Wille immer neue Wege gehen wollen, aber weit wird diese Kraft nicht kommen, Saturn läßt den Willen nicht aus seinem Bann. Hier wird es also heftige Kämpfe im Horoskopeigner geben, bis dieser erkennt, daß nur die kleinen Schritte helfen. Also daß nicht etwa die Revolution in einem alles umstürzen soll, sondern daß Veränderungen im Bestehenden erfolgen müssen, etwa einem fortschrittlichen Konservativismus entsprechend.

Durch diese Beispiele wird wohl ganz deutlich, in welche Richtung kombiniert werden soll. Immer das Bild vor Augen haben, immer von sich aus sehen, wie diese Bilder zusammenpassen. Der Kombination muß eine tiefe Logik innewohnen, aber sie ist stets mit persönlicher Fantasie zu füllen. Auch hier also muß der Horoskopdeuter seinen Weg finden. Einem wird die Gabe des Kombinierens schneller zufliegen als dem anderen, aber zu schulen ist jede Kombinationsveranlagung. Natürlich – ganz ohne Begabung und Veranlagung geht es auch hier nicht.

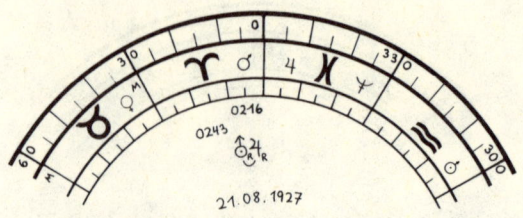

21.08.1927

Die großen Konjunktionen, also ab Verbindungen von Jupiter und Uranus, die ja oft nur alle Jahrzehnte erfolgen, (Uranus/Neptun-Verbindungen) sind nicht mehr so individuell zu werten. Im August 1927 stand Jupiter mit Uranus in naher Konjunktion im Abschnitt Widder, die Symbole der Intuition und der Entfaltung also eng beieinander. Da müßte man von einer herrlichen Erfindungs-Entfaltung sprechen. Diese aber beträfe alle Menschen auf der ganzen Welt, die zu dieser Zeit geboren wären, was ja grundsätzlich für alle Aspekte gilt. Da kommt es dann sehr auf die Stellung im Horoskop an, die durch die tägliche Achsendrehung der Erde hervorgerufen wird. Davon später. Grundsätzlich aber hier: das sind ausgesprochene Generationsaspekte, die *nie* überbewertet werden dürfen. Im Unterschied, wenn sich die alten Traditionsplaneten verbinden, und besonders, wenn sich die äußeren mit den inneren Planeten treffen, also etwa Venus und Saturn.

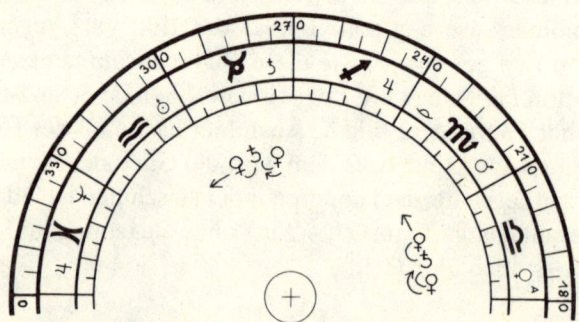

Stehen Venus und Saturn in Konjunktion, dann deutet sich dies wohl jetzt nach den Anregungen schon allein. Das Empfinden wird sich nur sehr konzentriert äußern, die Weiblichkeit bewahrt sich,

108

das Frauliche in einem, das Hingebende wird spröde einzuschätzen sein.

Findet diese Konjunktion nun etwa im Zeichen Waage statt, dann mag dies noch halbwegs gehen, weil Saturn dann von Natur aus etwas Venushaftes an sich hat. Findet aber diese Konjunktion etwa im Zeichen Steinbock statt, dann ist Venus saturnisch, dann ist das Empfinden also noch bewahrender.

Läuft nun Venus auf Saturn zu, dann wird das Saturnische wohl stets alle emotionellen Äußerungen bestimmen. Entfernt sich dagegen Venus von Saturn, dann wird ab und zu eine Empfindungslösung zu bemerken sein, aber im Grunde geht dann das Gefühl immer wieder in die Bewahrung zurück. Solche Menschen sind oft nicht fähig, ihre Liebe zu zeigen, so daß sie schon von daher ihre Emotionen nicht ausleben können, weil sie, irgendwie schüchtern oder einsam, sich zu schnell von den Gefühlskontakten loslösen.

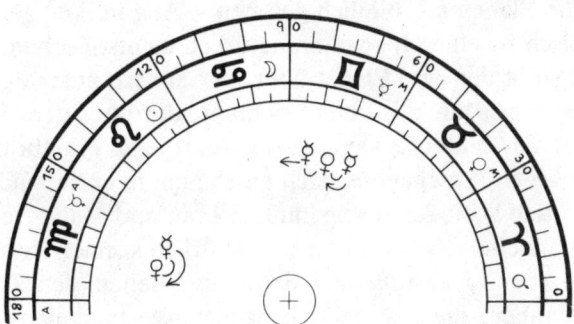

Eine Venus/Merkur-Konjunktion im Abschnitt Zwillinge mag noch recht aufschlußreich sein. Hier hat Venus schon eine merkurische Note oder Färbung. Man kann sagen, das Empfinden ist beredt, ist bereit, alle Gefühle der Weiblichkeit zu durchdenken. (Stände diese Konjunktion im Abschnitt Jungfrau, wäre nicht auszuschließen, daß hier alle Empfindungen analysiert würden. Eine Freude für einen Psychologen.)

Aber die Konjunktion im Abschnitt Zwillinge könnte auf eine Gefühls-Schwatzhaftigkeit hinzielen. (Es kommt ja immer auf das Niveau des Horoskopinhabers an, wie natürlich auch auf andere

Aspekte.) Auch könnte dies sagen, daß das Empfinden über das Wort erfolgt. Hier wäre also kaum von einem stummen Liebesverstehen zu sprechen, eher von einem Empfindungserwachen über das Wort, über das Gespräch. Läuft nun Merkur auf Venus zu, dann mag das Empfinden führend sein gegenüber dem Denken, dem Handeln, dem Verstand. Löst sich Merkur, dürfte sich beides die Waage halten.

Nach der Konjunktion wenden wir uns nun dem Gegenteil, der Opposition zu.

Oppositionen

Opposition heißt Gegenüberstehen, heißt Gegenschein. Hier stehen sich also die Planeten – bildlich gesehen – Aug in Aug gegenüber. Astronomisch ist eine Opposition natürlich nicht zu sehen, denn in der Regel steht der eine Planet über, der andere unter dem Horizont. So ist meist nur der Planet sichtbar, der über dem Horizont steht. Aber das bildliche Denken der Astrologie erlaubt die Feststellung des Sich-Anschauens. Sich anschauen in anziehender, neutraler oder sich abstoßender Spannung. Frau und Mann ziehen sich in gegenüberstehender Spannung an, natürlich können sie sich auch abstoßen. Aber in abstoßender Spannung stehen sich Todfeinde meist gegenüber, die sich jedoch nach ausgestandenem Gefecht auch anziehend finden mögen. Hier liegt also viel Entwicklung im Raum, so ist das auch bei Aspekten zu sehen. Aspekte sind ein Ausdruck der Zeitabläufe der Planeten. Alle Aspekte des Grundhoroskops bleiben durch den Geburtsmoment für das ganze Leben bedeutsam, aber sie verändern sich. Ein Aspekt kann sich auflösen, ein anderer kann sich während des Lebens verstärken, dies gilt besonders für die Opposition.

Es gibt auch Horoskope, in denen es keine Opposition gibt, hier fehlt also die Grundspannung, die etwa zwischen einem magnetischen Plus- und einem magnetischen Minuspol vorhanden ist. Spannung ist übrigens nie negativ zu sehen, eher positiv. Auch dies ist nicht ganz glücklich als Ausdruck gewählt, aber jeder Aspekt im Horoskop hat mehr – wenn schon diese Ausdrücke gebraucht werden – positive als negative Hinweise, weil ja jeder Horoskopeigner aus seinem Horoskop etwas machen kann.

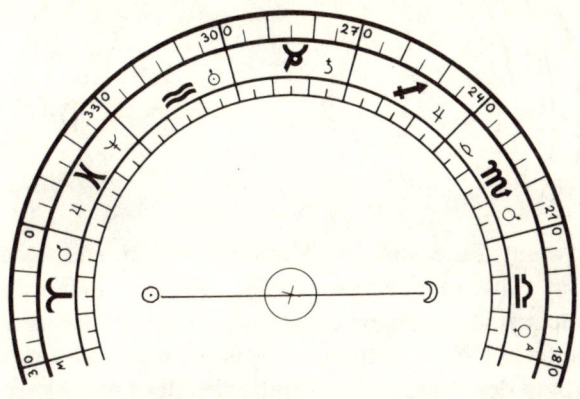

Es stehen sich Sonne in Widder und Mond im Abschnitt Waage gegenüber. Die Sonne, der Lebenskern, also aufbrechend und kämpferisch. Der Mond, die Seele, das Unterbewußtsein, dagegen auf der Suche nach dem Gleichgewicht, dem Ausgleich.

Während also das Bewußtsein kämpfen will, bereit, zu neuen Ufern aufzubrechen, will das Gemüt den unkämpferischen, diplomatischen Ausgleich, will sich mehr den Künsten, den anderen Menschen in Begegnung zuwenden. Das muß zunächst zu Konflikten in einem Menschen führen, denn nichts Kämpferisches gelingt, wenn nicht die Seele mit engagiert ist. Da zudem bei einer Sonne/Mond-Opposition der Mond als Vollmond am Himmel hängt, hat er bildlich gesehen eine große Kraft. Dieser Konflikt muß also ausgetragen werden, sonst zerbricht der Horoskopeigner an seiner eigenen inneren Spannung.

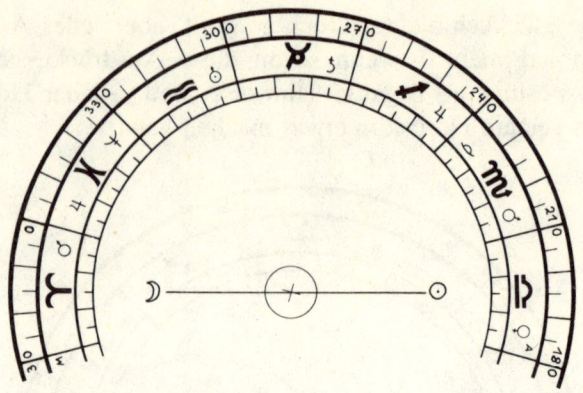

Anders wenn die Sonne im Abschnitt Waage steht, der Mond dagegen im Abschnitt Widder. Hier will der Lebenskern sein Gleichgewicht finden, seinen Ausgleich zu den anderen. Aber die Seele ist aufgeladen, ist aufbrechend, ist kämpferisch unruhig.

Das heißt in der Praxis: soviel Mühe sich der Lebenskern um den Ausgleich, um die Suche nach der Mitte gibt, das Unterbewußtsein meutert dagegen auf. Das zeigt sich in Freudschen Fehlleistungen aller Art. Ehe dies nicht erkannt ist, kommt der Horoskopeigner nicht zur Ruhe. Dieses Beispiel zeigt aber auch, wie wenig dem Anfänger Kombinationsbücher nutzen. Er muß selbst kombinieren lernen.

Es ist zu begrüßen, daß Reinhold Ebertin, der Autor des wohl weitestverbreiteten Fachbuches *Kombination der Gestirnseinflüsse*, immer wieder gesagt und geschrieben hat, daß dieses Buch nicht das Kombinieren ersetzt, es soll eine Anregung sein, es soll gewisse Maßstäbe setzen. Eine vollständige Kombinationsanleitung ist nie zu schreiben, und setzt man noch soviele Computer ein. Für den Lernenden bleibt es wichtig, erst das eigene Kombinieren zu lernen, dann kann er sich an Hand der Kombinationsbücher orientieren, sich verbessern, sich korrigieren.

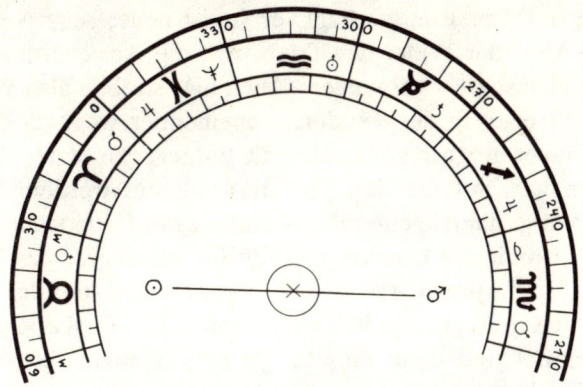

Beispiel: Die Sonne steht in Stier. Der Lebenskern ist also absichernd. Mars aber steht im Oppositionsabschnitt Skorpion. Das heißt, der Trieb und Wille ist voller Behauptungswillen, er will alle Grenzen überschreiten, er pfeift im Grunde auf die Sicherung, er will eine innere Horizonterweiterung erfahren, die über das Leben auf der Erde hinauszielt.

Damit steht der Wille im tiefen Gegensatz zum Lebenskern. Das muß Konflikte auslösen, denn wenn der Wille nur seinem Impuls folgen sollte, dann muß der Lebenskern ja aus seiner genußreichen Lebenssicherung herausgerufen werden.

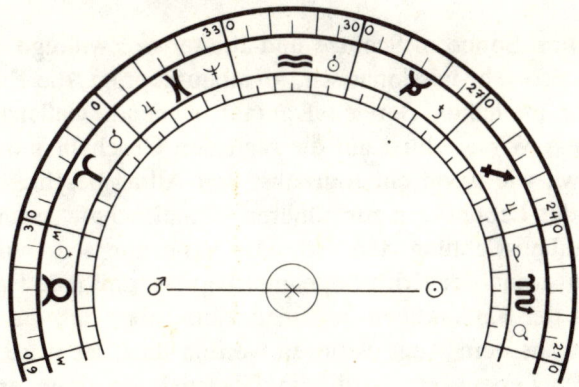

Stünde umgekehrt nun Mars im Abschnitt Stier und die Sonne im Abschnitt Skorpion, dann hieße das, der Lebenskern ist sehr leidenschaftlich individuell ausgeprägt, er strebt neue, sehr persönliche Ufer an. Aber der Wille, der Trieb, will die Absicherung, er will sich – da venushaft – vergnügen. Auch hier streben also Wille und Lebenskern eher in der Tendenz voneinander weg; da dies aber praktisch nicht möglich ist, prallen die entgegengesetzten Tendenzziele dann hart aufeinander. Das muß erkannt werden. Mit dem Erkennen folgt dann leichter die Annahme der Grundcharakterveranlagung, womit die Chance gegeben ist, aus dieser das Beste zu machen. Und darum geht es: aus der Veranlagung stets das Beste zu machen, dies gelingt natürlich nur, wenn der Horoskopeigner dies auch annimmt und dann umsetzt. Wieder einmal: Astrologie ist Arbeit am Charakter.

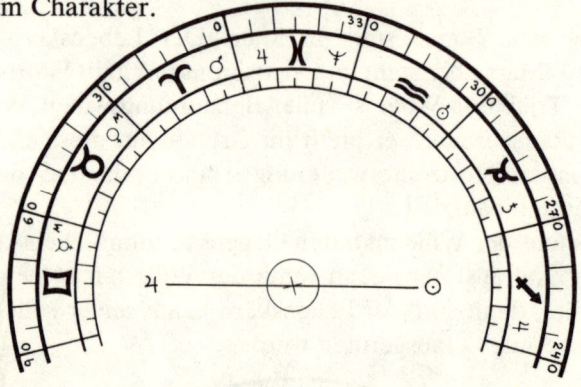

Opposition Sonne in Schütze und Jupiter in Zwillinge. Der Lebenskern also sehr missionarisch, jovial ausgeprägt, die Entfaltung aber mehr im nahen Bereich Kontakt suchend, vielleicht voller neugierigem Wissensdurst auf die täglichen Geschehnisse konzentriert. Etwa wie wenn ein Journalist den Alltag beschreiben will, während der Lebenskern zur höheren Gemeinschaft, sagen wir, in einer Glaubensrichtung, tendiert. Das kann nun sehr gut zusammengehen, wenn der Horoskopeigner kapiert, daß jede Entfaltung im Alltag der Kontaktwelt beginnen kann, aber daß das größere Ziel nicht aus dem Auge verloren werden darf. Es wäre auch zu sagen: Der Lebenskern wird sein Hochziel nur dann erreichen, wenn er die Entfaltung im Alltag beginnt, wenn er also den Kontakt mit den anderen nicht verliert.

114

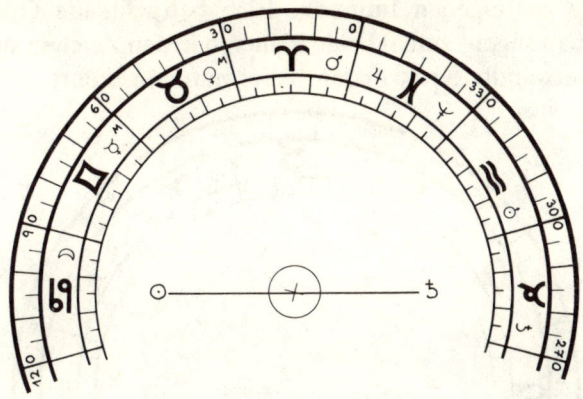

Sonne in Krebs, also schöpferischer Lebenskern. Saturn in Steinbock, also beharrende zähe Konzentration. Der Lebenskern will
wachsen, will fruchtbar sein. Aber das Bewahrende weiß, daß jeder
Überwucherung Einhalt geboten werden muß. Dies ist als eine
höchst chancenreiche Opposition anzusehen, die wirkliche Grundlagen für einen ausgefüllten und doch realen Lebensweg geben
kann. Die mondhafte Sonne steht in Spannung zum saturnisch
potenzierten Saturn, da befruchtet sich der Lebenskern aus der
Besinnung auf sich selbst und auf die Erfahrungen der Zeit, der
Generationen.

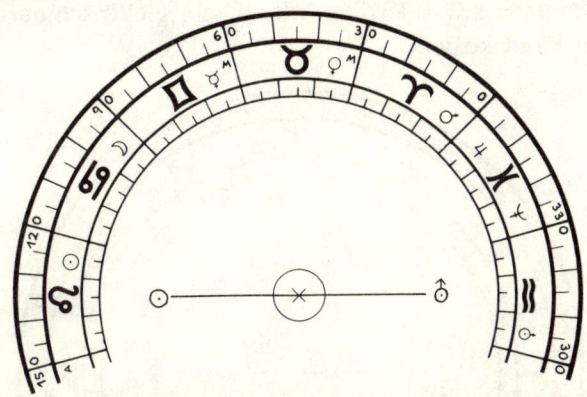

Nehmen wir nun einmal an, die Sonne stände in Löwe, und
Uranus in Wassermann. Also ein stolzer Lebenskern in steter

Spannung zur eigenen Intuition. Eine befruchtende Opposition, möchte man sagen, zumal beide Planeten in den Zeichen stehen, da sie ihre verwandte Kraft finden. Aber nun umgekehrt.

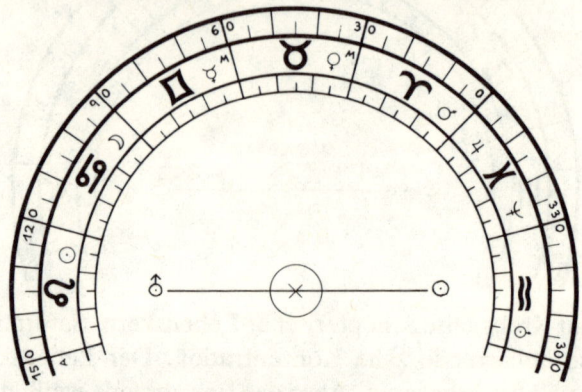

Die Sonne steht in Wassermann, Uranus in Löwe. Das heißt, die Intuition ist sehr befruchtend, weil kreativ. Immer wieder fällt diesen Horoskopeignern etwas ein. Die Sonne (früher sagte man, sie stünde in diesem Abschnitt vernichtet, was so nicht gelten kann!) steht nun im Intuitionsabschnitt Wassermann. Beide Planeten stehen also rezeptiv, sich gut ergänzend. Die Opposition zeugt für eine innere schöpferische Spannung, der Lebenskern nimmt jeweils die Intuitionseinfälle auf, allerdings oft zu sehr elektrisch aufgeladen, was sicher Kraft kostet.

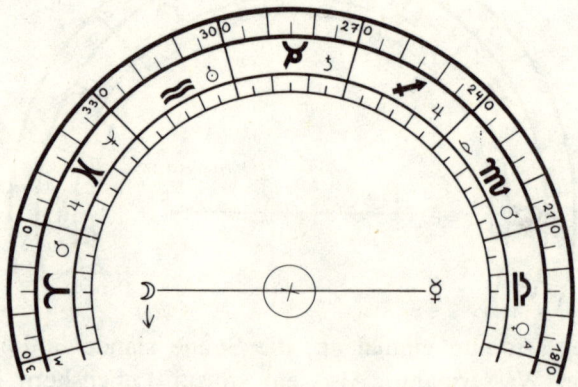

Ein anderes Beispiel. Mond im Abschnitt Widder in Opposition zu Merkur im Abschnitt Waage. Also ein aufbrechendes Unterbewußtsein, das in Spannung zu einem diplomatischen Denken und Verhalten steht. Da wird manche Verhaltensweise schiefgehen. In der Sprache wird mancher Freudsche Fehler immer wieder auftauchen.

Hier ist es nun noch wichtig, ob der Mond auf die genaue Opposition zugeht. Tut er dies, dann wird das Unterbewußtsein recht gut vom Verstand zu beherrschen sein. Löst sich aber der Mond aus der genauen Opposition, dann wird sich das Gemüt beredter zeigen, dann wird die Seele öfter aufmucken, als es dem Verstand des Horoskopeigners lieb sein kann. Hier wird wieder deutlich, wieviel immer beachtet werden muß, wenn es um die Aspekte geht.

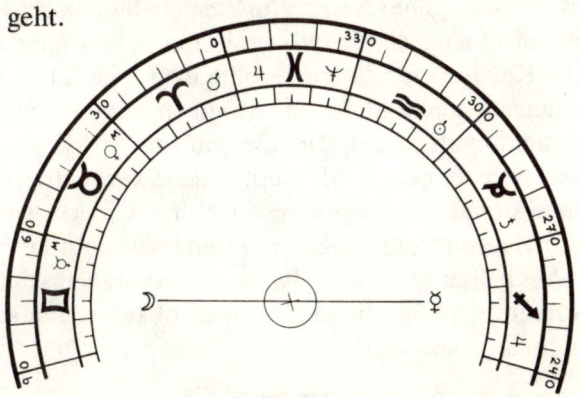

Angenommen, der Mond steht im Abschnitt Zwillinge. Also unter anderem eine kontaktsuchende Seele symbolisierend. Merkur im Abschnitt Schütze ein idealistisches Denken anzeigend, mit Sinn für das Höhere, das Ideelle. Das geht wohl gut zusammen, da die Seele Kontakt sucht, und der Mond hier merkurisch gefärbt ist, während der Verstand, das Denken hoch hinaus will. Unbewußt findet dann der Horoskopeigner ein Publikumsecho, aus dem dann andere Menschen inspiriert werden können.

Natürlich: Opposition bedeutet immer Spannung, damit auch Anspannung, aber so wird das Ganze elektrisiert, aufgeladen, was sicher Echo findet. An solchen Menschen geht man nicht vorbei.

117

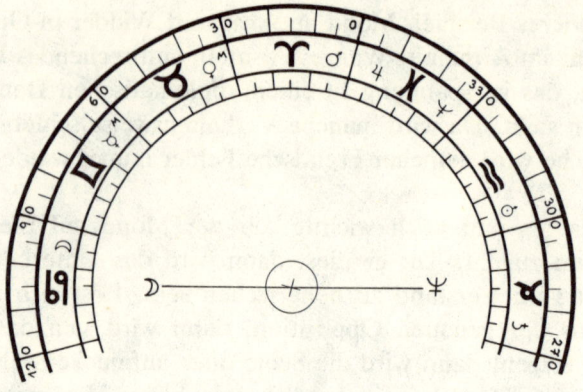

Sehr befruchtend oder sich ergänzend dürfte auch sein, wenn Mond in Krebs steht, aber Neptun im Zeichen Steinbock. Praktisch ist dies jetzt nicht möglich, das war im letzten Jahrhundert der Fall, aber um das Kombinieren zu üben, sollte man auch solche theoretischen Stellungen durchexerzieren. Mond in dem Zeichen, da er seine Verwandtschaft findet, Neptun saturnisch. Mond also sehr schöpferisch, sehr empfangend. Neptun sehr konzentriert, auf die Inspiration wartend. So stehen Instinkt und Unterbewußtsein in Spannung, beharrend, aber sich ergänzend. Das müßte für ungewöhnliche Medialität sprechen. Hier könnten wirklich schicksalhafte Prophezeiungen möglich sein. Starkes okkultes Interesse, das systematisch ausgebaut wird.

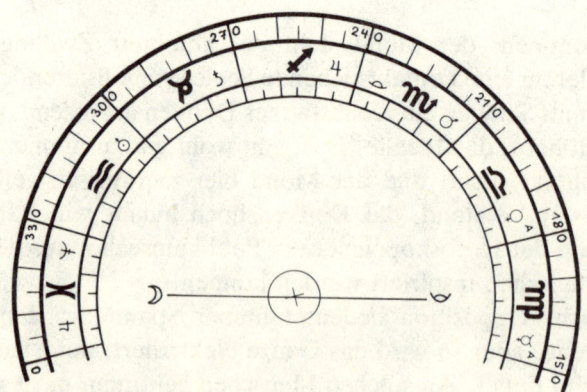

Mond in Fische, Pluto in Jungfrau. Eine Opposition also zwischen einem neptunischen Mond und einem merkurischen Pluto. Hier also aufgeladenes Gemüt, sehr auf den Instinkt hörend, dort eine reale Machtdurchsetzung, unbedingtes Wollen, sich im Alltag mit Leistung durchzusetzen. Organisatorisches Talent einerseits, und ein sich Hinüberfließenlassen andererseits. Das muß eigentlich zu starken Konflikten führen. Das instinktive Unterbewußtsein dürfte kaum bereit sein, diesen realen Machtanspruch hinzunehmen.

Da ist wohl wahrhaftig von einem Menschen mit zwei völlig verschiedenen Seiten zu sprechen. Ein Mensch, der sich tagsüber im Berufsleben sicher ganz anders gibt, als nachts oder in seiner Freizeit. Da hängt er Gedanken und Überlegungen nach, deren er sich im Berufsalltag schämen würde. Und doch muß diese Spannung bewußtgemacht werden, denn kein Mensch kann sich dauernd verstellen.

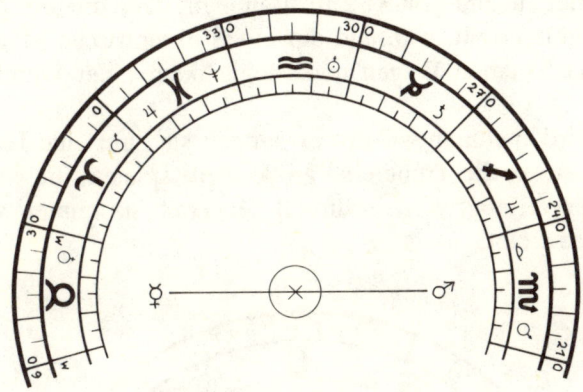

Merkur steht in Stier. Mars in Skorpion. Das Denken also venushaft, der Trieb leidenschaftlich, aufbrausend. Hier dürfte die Triebspannung jedes weiche Denken zurückdrängen. So charmant und elegant sich dieser Horoskopeigner auch bewußt geben mag, es ist zu erwarten, daß es aus ihm ungeduldig immer wieder herausplatzt. Und der andere wundert sich, wie verletzbar dieser Mensch sein kann, wo er doch in den Gesprächen soviel Charme entwickeln kann.

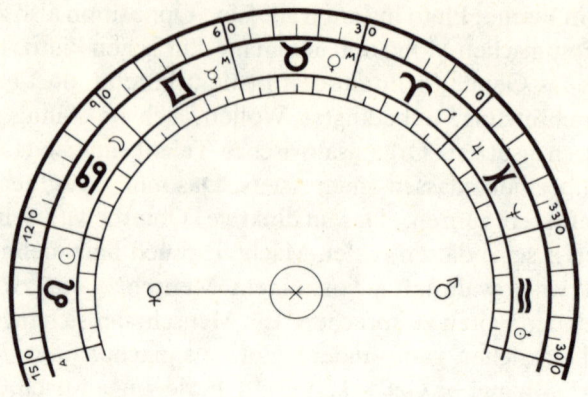

Venus in Löwe und Mars in Wassermann in Opposition. Ein stolzes, glutvolles, feuriges Empfinden. In steter Spannung zu einem recht originellen aber doch mehr geistigen Trieb. Das geht so leicht in der Jugend gewiß nicht zusammen, denn die feurige Venus will ja ihren Tribut, während der etwas exzentrische Mars immer wieder nach neuen Wegen und Möglichkeiten der Durchsetzung strebt.

Hier wird, nehmen wir an, es handelt sich um eine Horoskopeignerin, sicher die Treue eine große Rolle spielen, die vom Empfinden her verlangt wird, während der Trieb sie immer wieder in Eskapaden treibt.

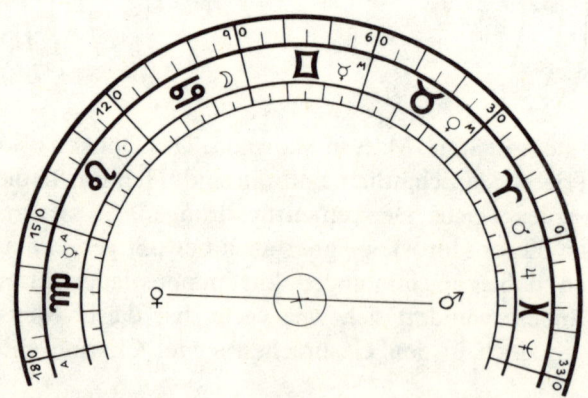

Venus in Jungfrau, also eine merkurische, etwas berechnende, sich teuer verkaufende Venus. Das Empfinden dieses Menschen ist also gut beherrschbar. Aber Mars steht in Fische, will sich hingeben, doch auch recht waghalsig mal auf- mal untertauchend. Sicher keine leichte Oppositionsspannung, denn der Trieb und Wille will sich fast auflösen, aber das Empfinden arbeitet oft karteimäßig. Hier wird der Trieb dem weiblichen Gefühl manches Schnippchen schlagen.

Solche Mars/Venus-Aspekte schleifen sich im Alter zwar ab, aber wenn der Trieb irgendwie verführt wird, sagen wir, wenn er auf etwas Nixenhaftes anspricht, dann bleibt dies, dann werden auch im hohen Alter noch Kapriolen geschlagen, oder es wird zumindest von ihnen geträumt.

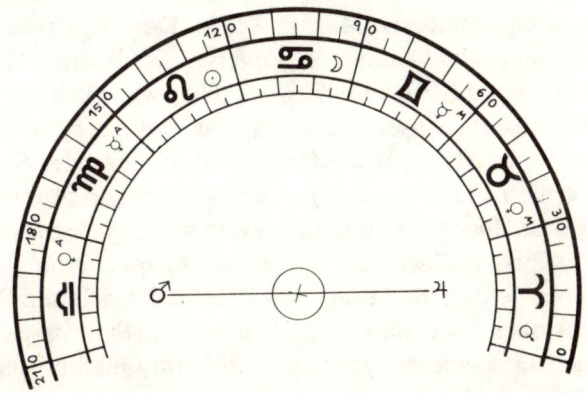

Mars in Waage und in Opposition zu Jupiter in Widder. Hier ist die Entfaltung kämpferisch, aufbrechend, aber sie wird so nie das Ziel erreichen, weil ja der Ur-Ansporn, der Mars, elegant arbeiten will, um den Ausgleich kämpft. Da wird also mancher stürmische Missionswunsch auf der Strecke bleiben, weil der Wille nicht so angetrieben wird. Bei einer Konjunktion dieser beiden Planeten wäre eine Entfaltungsexplosion zu erwarten, ständen sie im Abschnitt Widder.

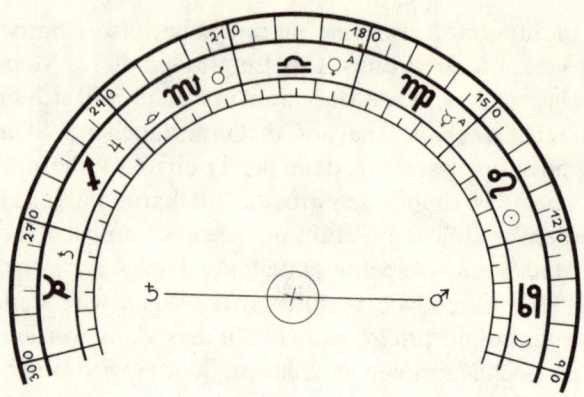

Saturn in Steinbock. Dort steht die Konzentration fest verwurzelt, aber in Opposition zu Mars in Krebs. Der Mars zwar nicht in seinem Element, aber voll von schöpferischem Antrieb. Doch die Gegenspannung zu Saturn hindert ihn. Hier will Mars sicher seine Kräfte zu vielseitig einsetzen, da bremst dann der Saturn, ganz besonders, wenn Mars auf die Oppositionsstellung des Saturn zuläuft. Das wird erst einmal eine sehr schwer zu beherrschende Spannung sein, aber sie wird später, wenn die Zeit (Saturn) gekommen ist, äußerst befruchtend und fördernd sein. Aber bei allen Mars/Saturnaspekten muß sich erst einmal der Trieb und Wille die Hörner abstoßen. Da führt kein Weg vorbei. Saturnaspekte sind immer auch Lernaspekte, ganz besonders im Quadrat und in der Opposition.

Soviel zu den Oppositionsanregungen. Sie sollen nur befruchtend für eigene Kombinationseinfälle wirken.

Sextile

Zunächst eines: Ein Sextil ist kein halbes Trigon, wie das Quadrat keine halbe Opposition ist. Ein Sextil ist ein sehr eigener Aspekt. Überhaupt muß damit aufgeräumt werden, daß sogar noch in modernen Fachbüchern Sextile als günstig, Quadrate und Oppositionen als ungünstig hingestellt werden. Das ist – man kann es nicht deutlich genug sagen – blanker Unsinn.

Von diesen alten, überholten Vorstellungen befreie man sich schleunigst. Hier hat Reinhold Ebertin recht, wenn er Quadrate und Oppositionen nach der Natur der Planeten betrachtet, nur leider hat er die Trigone und die Sextile aus seiner Lehre verdammt. Ein Grund: in der Vorhersage halten weder die Sextile noch die Trigone, was sie eigentlich versprechen. Dies ist richtig. Aber in der Grundausdeutung gibt etwa ein bedeutendes oder ein geschlossenes Trigon schon sehr gute Hinweise, davon später mehr, und die Sextile zeigen, treten sie häufig auf, eine unverkennbare Bewegung. Dr. Baldur Ebertin sprach einmal von den weichen und den harten Aspekten, wobei er Sextile und Trigone als weiche Aspekte bezeichnet.

Sextile sind Bewegungsaspekte. Nun sind dies im Grunde alle Aspekte, aber Sextile deuten eben stärker darauf hin, daß sich etwas zueinander oder voneinander fort bewegt. Nach der Basis-Konjunktion sind sie ja die nahesten Aspekte. Stehen in einem Horoskop viele Sextile zusammen, dann ist auch eine gewisse Einseitigkeit festzustellen, aber dort, wo diese Ballung auftritt, ist Bewegung. Nun muß bedacht werden, daß Sextile im Grunde immer aus aktiven oder männlichen Abschnitten zu aktiven und männlichen Abschnitten, oder von passiven, weiblichen Abschnitten zu passiven, weiblichen Abschnitten zeigen. So wird durch ein Sextil das Männliche oder das Weibliche in einem Horoskop betont. Wie übrigens auch bei der Opposition und beim Trigon. Nur beim Quadrat treffen männliche Abschnitte mit weiblichen Abschnitten zusammen und umgekehrt. Ausnahmen gibt es bei Sextilstellungen von Planeten sehr am Ende oder sehr am Anfang eines Abschnitts.

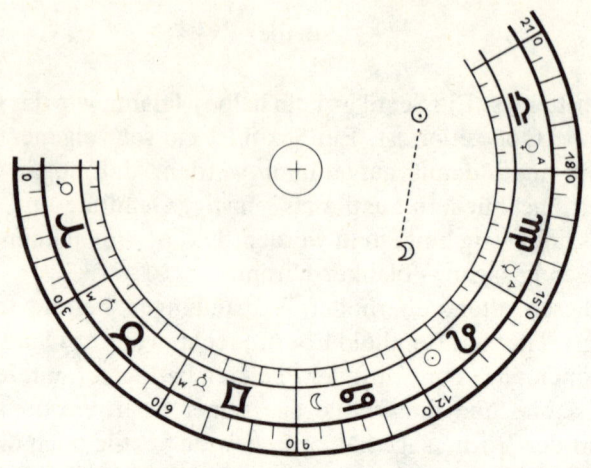

Mond in Löwe bildet zu Sonne in Waage ein zugehendes Sextil.
Das heißt, am Himmel sieht man, wie der Mond bereits eine
abnehmende, wenn auch noch recht volle Sichel gebildet hat. Der
Mond ist in Bewegung zur Sonne, wo er sein Licht ganz verlieren
wird, wo er von der Sonne verbrannt ist. Diese Bewegung ist
bedeutsam. Im Horoskop heißt dies: Mond in Löwe gibt zeugendes,
recht herrschsüchtiges Unterbewußtsein. Das Gemüt ist sonnenhaft, will beachtet werden. Es bewegt sich auf die Sonne zu, die in
Waage eine venushafte Färbung hat. So wird also der diplomatische, das Gleichgewicht suchende Lebenskern immer wieder durch
das betonte Auftreten der Seele in Bewegung gehalten. Immer
wieder wird der Lebenskern von der Tiefe selbst aus seiner Elegie
geweckt, aus seinem Hang zum Kunsterlebnis, zum Genuß. Das ist
ein sehr schöpferischer Aspekt, etwa für Künstler.

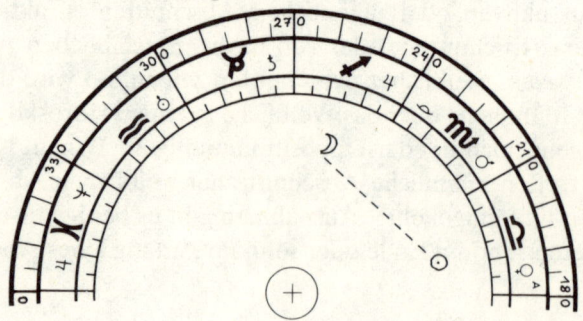

Die Sonne steht in Waage, ist also venushaft, der Mond aber hat ein Sextil aus dem Abschnitt Schütze zur Sonne. Hier bewegt sich der Mond von der Sonne weg. Die aufgehende Mondsichel ist bereits recht voll, nähert sich vom Licht her dem Halbmond. Das Unterbewußtsein ist unbedingt für höhere Ziele ansprechbar, unbewußt will die Seele den Lebenskern bewegen, der in seiner sogenannten Mitte so schön ruht. Von hier kommen also die Anregungen, der Moment, der zündet, wenn auch nicht explosiv, der aber stets den Horoskopeigner in Bewegung hält.

So ist das Sextil zu bewerten. Natürlich muß betont werden, daß zuviele Sextile – die sich etwa in einem Quadranten ballen, wenn die langsam laufenden Planeten eine Zeitlang nur so 80 bis 90 Grad auseinanderstehen – auch zuviel Bewegung, damit Streßgefahr bedeuten können. Man übernimmt sich, ohne es zu merken.

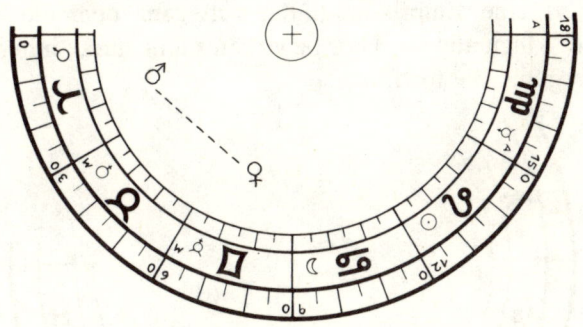

Sextil Venus in Zwillinge mit Mars in Widder. Hier kommt Bewegung in den Horoskopeigner. Mars in seinem verwandten Zeichen und Venus – merkurisch gefärbt – sich von ihm lösend. Das bedeutet, Gefühl und Trieb und Wille sind aktiv. Das Empfinden ist kontaktsuchend, der Trieb aufbrechend, so wird also hier der andere Mensch, der einem begegnet, wohl angesprungen. Das läßt auf gute Aktivität schließen, der Wille treibt, das Empfinden reagiert wie gewünscht.

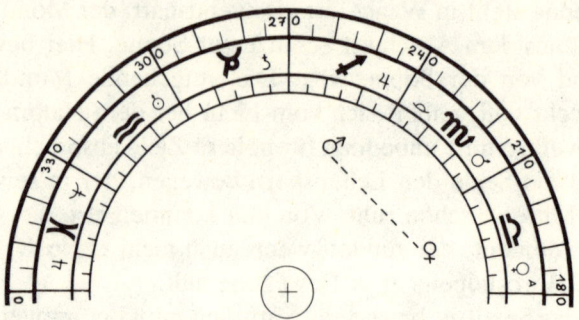

Ein anderes Beispiel. Venus stände in Waage, also im eigenen Abschnitt, damit sehr potenziert. Mars im Sextil im Zeichen Schütze, also feurig, wenn auch weiser und irgendwie abgeklärter, doch ideell.

Venus läuft auf diesen Mars zu. Die stark zu beurteilende Venus symbolisiert eine Empfindung, die sich ganz dem idealistischen Trieb und Willen anpaßt. Hier bewirken somit starke innere Kräfte eine Bewegung, die fortführt.

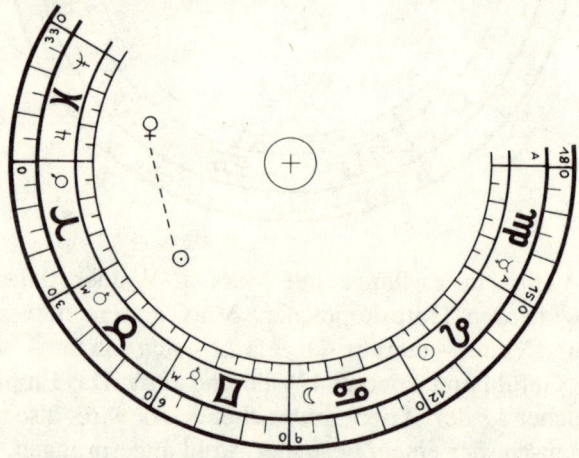

Sonne steht in Stier und ist venushaft. Venus steht im Abschnitt Fische, ist also neptunisch. Die sich hingebende Venus also ist im bewegenden Sextil mit einer venushaften, starken Stiersonne verbunden. Die Sonne aber löst sich von der Venus, wenn sie schneller

126

läuft. Das heißt, so sehr das Empfinden sich hingeben will, ausruhen will, sich vielleicht auch in sich zurückziehen möchte, mit der Gefahr einer unbewußten Süchtigkeit – der Lebenskern bewegt dieses Empfinden! In Stier stehend, also selbst venushaft und damit die Gefühlserlebnisse verstehend. So wird der Lebenskern sehr das weibliche Empfinden aufrütteln, wird es aktivieren, wenn auch auf mehr weibliche Art. Beide Zeichen sind ja weibliche Zeichen.

Immer sich die Vorstellung ausmalen: was tun zwei Planetenkräfte, wenn man sie sich personifiziert vorstellt. Das schult die Kombination.

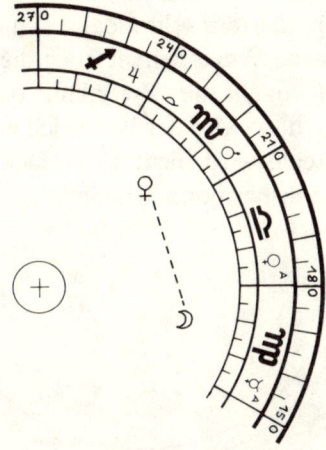

Der Mond steht in Jungfrau. Ein merkurischer Mond. Das Gemüt ist auf die reale Umwelt mit den tiefen Aufgaben ausgerichtet. Aber Venus steht in Skorpion, zum Mond ein Sextil bildend. Der Mond ist auf die Venus zulaufend. Diese Venus, marsisch und mit plutonischer Färbung, ist voller individueller Kraft. Das Empfinden will sich ganz persönlich äußern. Aber das Unterbewußtsein erinnert stets an die realen Möglichkeiten. Die Seele fühlt sich nur geborgen, wenn auch im Kleinen Ordnung herrscht, während Venus über die Grenzen hinauswill. Hier bringt das Sextil Bewegung nicht ganz leichter Art; so kann eine Disharmonie auftreten, die sonst bei Sextilen, den sog. harmonischen Aspekten, kaum erwartet wird.

So muß also immer wieder auf die Planeten-Natur und den Bewegungsrhythmus geachtet werden.

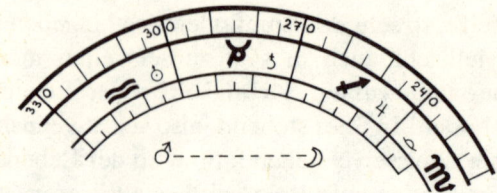

Mars steht in Wassermann. Also uranisch, sprunghaft. Der Trieb urplötzlich reagierend, die Welt verändern wollend, der Wille wird schon dafür sorgen, daß Unruhe das Bestehende bewegt! Aber der Mond bildet ein Sextil aus dem Abschnitt Schütze. Das heißt, die Seele ist religiös, mindestens sehr idealistisch ausgerichtet. Nun will der Wille ganz eigene Wege gehen, aber die Seele, das Unterbewußtsein macht dies nicht mit. Zwar läuft das Gemüt (Mond) auf den Willen (Mars) zu, so wird der Wille sich wohl durchsetzen, aber die Unruhe der Seele wird nicht so einfach zu verdrängen sein. Auch also eher ein disharmonisches Sextil.

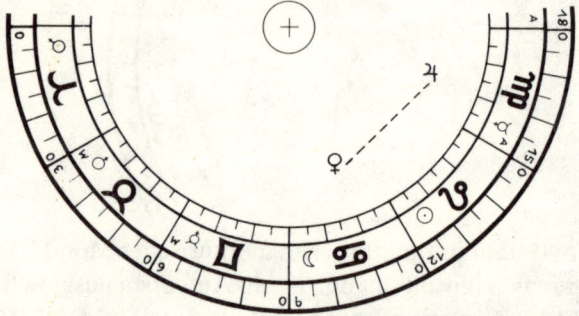

Venus steht im Abschnitt Krebs. Ein sehr mütterliches Empfinden. Sehr auf das Schöpferische ausgerichtet. Jupiter im Abschnitt Jungfrau. Also Entfaltung in der realen Welt, vielleicht auch in die Philosophie, je nachdem wie Merkur steht. Venus läuft in diesem Sextil auf Jupiter zu. Das heißt doch letztlich, das Empfinden will sich mit der Entfaltungskraft zusammentun. Aber diese Empfindung ist auf das Gebären aus, die Entfaltung jedoch geht mehr in die Ordnung des Ablaufs. Hier also wird mit den Sinnaufgaben, die ja Jupiter auch symbolisiert, die Empfindung in den Griff zu bekommen sein.

128

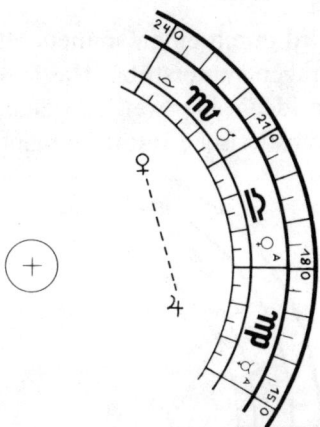

Stände aber nun Venus im Abschnitt Skorpion, dann wird das heftige Gefühl immer wieder auf die Entfaltung in der Ordnung pfeifen, wird eigene, sehr marsisch-leidenschaftliche Wege gehen und der Entfaltung manches Schnippchen schlagen. Abenteuer, die die Entfaltung stören, könnte man hier in der Realität finden.

Jeder Aspekt im Horoskop muß differenziert betrachtet und gedeutet werden. Das ist nicht über Nacht zu lernen, das muß geübt werden, bis die Intuition geschult ist.

Damit zu einem Uranus-Aspekt.

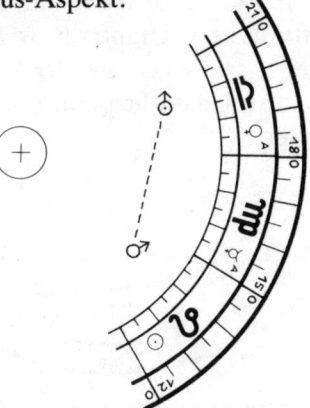

Uranus steht in Waage, also venushaft. Mars in Löwe, also sonnenhaft. Beide bilden ein Sextil. Mars ist auf Uranus zulaufend. Die Empfindungsintuition, die durch Uranus in Waage zum Ausdruck kommt, wird durch einen sonnenhaften Willen, der zeugen will, wohl hervorragend unterstützt. Das ist Bewegung par excellence. Hier kommen Ideen, hier werden Pläne geschmiedet, hier wird wohl auch eine künstlerische Intuition manche Impulse geben.

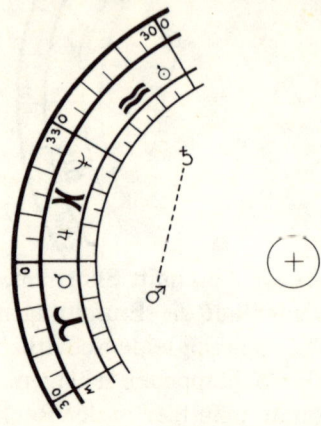

Sextil von Saturn in Wassermann und Mars in Widder. Saturn mit einer bewegenden uranischen Färbung, Mars in seinem Verwandtschaftszeichen. Da Mars sich von Saturn wegbewegt, wird er den bewahrenden Saturn auf seine Weise anregen, ihn aus der Reserve locken. Da schafft also der Urantrieb, während sich die Tradition aufgeschlossen zeigt, sozusagen aus der Tradition neue Wege einschlagen will, wenn auch natürlich saturnisch behutsam, aber Bewegung kommt ins Spiel.

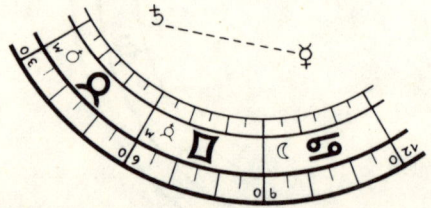

Saturn venushaft in Stier. Merkur mondhaft in Krebs. Merkur, ganz auf das Unterbewußtsein ausgerichtet, löst sich von Saturn, der freundlich und genußvoll seine Umgebung sichern will. Das Unbewußte des Merkur ist hier dann wohl weniger gefragt, das zu

130

launische Handeln paßt sicher dem Saturn in Stier nicht. Also ein nicht so harmonisches Sextil, wenn man will, zumal Merkur sich ablöst.

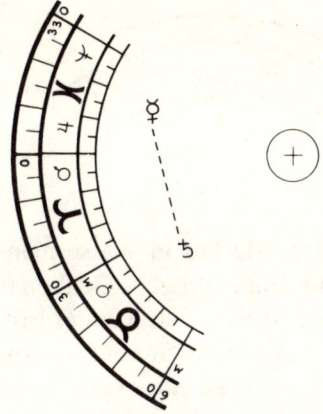

Stünde Merkur im neptunischen Abschnitt Fische, würde also das Instinktdenken sich dem venushaften Bewahren des Saturn unterordnen, dann wäre dies sicher leichter zu verarbeiten, dann nähme auch das Beharrende etwas von dem instinktiven Handeln auf und würde dies gleich mitverwerten.

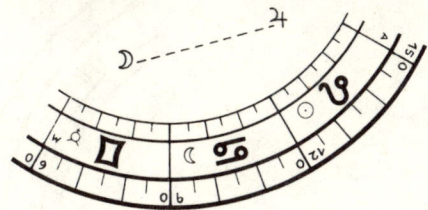

Mond im Abschnitt Zwillinge wirft ein Sextil zu Jupiter in Löwe. Also sonnenhafte Entfaltung wird unterstützt durch eine merkurische Seele. Das Unterbewußtsein wird ja, wenn Mond in Zwillinge steht, nicht verdrängt, sondern eher bewußtgemacht (wenn Mond in Jungfrau steht, bestens analysiert). So wird das Gemüt die Kontakte schaffen, die die sonnenhafte Entfaltungsmission benötigt, das ist hier das Bewegende.

Es wird vielleicht auch deutlich, daß bei den Beispielen vorwiegend die sogenannten schnellen, individuellen Planeten mit den langsameren verbunden werden, weil Sextile zwischen den langsamen Planeten Monate hindurch am Himmel zu sehen sein können.

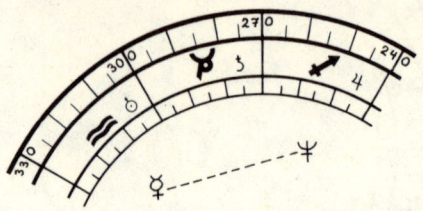

Neptun steht in Schütze. Merkur in Wassermann sich im Sextil von Neptun also ablösend. Ein uranisches Denken trägt also weiter, was ein idealistischer, nach Weisheit strebender Instinkt bilden will. Seit Ende der sechziger Jahre steht Neptun im Abschnitt Schütze. Von diesem Generationsaspekt ist zu erwarten, daß weise Inspirationen uns alle mal befruchten können. Steht dann Merkur, also ein uranisches Denken symbolisierend, in Wassermann, kann dies zu wirklich revolutionären Erkenntnissen führen. Pluto ist da etwas vorsichtiger zu betrachten, zumal der Lauf des Pluto durch die Abschnitte viel ungleichmäßiger ist als bei allen anderen Planeten.

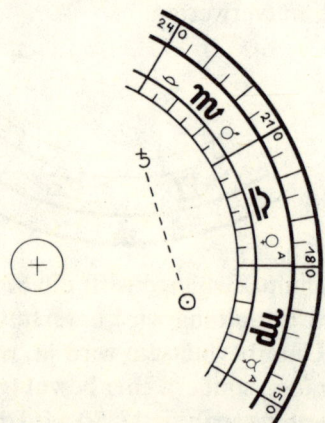

Saturn steht im Abschnitt Skorpion. Eine aufbrechende Tradition, die sich sehr individuell entwickeln will. Dazu nun steht die Sonne im Abschnitt Jungfrau. Eine merkurische Sonne. Der Le-

132

benskern also real und genau. Die Sonne läuft in diesem Sextil auf Saturn zu, der Lebenskern beugt sich also letztlich den Grunderfahrungen. Da eine merkurische Sonne dies gut verarbeiten kann, kann sie auch bewegende Impulse für die persönliche Schicksalsgestaltung geben. Denn Saturn ist auch die Schicksalsgestaltung, die hier sehr marsisch ist, so wird der Lebenskern viel abfangen. Dies kann zu sehr ideenreicher Entwicklung kleiner Schritte aus dem Bestehenden führen.

Das Sextil bewegt. Bewegt aber nicht gewaltsam, sondern fast automatisch. Diese Bewegung muß nicht extra betont, sie muß nicht angeheizt werden, sie muß nur wahrgenommen und ausgefüllt werden.

Trigone

Das Trigon ist *kein* Glücksaspekt. Im Gegenteil, im Trigon lauern die Gefahren. Alle Aspekte zeigen Anlagen. Das Trigon zeigt die Begabungen, die Talente, die Möglichkeiten, aber auch all das, was jeder von uns verschlafen kann.

Die Oppositionen zeigen Spannungen an, die jeder erlebt. Das Quadrat bringt uns Niederlagen und Schwierigkeiten, damit wir uns entwickeln. Ein Quadrat wird im Leben immer gespürt. Das Sextil setzt uns unter Bewegungszwang. Das Trigon aber zeigt die Chancen, Talente an, die jedoch unausgefüllt bleiben können. Hier sind die echten Möglichkeiten, aber wenn die nicht genutzt werden, dann tut dies erst spät weh. Das ist so, als wenn einem erst am Lebensende klar wird, was man versäumt hat. Als hörte man im letzten Lebensjahrzehnt, welche Begabungen man als Kind gehabt hatte, ohne sie zu verwerten. Von daher gesehen hat das Trigon sogar etwas Tückisches an sich. Trigone können anzeigen, wozu man fähig ist, aber sie zwingen nicht wie die anderen Aspekte (das Wort zwingen ist nur psychologisch, nicht in einer äußeren Wirkung gemeint), diese Talente zu schulen. Das Leben geht erst mal auch so weiter. Daher machen auch viele Trigone die Horoskopeigner siegessicher. Sie meinen, sie hätten Zeit, sie könnten sich alles leisten.

Das können sie auch zunächst, bis sie erkennen, daß sich die anderen inzwischen aber weiterentwickelt haben, daß die anderen ohne die Urtalente inzwischen eine oder zwei Stufen höher stehen.

Wenn zum Beispiel Menschen mit einer starken Widderprägung im Horoskop auch noch ein geschlossenes Feuertrigon haben, dann haben sie die Möglichkeit, sehr vermittelnd, verstehend, im Alter weise zu wirken. Sie haben die Möglichkeit, mehr nicht. Wenn sie nämlich ihrem Widder-Aufbruch und Kampfesrausch nachgehen, wenn sie also die Harmonie, die in ihnen steckt, nicht auch ausbilden, dann bleiben sie einseitig, stets kämpferisch, auch wenn sie nur noch um des Kampfes willen kämpfen. Das sind die Menschen, die so nett und lieb erscheinen in der ersten Begegnung, aber in Diskussionen kämpfen sie auch noch im hohen Alter um eines bloßen Prinzips willen. Nichts von dem Talent des Ausgleichs, der weisen Überzeugung ist ihnen geblieben. Sie lesen ein Buch, stoßen auf Druckfehler und wollen vom Verleger das Geld zurück ohne zu prüfen, ob der Inhalt ihnen nicht doch etwas geben würde, das mehr wert ist als der Kaufpreis.

Hin ist das weise, geschlossene Trigon. Natürlich kommen sie später auch zu der verstehenden Ansicht, daß alles, was Menschen ausüben, mit Fehlern belastet ist, aber der erste Widderschwung reißt sie immer wieder weg, sie haben die Gabe des Verstehens nicht genutzt. Und hier sagen viele dann: das ist der Beweis, daß Trigone gar nichts bewirken. Sie lehnen die Trigone ab, nur weil sie diese Aspekte nicht in sich ausgebildet und genutzt haben. Trigone also zwingen von der Veranlagung her niemanden, sich mit ihnen zu beschäftigen; das ist die Gefahr, die neben den Trigon-Chancen liegt.

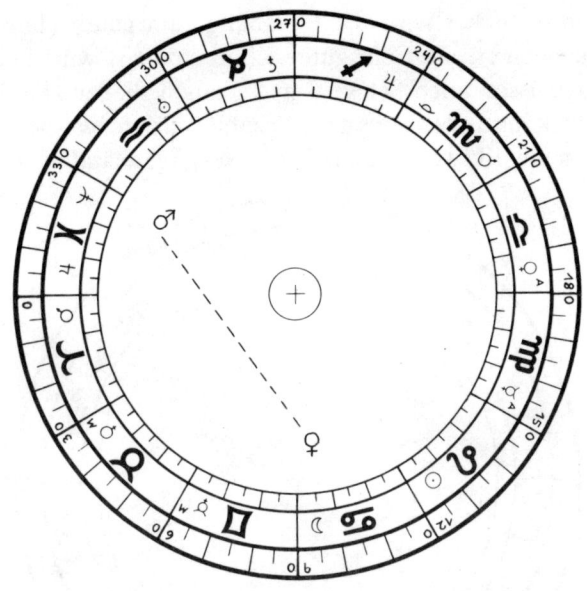

Ein Beispiel: Venus steht Anfang Krebs, Mars Anfang Fische in einem sehr genauen Trigon. Die Gabe also ist vorhanden, daß Trieb und empfindendes Gefühl gut harmonieren, das führt zum Verstehen des anderen, das gibt eine künstlerische Begabung und in Liebesdingen ist es von unvorstellbarem Vorteil, wenn Trieb und Empfinden eins sind. Geht nämlich hier der Trieb oft andere Wege als die Empfindungsbindung, dann kann vielleicht von der Gefahr der Seitensprünge, der Abenteuerlust gesprochen werden. Hier aber vereinen sich gefühlvolles Empfinden und Trieb. Nun die Gefahren: Da diese Menschen meist erst mal von sich auf andere schließen, stellen sie auch die Ansprüche, die sie an sich stellen, an andere. Ein Horoskopeigner mit einem solchen Trigon versteht vielleicht schwer andere, die in ihrem Horoskop etwa Mars und Venus im Quadrat haben. Aber das wäre noch das Wenigste. Mit dem Trigon Mars/Venus kann man Ausgleich schaffen, aber das verlangt auch bewußte Einfühlung, verlangt Training, das muß ausgebildet werden. Auch zeigt dieses Trigon eine künstlerische Begabung, doch Begabung ist nichts, wenn das Können nicht erar-

135

beitet wurde. Sicher wird die Begabung zum guten Hausmusiker immer ausreichen, aber ein guter Konzertpianist wird keiner von allein, da müssen auch Schweiß und Tränen fließen. Und für das eigene Glück muß eben stets auch bezahlt werden, was bei Trigonen oft vergessen wird, weil einem alles so selbstverständlich erscheint.

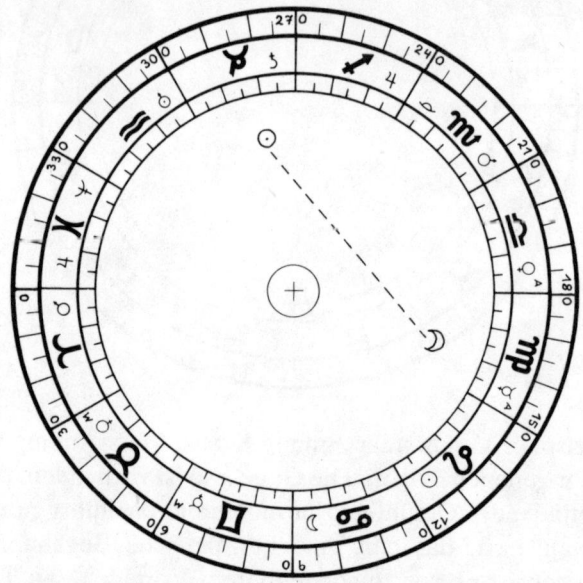

Sonne in Steinbock und Mond in Jungfrau. Ein genaues Trigon, Mond auf das Trigon noch zulaufend. Also die saturnische Sonne, die das Leben real vom Lebenskern her bestens meistert, kommt mit dem merkurischen Mond bestens aus. Aber hier besteht die Gefahr, daß der Mond mit dem Erreichten zufrieden ist, obwohl das Bewußtsein, der Kern, eigentlich hoch hinauswill. Das können die Menschen sein, die sich hocharbeiten wollen, dazu alle Chancen haben, aber nachdem sie die Leiter etwas höhergestiegen sind, sich eigentlich erst mal ausruhen. Der Ehrgeiz des Lebenskerns wird verdrängt. Man lebt ja unbewußt in Ruhe und realer Zufriedenheit.

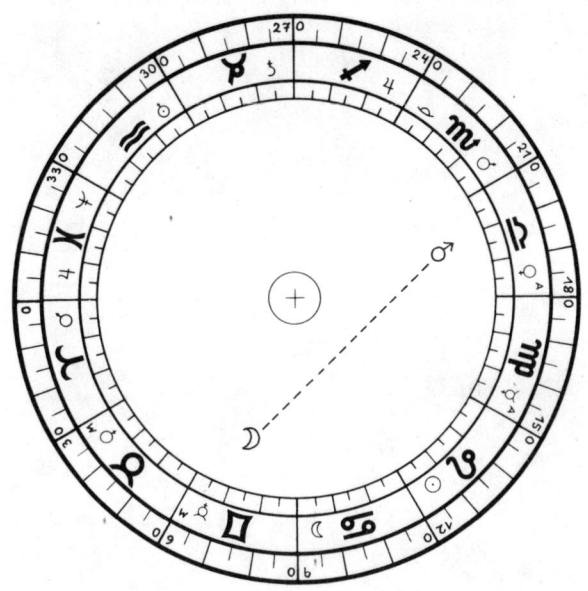

Mond in Zwillinge und Mars in Waage. Mond also merkurisch, Mars venushaft. Eine recht gute Ergänzung. Die Seele ist aufgeschlossen, der Trieb will Ausgleich. Beide, Mond wie Mars zeigen an, daß Kontakt und nahe Ergänzung gesucht wird. Nun fällt einem die unbewußte Kontaktsuche sehr leicht – der Trieb, sehr charmant, da venushaft, findet seine Partner. Es läuft von allein. Darüber kann dann die Aufgabe vergessen werden, die dieses schöne Trigon anzeigt. Geselligkeit ist da, Geschlechtspartner sind nicht schwer zu finden, aber wirklich Menschen zusammenzuführen, das fehlt. Das muß ja auch trainiert werden. Wird es das, dann kann so ein Trigon beste Vermittlertätigkeit anzeigen.

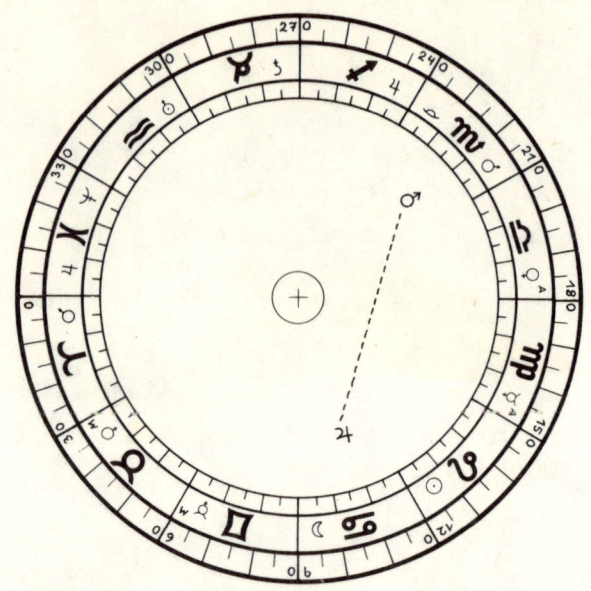

Jupiter steht in Krebs und hat ein genaues Trigon zu Mars in
Skorpion. Die Entfaltung also sehr aus der mondhaften Tiefe, der
Trieb sehr aus der persönlichen Leidenschaft kommend. Der Trieb
reißt Grenzen ein, schaut über den Tod hinaus. Die Entfaltung
könnte dies bestens schöpferisch verarbeiten. Hier könnten Berater
mit diesem Aspekt zu denken sein, die Menschen aus schwierigen
Lebenssituationen helfen. Könnten, denn das Ganze kann im An-
satz steckenbleiben. Man hat eine Naturbegabung, die man nicht
pflegt. Es wird einem, das ist auch eine Trigongefahr, alles am
Anfang zu leicht gemacht. Man hat Mitbewerbern, etwa in psychologischen Kursen, hier am Anfang einiges voraus. Darauf verläßt
man sich. Die anderen aber bilden sich, wecken ihre Kräfte, und
ehe man es sich versieht, ist man zurückgefallen. Und das Schlimme
ist: es stört fast nie, da sitzt kein Stachel. Und so resigniert man in
aller Freundlichkeit, pflegt, was Berufung sein könnte, nur noch als
Hobby. Und am Lebensabend wird die Frage gestellt, was hast du
aus deinen Gaben gemacht?

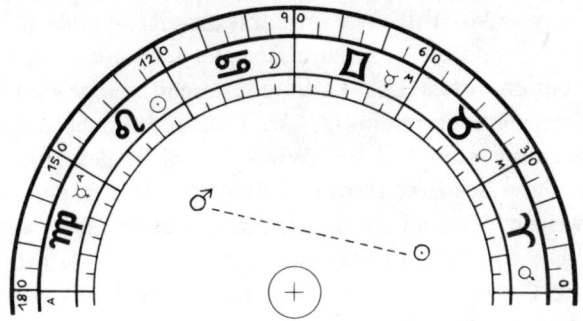

Sonne in Widder und Mars in Löwe in genauem Trigonschein. Ein aufbrechender Lebenskern, verbunden mit einem stolzen, herrischen Trieb. Das wirkt voller innerer Glut, wie ein Licht, auf das alles zuströmt. Ohne etwas tun zu müssen, zieht man bei dieser Konstellation meist das andere Geschlecht an. Diese Anziehung wird so selbstverständlich hingenommen, daß ernstes Bemühen um den Liebespartner nie versucht wird. Einer Bindung folgt die andere, nur die wirklich wahre, echte Vereinigung unterbleibt.

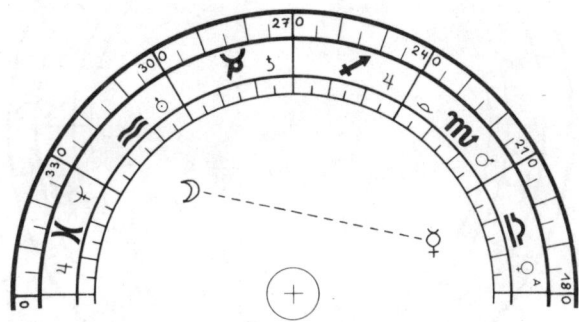

Mond steht in Wassermann, Merkur steht in Waage. Mond also in ablösender Position vom Trigon. Was läßt sich sagen? Merkur ist venushaft mit einem uranischen Mond verbunden. Ein Gefühlsdenken also, und eine intuitionsbereite Seele. Dies ist ein Aspekt, da starke Schwingungen aufgenommen werden könnten. Ein Aspekt der stillen Beobachtung und intuitiven Verwertung dieser Beobachtungen. Da kann vom empfindsamen Denken etwas gespürt werden, das – wie Mond in Wassermann anzeigt – etwa in der Luft liegt. Dieses Erspüren kann zum Beispiel sehr gut bei psychologischen Arbeiten, etwa bei Traumdeutungen, eingesetzt werden. Auch in der Kindererziehung. Aber dazu braucht es eben der Bewußtmachung dieser Gabe. Wird dies nicht geschult, dann ist sicher die Gabe des Erspürens da, aber sie verpufft, wird vielleicht durch gewissen Witz bei Parties originell wirken, aber sonst außer Bluff und Unterhaltung nichts gewesen! Immer also den Ratsuchenden auf die Gaben aufmerksam machen, aber damit auch auf die Verpflichtung, diese Gabe zu nutzen, ja nutzen zu müssen. Viele Trigone im Horoskop können etwas Einlullendes haben, sich in Glückseligkeit fühlend, die fast spießbürgerlich werden kann. Schrebergartenlust.

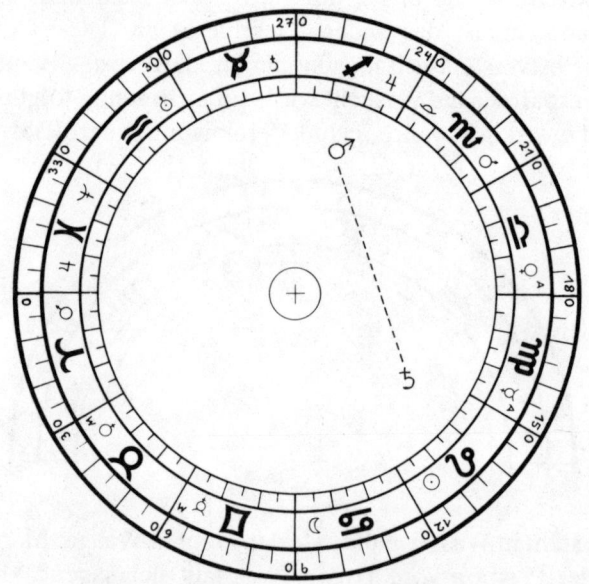

Saturn steht in Löwe, Mars in Schütze. Also eine harmonische Grundlage zwischen den beiden Kontrahenten von den Planetenkräften her. Eine große Chance. Die bewahrende Autorität kann sich ideell bestens lösen und weiterentwickeln, weil der Trieb und

Wille ja das Ideelle nie aus den Augen verliert. Im Leben muß dies vom Horoskopeigner nicht wahrgenommen werden, wenn er eine gewisse stolze Anerkennung findet. Natürlich erstarrt diese, ja sie verkrustet, wenn sie nicht stets neu untermauert wird, wie es Mars auch anzeigt. Untermauerung also durch den Willen zur Horizonterweiterung, auch dies sagt ja Mars in Schütze aus.

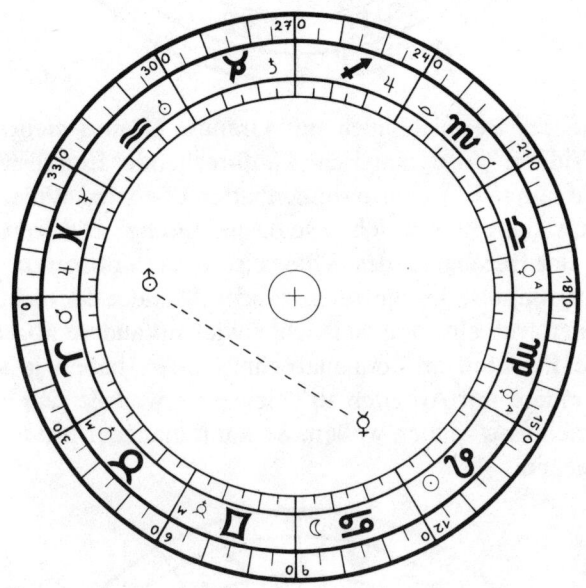

Uranus steht Ende Fische. Merkur Ende Krebs. Ein befruchtendes Trigon. Die Intuition sehr aus der Tiefe der Hingabe kommend, man kann sagen, wie im Schlaf. Dies kann am frühen Morgen beflügeln. Der Horoskopeigner sagt sich, das muß ich notieren, niederschreiben. Aber über der Gemütlichkeit des Frühstücks vergißt er dies. Viele an und für sich begnadete Schriftsteller haben diesen Aspekt. Sie wachen mit Ideen am Morgen auf, fühlen sich beglückt, aber dann lassen sie die konsequente Arbeit sein. So werden Ideen verpulvert. Oft kommen diese Einfälle auch bei Besprechungen. Die Runde ist begeistert; wird aber dies dann nicht merkurisch umgesetzt, war alles nur Schall und Rauch.

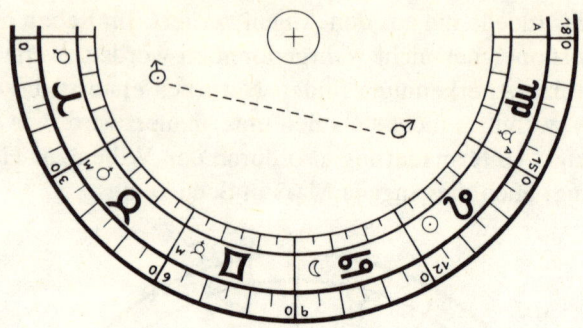

Ein anderes Beispiel, auch mit Uranus. Uranus steht im Abschnitt Widder. Also marsische, aufbrechende Einfallsfähigkeit. Mars steht nun in Löwe, also sonnenhafter Trieb und Wille. Welche Originalität kann hier zu sehen sein, die durchgesetzt werden will! Aber mit der Bezeugung des Willens ist es dann oft getan. Mars ist der Anfangsimpuls, der muß aber zünden. Zündet der nicht, schläft der Trieb zu früh ein, weil vielleicht zuviel auf andere abgeschoben wird. Die Planeten im Sonnenabschnitt Löwe haben ja auch die Gefahr, andere mit Arbeiten zu delegieren, weil sie sich im Glanz der Geschehnisse sonnen wollen. So kann mancher uranische Einfall hopsgehen.

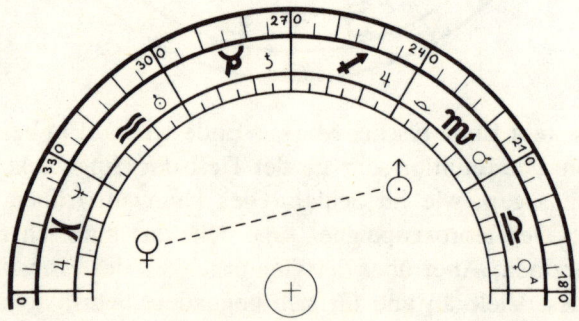

Ein Trigon zwischen Uranus in Skorpion und Venus in Fische. Was für eine Gabe! Die Intuition grenzüberschreitend, wirklich okkult begabt, das Empfinden sehr künstlerisch und hingebend. Die Einfälle sind also künstlerisch – etwa von einem Maler – bestens

142

umzusetzen. Aber da das Leben auch weitergeht, wenn man sich nur an der Einfallsqualität berauscht, wird oft nichts aus den Gaben. Jede wirklich künstlerische Arbeit muß mit Fleiß und auch mit einer zähen Ausdauer vervollkommnet werden, sonst reicht es nur für Reklamegags, das ist zuwenig. Natürlich, in der Werbung zündet Uranus, aber was bleibt damit davon übrig!

Ein großes geschlossenes Lufttrigon. Sonne in Waage, Mars in Wassermann und Jupiter in Zwillinge. Schon eine Konstellation, die nicht so oft vorkommt. Was für eine geistige Entfaltung bietet sich hier an! Die Sonne venushaft gefärbt, Mars uranisch, sehr geistig orientiert, und Jupiter im Zeichen Zwillinge, Entfaltung im Kontakt. Hier ist die Gabe, eine Zeitung zu leiten oder neu zu gestalten. Reformerischer Wille, gezielt auf den anderen Menschen gerichtet, gezielte Entfaltung und charmanter, geistiger Lebenskern. Das zieht andere Geister an! Wenn aber diese Anziehung genügt und es ist kein anderer Aspekt da, der Zähigkeit vermittelt (etwa ein Sextil des Saturn zu Mars), dann wird wieder nichts daraus, und die Eltern sagen: Und was haben wir von unserem Kind, das Schulsprecher war und die beste Schülerzeitung in unserer Großstadt herausgebracht hat, alles erwartet!

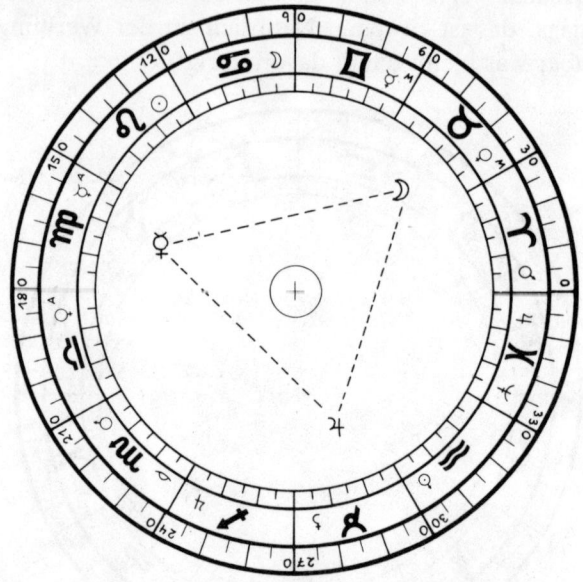

Mond in Stier im Trigon zu Merkur in Jungfrau und zu Jupiter in Steinbock. Auch hier irdische Ehrgeizentfaltung. Jupiter-Trigon zum Unterbewußtsein, in Stier ruhend, aus der Sicherung der Tiefe arbeitend, dazu Merkur in seinem Abschnitt Jungfrau. Da kann durch Merkur in Jungfrau alles so glatt laufen, auch wenn dort noch Sonne und Venus stünden, daß die Ehrgeizentfaltung des Jupiter im Abschnitt Steinbock gar nicht wahrgenommen wird. Aber wie jeder Muskel trainiert werden muß, damit er nicht schwindet, so muß auch jedes Talent gehegt und genutzt werden.

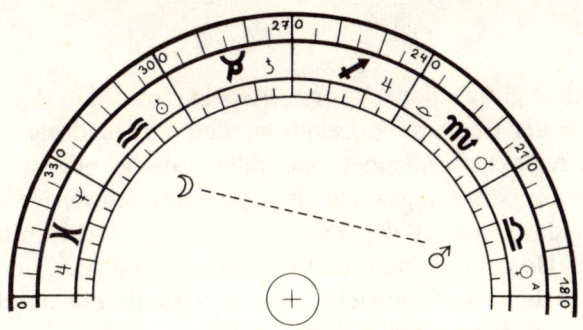

Mars steht in Waage. Ein venushafter, verbindlicher Mars, der Wille wird charmant kaschiert. Dazu im Trigon nun der Mond in Wassermann. Ein beredtes Unterbewußtsein, eine Seele, ein Gemüt, das sich öffnen will. Und Mars schafft dies mit Diplomatie, der Wille stößt zum Du vor. Das schafft Kontakt zum anderen, aber ob dieser schnell geschaffene Kontakt dann vertieft wird, ob bei der Gabe unverwischbare Spuren hinterbleiben, das kommt allein auf den Horoskopeigner an.

So ist es überhaupt beim Trigon. Es kommt – wie bei allen anderen Aspekten – immer auf den Horoskopeigner an, aber beim Trigon ganz besonders. Trigone sind Geschenke, derer man sich würdig erweisen muß, sie sind wie die Wünsche, die eine Fee erfüllt, Wünsche aber, die zerfließen, wenn hinter dem Wunsch nicht eine Besessenheit steht. Wer das Trigon nicht wahrnimmt und umsetzt, dem zerrinnt es zwischen den Händen, das ist die Tragik. Eine Tragik, die leider erst zu spät deutlich bewußt wird.

Wenn das Lieblingskind versagt, dann brechen Elternüberzeugungen zusammen; so auch hier: wenn Trigone nicht ausgefüllt werden, dann bricht für den Horoskopeigner am Ende die Welt zusammen. Das ist die Lockung und die Gefahr dieses Aspekts. So muß gerade das Trigon erkannt und bewußt angenommen werden.

Quadrate

Das Quadrat gilt als der schwerste Aspekt, sowohl in der Deutung als auch in der Bedeutung. Leider werden die Quadrate immer als schlechte Aspekte bezeichnet, oder milder als dis- oder unharmonische Aspekte beziehungsweise als sogenannte schwierige Aspekte. Dabei ist das Quadrat der Entwicklungsaspekt schlechthin. Und wenn die Horoskopdeuter und die Horoskopeigner erst einmal begriffen haben, daß Entwicklungen im Grunde nur durch Krisen möglich sind, dann werden auch die Quadrate anders angeschaut werden. Ein Quadrat zeigt an, daß Erfahrungen gemacht werden müssen, die nicht im Vorübergehen zu lösen sind. Daß aber auch aus den Erfahrungen gelernt werden muß.

Ein Horoskop ohne Quadrate zeigt im Grunde ein schwereres Leben an als ein Horoskop mit vielen Quadraten. Natürlich sieht es zunächst ganz anders aus, aber ein Horoskopeigner, dessen Geburtsbild kein Quadrat aufweist, wird im Grunde immer nur ein Suchender bleiben, dem nicht mal nahe Ziele erreichbar scheinen. Das Glück, es trotzdem geschafft zu haben, bleibt ihm weitgehend unbekannt. Hier ist der Horoskopeigner mit einem Geburtsbild voller Quadrate dem anderen weit voraus.

Das Quadrat zeigt auch meist den Kreuzungspunkt im Leben an. Das Beispiel der verkehrsreichen Straßen ist schon genannt worden. Wenn nun hier eine Vorfahrtregelung vorgenommen wird, dann kann viel Konfliktstoff entschärft werden.

Eine Planetenkraft soll hier Vorfahrt haben, was natürlich sinnbildlich gemeint ist. Welcher Planet nun? Zunächst der Planet, der markanter steht, also etwa der, der in einem Abschnitt steht, da er seine verwandte Kraft findet. Trifft dies bei beiden Planeten zu oder auch nicht, steht wohl immer der Planet in Vorfahrt, auf den der andere zuläuft. Löst sich ein Planet dagegen, dann hat der sich lösende Planet Vorfahrt. Man erkennt dies also sehr gut an dem schnelleren Planeten, denn von ihm geht ja die ablösende oder zulaufende Bewegung aus. Also:

Planet im Abschnitt seiner Verwandtschaft hat Vorfahrt. Dann der Planet, auf den ein anderer zuläuft. Schließlich der Planet, der sich von einem Planeten löst. Zu bemerken sei noch, daß zwischen Sonne und Merkur, Sonne und Venus sowie zwichen Venus und Merkur kein Quadrataspekt existieren kann.

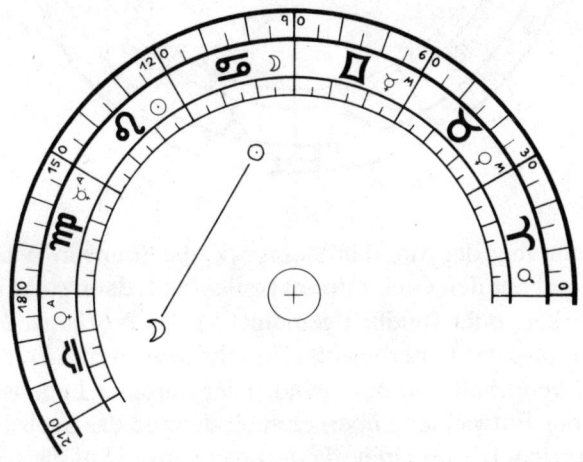

Sonne steht in Krebs, Mond in Waage. Die Sonne steht also im Mondabschnitt, der Mond in einem venushaften Abschnitt, was sicher das Quadrat schon mildert. Der Mond läuft nun vom genauen Quadratpunkt weg, dann ist der Mond hier einwandfrei der Planet, der Vorfahrt hat, zumal die Sonne noch mondhaft gefärbt ist. Das Seelische muß also hier stets beachtet werden, man darf es nicht unterdrücken, verdrängen. Da die Sonne zudem in einem Wasserzeichen steht, Mond in einem Luftzeichen, ist anzunehmen, daß mancher Wind oder Sturm das Wasser – bildlich gesehen – aufpeitscht. Das Gemüt ist schnell erregt, launisch, die Reaktionen sind zu emotional. Dies muß erkannt und ausgereift werden. Aber das Schöpferische der Sonne wird zunächst durch die geistige Beschäftigung des Unterbewußtseins gehemmt. Beides stolpert übereinander, das gibt Schwierigkeiten, das Echo ist oft verworren. Wird nun immer erst einmal vom Lebenskern, der Sonne, auf das Seelische gehört, löst sich das Quadrat und wird schöpferisch.

147

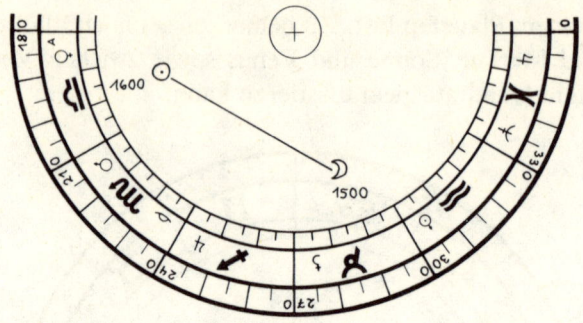

Steht nun aber der Mond in Steinbock, die Sonne in Waage, und ist der Mond auf den Quadratpunkt zulaufend, dann steht wohl die Sonne stärker, oder (bildlich gemeint) sie hat Vorfahrt. Mond ist saturnisch, also das Unterbewußtsein sehr bewahrend. Der Lebenskern aber venushaft und bewegend. Hier muß der Lebenskern die Führung der Entwicklung übernehmen, da muß das Seelische langsamer, saturnischer arbeiten, da darf nicht zuviel auf die sogenannten Stimmen aus der Tiefe gehört werden.

Dies sind klare Hinweise, nach denen sich der Horoskopeigner richten kann, wenn man es ihm so präzise sagt. Die Seele ist von ihrem irdischen Ehrgeiz her zu packen, das zu sehr erdhafte Gemüt braucht den bewegenden Wind des Lebenskerns, wenn diese Konstellation auch meist eine Spätentwicklung anzeigt.

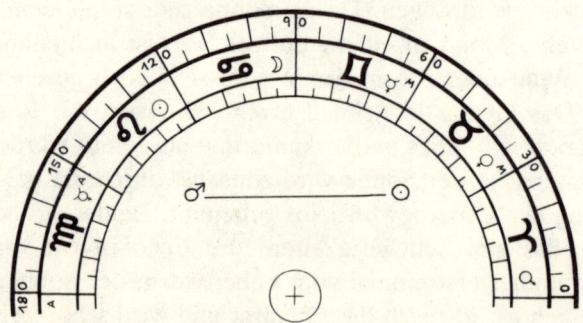

Sonne steht im Abschnitt Stier, Mars im Abschnitt Löwe. Das heißt, der sichernde Lebenskern wird durch einen stolzen, feurigen Willen gehemmt. Wieso gehemmt? Nun, der Wille und Trieb will erleben, ist zeugungshungrig, will kreativ sein, will auch wagen. Aber der Lebenskern ist stabil. Läuft nun die Sonne auf den Marsaspektpunkt zu, dann wird der Wille wohl Vorfahrt haben, dann sollte der Lebenskern mutiger werden. Andersherum: löst sich die Sonne vom genauen Quadrataspektpunkt, dann sollte sich der Wille zurückhalten, sollte mehr auf die beharrenden Stimmen des Lebenskerns hören. Im letzteren Fall kann sich der Wille nur aus einer guten Häuslichkeit entwickeln. Im ersten Fall sollte der Wille den Lebenskern aus seiner schon abgesicherten Bequemlichkeit reißen.

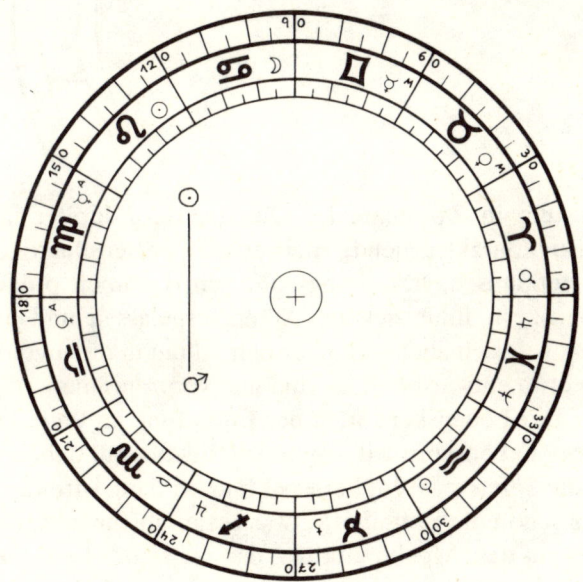

Stände nun aber die Sonne in ihrem verwandten Abschnitt Löwe, wäre also hoch potenziert, und Mars stände in seinem Abschnitt Skorpion plutonisch und marsisch, dann könnte hier gefolgert werden, daß der zu individuelle Wille mit seiner Vorliebe für Extratouren die Autorität des Lebenskerns untergräbt. Und vom Element her: Wasser (Skorpion) und Feuer (Löwe), das zischt. Die Triebleidenschaft also kann die Autorität mindern, was sicher nicht ohne Krisen zu überstehen sein wird. Sind aber die Ursachen der Krisen erkannt, wird neue Autorität gewonnen, die bleibt.

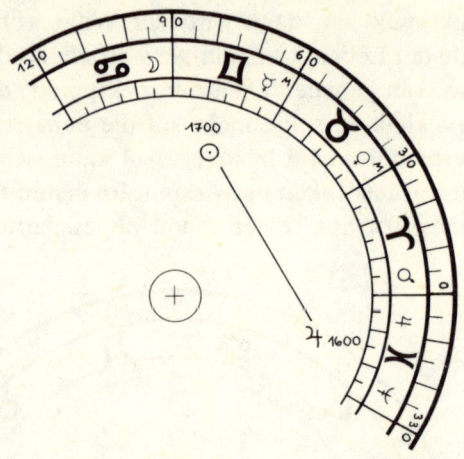

Sonne steht in Zwillinge. Im Quadrat dazu Jupiter in Fische. Sonne also kontaktsuchend, merkurisch, wissensdurstig. Jupiter dagegen neptunisch, hingebungsvoll, zum Glauben prädestiniert. Der Lebenskern fühlt sich im Alltag losgelassen und wohl, die Entfaltung will sich aber weit über den Alltag in die mythologische Richtung etwa entwickeln. Das sind nun vorprogrammierte Schwierigkeiten. Der Lebenskern steht der Entfaltung im Weg. Diese will dienen, der Lebenskern will eigentlich nur überall dabeisein. Löst sich nun die Sonne vom Jupiteraspektpunkt, dann wird der Lebenskern wohl schon die Entfaltung etwas realer abstimmen. Läuft aber die Sonne auf den Aspektpunkt zu, dann wird der Lebenskern sich wohl doch dem Missionsstreben unterordnen, also stiller werden müssen.

Dies sind psychologische Hinweise, an deren Erkenntnis sich keine Zwillingssonne vorbeimogeln dürfte.

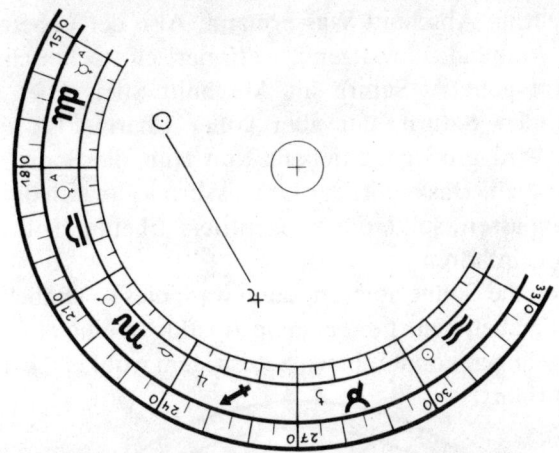

Anderes Beispiel: Sonne steht in dem anderen merkurischen Abschnitt Jungfrau. Jupiter dagegen im Abschnitt Schütze. Jupiter hier in seinem verwandten Zeichen sehr anspruchsvoll, also hat er Vorfahrt. Hier wird der realistische Lebenskern sich über seine Grundveranlagung hinaus entwickeln müssen, wird sich ins Geistige, ins Ideelle erheben wollen. Das bereitet Entwicklungsschwierigkeiten, aber die Kraft ist da, die zeigt Jupiter ja an.

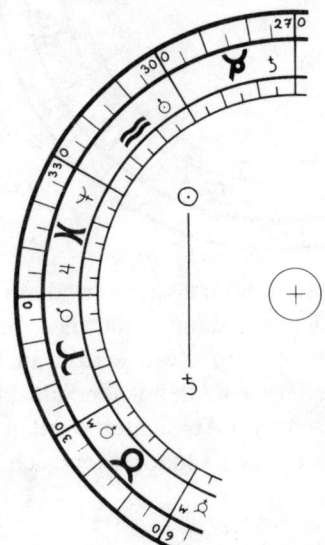

Text siehe folgende Seite

Sonne steht im Abschnitt Wassermann. Also der Lebenskern ist menschlich strebend, umwälzend, reformerisch, technisch begabt. Das Quadrat geht zu Saturn im Abschnitt Stier. Hier also ein lebenssichernder Saturn, der aber voller Charme ist, doch die Bewahrung wird groß geschrieben. Nun läuft die Sonne auf den Quadratpunkt zu. Das heißt, der Lebenskern sollte sich der Grunderfahrung anpassen, sollte nur konzentriert arbeiten, sollte auf die Traditionsregeln hören.

Würde sich die Sonne ablösen, dann wäre dies so ähnlich anzusehen, wenn da auch mancher geheime Ausflug in eine etwas clownhafte Welt gelingen könnte. Doch Saturn steht wohl im Grunde hier stets mit Vorfahrt.

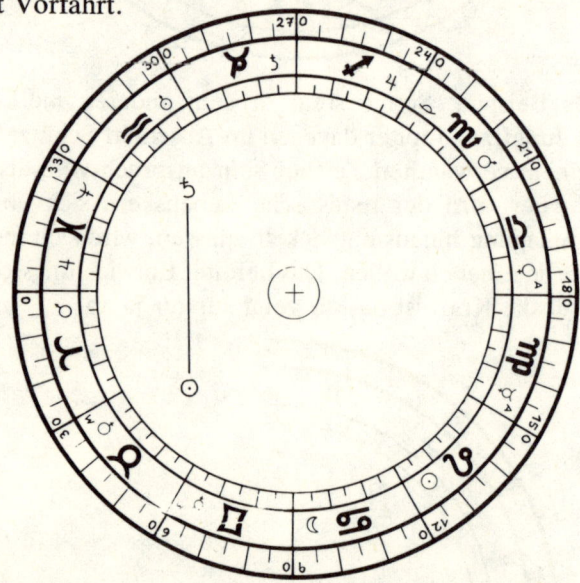

Stände Saturn in Wassermann, Sonne in Stier, dann wäre die reformerische Tradition fundierter, dann paßt dies besser zum lebenssichernd orientierten Lebenskern. Zwar wird es auch hier erst einmal hemmende Spannungen geben, denn der Schicksalsablauf dürfte sprunghaft sein, überraschende Aussichten werden hier wohl den Lebenskern verwirren, aber dieses Quadrat lebt sich besser als das vorhergehende.

152

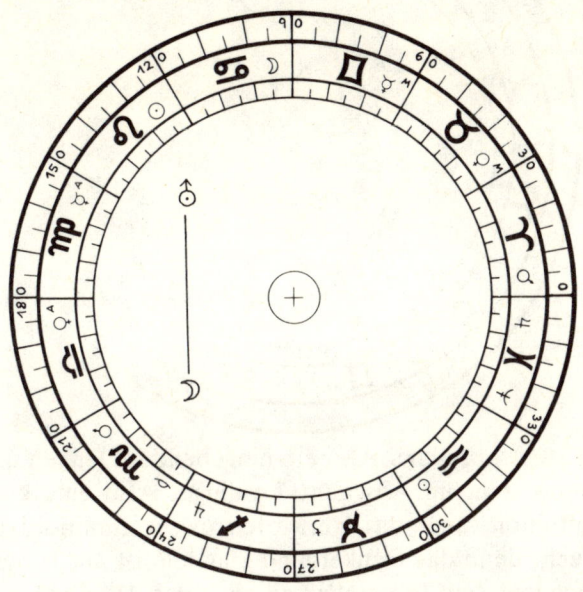

Quadrat von Mond im Abschnitt Skorpion zu Uranus im Abschnitt Löwe. Also ein leidenschaftliches, sehr individuell ausgerichtetes Unterbewußtsein muß sich mit einer feurigen Intuition auseinandersetzen. Das kann eigentlich nur befruchtend sein, wenn man die Natur der Planeten und Zeichen betrachtet. Die Schwierigkeiten kommen von der exzentrischen Art des Vortrages, wie diese Einfälle fordernd nach außen getragen werden. Einfälle, die keine Kritik vertragen. Das muß also das Gemüt akzeptieren. Denn das Unterbewußtsein lernt schwer, daß nicht nur Kritik an anderen geübt werden darf, sondern Kritik auch angenommen werden muß.

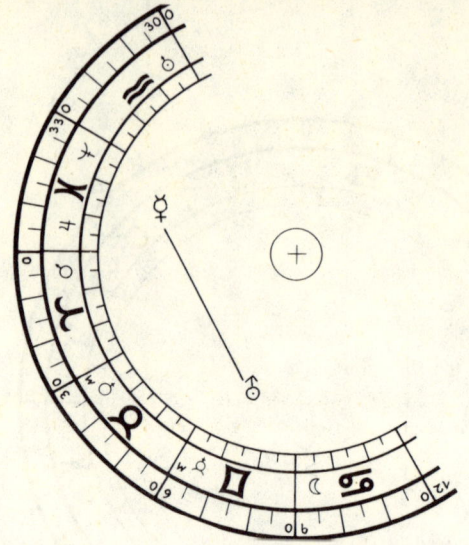

Merkur steht in Fische. Also ein hingebendes Denken und Handeln. Uranus steht im Abschnitt Zwillinge. Also eine kontaktsuchende Intuition, aber das Verwerten dieser Intuition stößt auf Widerspruch, denn das Denken und Handeln ist auf Hingabe und Opfer, auch mehr auf Einsamkeit ausgerichtet. Hier widersprechen sich beide Richtungen eigentlich zu stark, da kann erst die Lebenserfahrung lehren, daß nicht jeder uranische Einfall, der im Alltag zündet, wirklich der Weiterverarbeitung oder Weiterentwicklung wert ist. Alle Quadrate deuten ja auf eine Spätentwicklung hin; je genauer die Quadrate, umso sicherer kann man da sein.

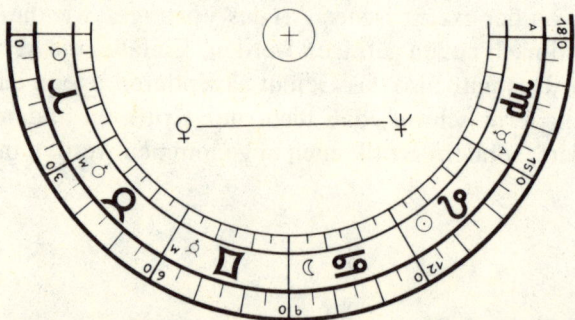

Ein anderes Quadrat. Neptun steht im Abschnitt Löwe. Venus im Zeichen Stier. Venus also hoch potenziert, das Empfinden somit stark ausgeprägt, das Weibliche in einem packt die Realitäten der

154

Lebenssicherung gut an. Aber der Instinkt reagiert selbstherrlich, schlägt immer wieder einen Haken. Will sich etwa außerhalb der allgemeinen Ordnung stellen, will glänzen. Neptun in Löwe heißt oft, seine wahre Kraft nicht erkennen, das kann daran liegen, daß man seine eigenen Kräfte über- oder auch unterschätzt. Das läßt das Empfinden natürlich nicht unberührt. Der Instinkt gibt sich hier absolut sicher. Alle diese Jahrgänge glauben, ihr Instinkt sei hervorragend, bis das Leben sie eines Besseren belehrt. Das Empfinden hat da einen schweren Stand, denn der animalische Instinkt ist täuschend, Abenteuer werden angezettelt, zu denen das Gefühl nur vorsichtig ja sagen kann und unsicher reagiert. Komplikationen und Täuschungen in Liebesdingen sind oft hier die Regel.

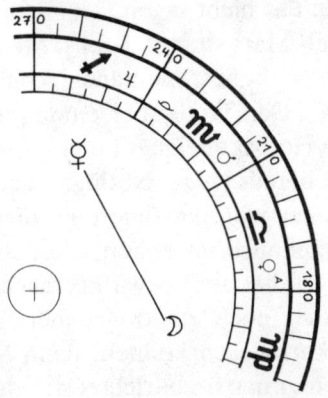

Mond steht in Jungfrau, ist also merkurisch, das Unterbewußtsein versteht die realen Aufgaben recht gut. Nun steht aber Merkur im Abschnitt Schütze, das heißt himmelhoch strebend, sich von den Niederungen des Alltags abheben wollend. Das Handeln, das Plänemachen ist ideell, aber die Seele will da nicht so mitmachen, so fehlt die eigentliche Durchschlagskraft, die den Erfolg erst garantiert. Das klingt jetzt negativ, ist es aber nicht. Denn wenn man erst einmal erkennt, wie die Kräfte grundsätzlich gelagert sind, dann marschieren sie auch gemeinsam. Also wenn der Verstand weiß, daß er die ideellen Ziele nicht überspannen darf, weil das Unterbewußtsein ruhig schlafen will (vielleicht auf einigen Sparnotgroschen), dann ist die Sache in die bessere Richtung geführt.

155

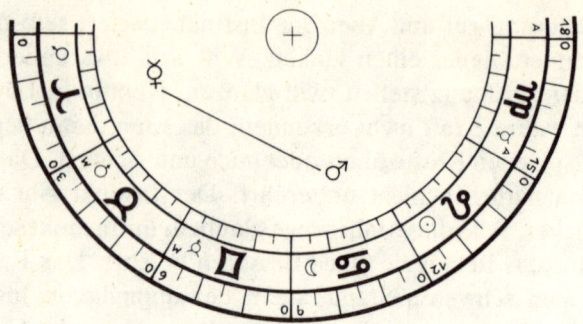

Nun ein oft anzutreffendes Quadrat. Merkur/Mars. Häufig hört und liest man, dies würde ein Anzeichen für einen Lügner sein. So kann man das nicht sagen.

Beispiel: Mars steht in Krebs. Merkur aber im Abschnitt Widder. Also ein marsisches, spontanes, scharfes Denken. Auch eine scharfe Wortwahl. Der Trieb aber emotionell, launisch. Natürlich rutscht da einem Horoskopeigner unter Umständen schon mal eine schnelle Antwort heraus, eine Notlüge; da der marsische Verstand aber recht haben will, korrigiert er diese Aussage nicht, so können Mißverständnisse entstehen, die den lügnerischen Anschein geben können. Ist dies aber bewußtgemacht, dann wird das schnelle Wort zwar immer noch emotionell herausschießen, aber der Verstand wird es korrigieren können, denn Mars ist ja in sich ehrlich, und Merkur, hier marsisch, richtet sich danach. Natürlich – ohne Arbeit an sich selbst geht es nie!

Venus in Skorpion im Quadrat zu Mars in Löwe. Sicher sofort für jeden klar: eine nicht einfache Konstellation. Eine leidenschaftliche marsisch-plutonische Venus, der Trieb dagegen feurig. Das Empfinden also ganz auf individuelle Leidenschaft ausgerichtet, der Trieb aber fühlt sich immer strahlend und möchte die ganze Welt beglükken. So sehr das Liebesempfinden auf einen Partner festorientiert ist, der Trieb bricht immer wieder aus, wenn ihm nur geschmeichelt wird. So gibt es hier starke Treuekonflikte, die sicher immer erst als Schmerz erfahren werden müssen. Ist dies geschehen, dann kann so eine Bindung Anziehung ausstrahlen und Vorbild für andere sein.

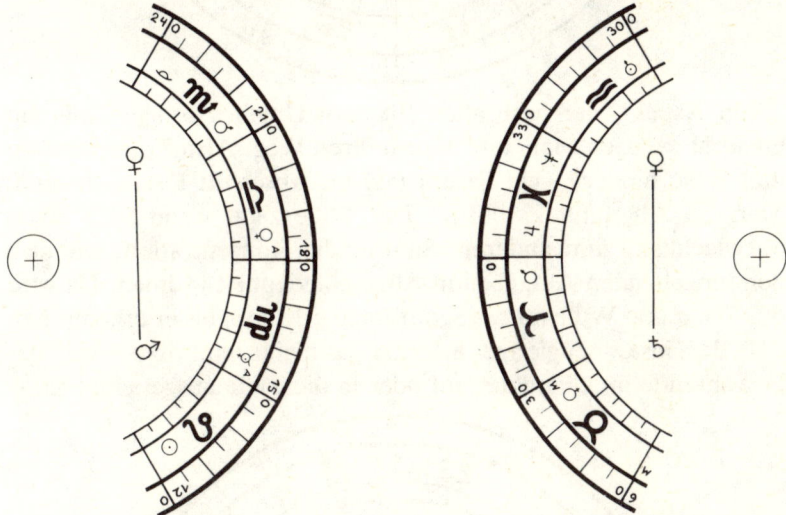

Venus Quadrat Saturn. Saturn in Stier, Venus in Wassermann. Hier will Venus sicher eigene ungewöhnliche, exzentrische Wege gehen, aber der venushafte Saturn verlangt eine Ausrichtung auf die Lebenserfahrung, auf die Sicherheit des Weiblichen. Venus vermag sich dieser Last nicht zu entziehen, sie wird so nach außen einmal exzentrisch übertrieben wirken, sich dann aber auch spröde zeigen. Hier muß das Empfinden stets zu den Grundaufgaben zurückfinden, ehe es sich auch in der Bewahrung richtig entfalten kann. Daher ist bei solchen Aspekten oft zu ersehen, daß hier ein älterer, erfahrener Partner gesucht wird.

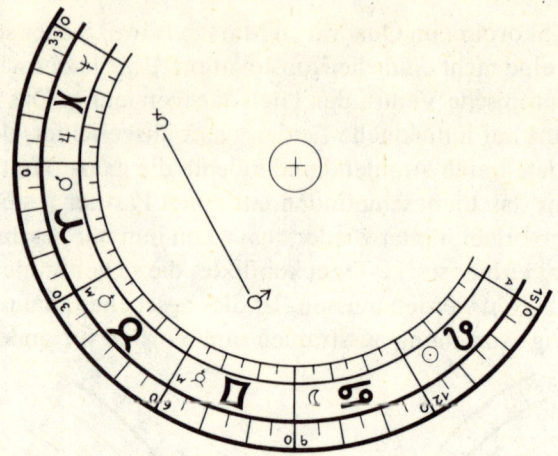

Ein Aspekt, der nach alten Büchern Unglück bringen soll. Im Quadrat kreuzen Mars und Saturn ihren Weg. Also Konzentration und Wille hindern sich. Saturn nun im Abschnitt Fische stehend, Mars im Abschnitt Zwillinge. Der Wille zielt, wenn auch etwas oberflächlich, zum anderen. Saturn, die Konzentration, will sich den hingebenden Aufgaben in Abgeschiedenheit widmen. Da wird der Trieb und Wille immer Schiffbruch erleiden, bis er erkannt hat, daß der lose, neugierige Kontakt ja nichts einbringt, weil das Bewahrende im Charakter auf oder in die Tiefe ausgerichtet ist.

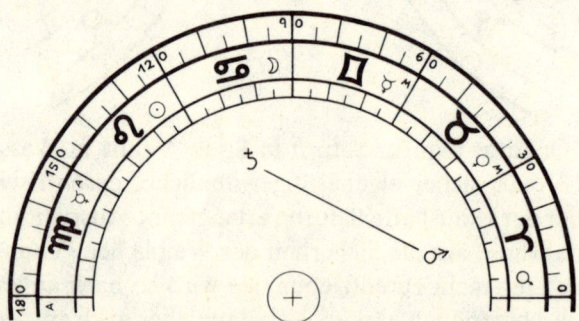

Oder Saturn stünde in Krebs und Mars in Widder. Mars unbedingt aufbrechend ohne Rücksicht auf Verluste. Aber der beschränkende Saturn, der seine Kraft aus der Konzentration schöpft, will gerade hier den Urgrund bewahren, also unverändert lassen. Mars kann sich da noch so stürmisch gegen die große oder gegen die eigene Mutter wehren, er wird eines Tages nur mit ihren Erfahrungen in Frieden leben und wirken können. Dann aber wird er, auf diesen Erfahrungen aufbauend, sich entwickeln und für das Überlieferte einsetzen.

Eine Quadratur ist ein Viertelschein. Hier ist erst ein Viertel des Weges zurückgelegt, wenn auch das entscheidende Viertel. Man denke nur an die Gestalt des Mondes, die nach dem Neumond im Quadrat als aufgehender Halbmond ihre erste markante Stellung erreicht hat, das ist der Punkt, da das neue Ufer erreicht wird. Hier muß der Jordan überschritten werden! Dies ist der Entwicklungspunkt. Jetzt will ich zu meinem Gegenüber. Beim abnehmenden Quadrat will man zu sich zurück.

Beides sind markante Erlebnispunkte im Leben eines Menschen, so ist das Quadrat zu sehen. Der Viertelschein zeigt die erste Reife an, etwa auch, wie der Mensch nach dem ersten Viertel seines Durchschnittslebens eine Persönlichkeit geworden ist. Natürlich sind hier die Wunderkinder oder die, die zu früh abberufen werden, ausgenommen. Das erste Viertel entscheidet; wenn dies auch meist erst in der Hälfte des Lebens, nachdem der Mensch seinen Zenit überschritten hat, erkannt wird.

Das Quadrat stellt im Horoskop die Lernaufgabe dar. Im Gegensatz zum Trigon, das die Begabung anzeigt. Aber das, was erfahren werden muß – wozu auch immer – das zeigt das Quadrat. Und ein Quadrat will nicht nur angenommen, sondern auch, bildlich gesehen, umarmt werden! Man liebe seine Schwierigkeiten, ohne mit falschem Stolz auf sie hinzuzeigen, und man wird aus und mit seinen Schwierigkeiten höher hinaufwachsen als andere, die weniger Schwierigkeiten haben.

Es ist nun nicht möglich, alle eventuellen Mischkonstellationen zu erfassen. Natürlich hat ein Planet meist mehr als einen Aspekt. Die deute man dann in der Reihenfolge, einen Aspekt nach dem anderen, und kombiniere dann die Ergebnisse. Dieser Vorgang wird im Beispielhoroskop als Anregung aufgezeigt. Aber es gibt Konstellationen, die auffallen. Etwa wenn sich eine Konjunktionsballung zeigt.

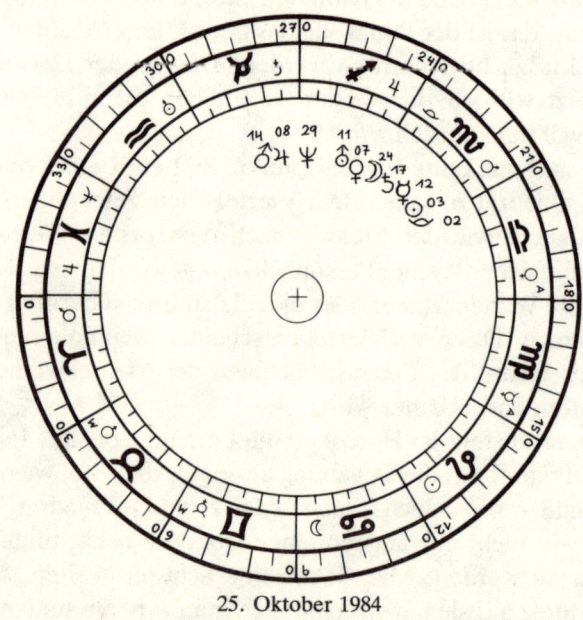

25. Oktober 1984

Dies zeigt eine gewisse Einseitigkeit. In unserer Zeit ist so eine Ballung um zirka höchstens 70 Grad möglich. Immerhin kann dies in einen Quadrant fallen, dann sind hier sicher gewisse einseitige Prägungen zu erkennen, die an anderer Stelle bezahlt werden müssen. Einseitigkeit gibt Chancen, aber eben auch eine Beschränkung.

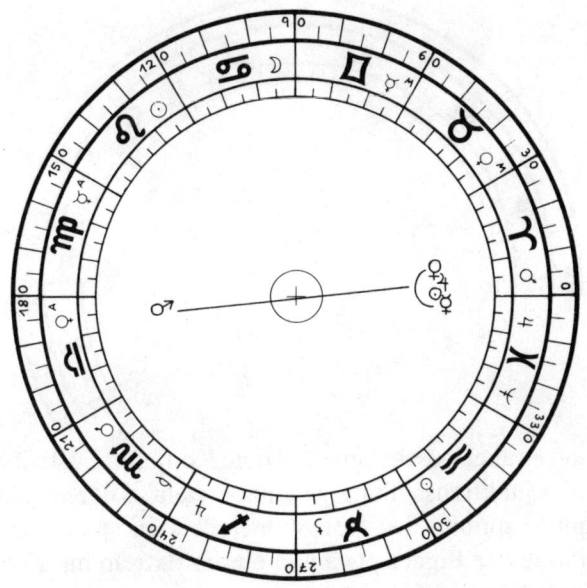

Einer Konjunktionsballung steht ein Planet in Opposition gegenüber. Hier spricht man in der Regel vom Spannungsherrscher,
obwohl der sich auch anders herausschälen kann. Man muß den
Spannungsherrscher nicht überschätzen. Sicher, ein Planet, der zu
vier oder zu fünf anderen in Opposition steht, ist im Prinzip strapaziert, ist vollgeladen und sicher wichtig für das Gesamthoroskop.
Aber dies ergibt sich auch anders. Der Planet nämlich, der die
meisten Aspekte auf sich zieht, hat eine besondere Bedeutung, wie
auch der in einem Horoskop am höchsten stehende Planet. Immerhin reißt ein Planet in Opposition zu einer Konjunktionsballung die
Konjunktionen aus ihrer einseitigen Fixierung.

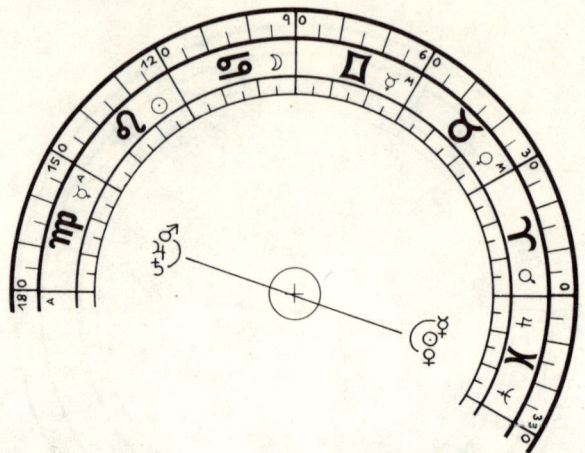

Nun kann es auch geschehen, daß eine Konjunktionsballung einer anderen Konjunktionsballung gegenübersteht. Hier ist sicher von einer Grundspannung des Horoskopeigners zu sprechen, etwa in dem Sinn, daß der Eigner etwa von einem Extrem ins andere fällt, hin- und hergerissen wird.

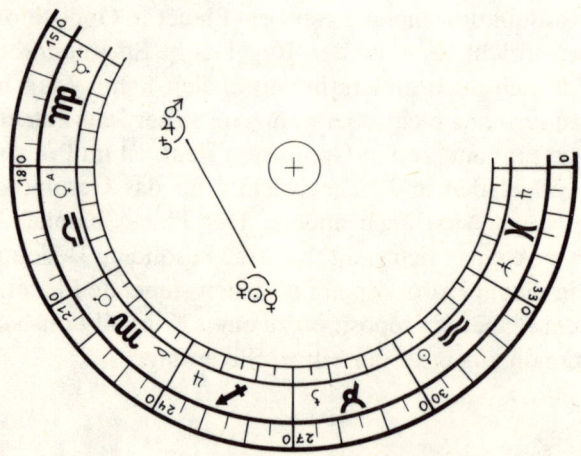

Anders, wenn sich je zwei Konjunktionsballungen im Quadrat anschauen, dann ist sicher von einer Grundhemmung zu sprechen, die schwierig zu lösen ist. Hier muß meist psychologisch vorgegangen werden. Aber Vorsicht!

162

Diese Konstellationen, wie alle anderen, die hier beschrieben werden, gelten ja – nimmt man den Mond aus – etwa drei Tage lang für alle auf der Erde Geborenen, unabhängig von der Tag- oder Nachtzeit der Geburt. Also vorsichtig sein bei zu speziellen oder zu pauschalierenden Urteilen.

Ein anderes Bild geben Quadrate, die auch eine Opposition einschließen. Hier spricht man von einem Leistungsdreieck, weil so aktive Aspekte verbunden sind.

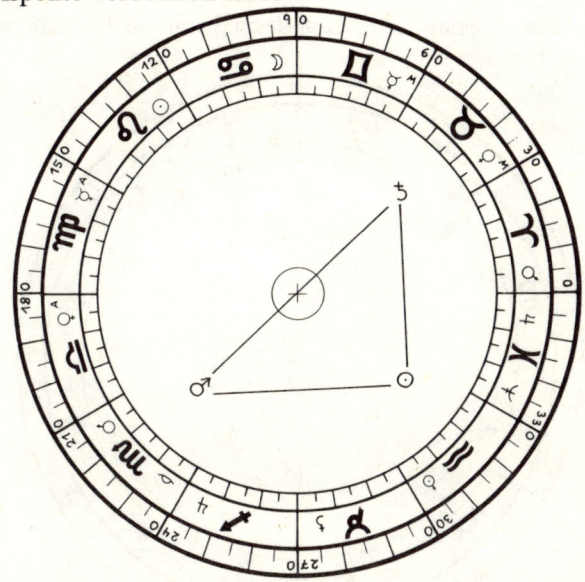

Also etwa Mars in Skorpion im Quadrat zu Sonne in Wassermann und in Opposition zu Saturn. Damit hat auch Sonne ein Quadrat zu Saturn.

Das heißt: Ein leidenschaftlicher Trieb fühlt sich in Spannung zur bewahrenden Kraft in sich gesetzt und muß erst lernen, mit dem reformerischen Lebenskern auszukommen. Aber auch dieser Lebenskern reibt sich an dem Beharrenden. Hier stürmen praktisch Mars und Sonne, also Lebenskern und Trieb, gegen das Beharrende an, das in Stier besonders bewahrend steht. Aber Mars und Sonne, also Trieb und Lebenskern, reiben sich auch in der Art des Einsatzes. Mars wagt den offenen Kampf, der Wille also ist aktiv, während die Sonne, der Lebenskern, die Mitte zwischen Saturn (Tradition) und Mars (Wille) sucht. In der Praxis verrät so eine Konstellation eine ungeheure Kraft, man kann hier von einem echten Leistungsaspekt sprechen, der mehr aussagt als der sogenannte Leistungswinkel von 165 Grad. Hier wird sich die Kraft jeweils in der steten Erprobung entwickeln. Dieser Horoskopeigner kommt, so kann man sagen, wenn es darauf ankommt, immer topfit trainiert zum Einsatz.

Das heißt auch Spannung, Geladenheit mit verborgenen Kräften in Einklang bringen.

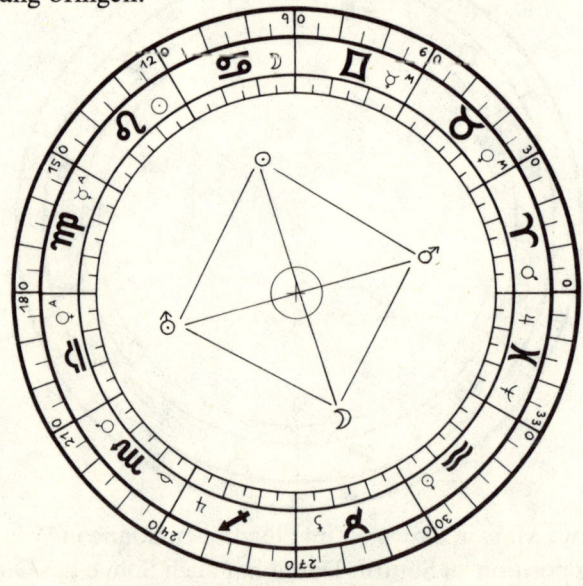

Ein Kreuz in einem Horoskop, gebildet aus zwei Oppositionen, das ja einem exakten Quadrat gleichen kann. Mond in Steinbock in Opposition zur Sonne in Krebs. Dazu Mars in Widder in Opposition zu Uranus in Waage. Das heißt, daß der Mond außer der Opposition zur Sonne jeweils ein Quadrat zu Uranus und zu Mars hat. Sonne hat außer der Opposition zum Mond ein Quadrat zu Uranus und zu Mars. Mars hat außer der Opposition zu Uranus ein Quadrat zu Sonne und Mond, und Uranus hat außer der Opposition zu Mars ein Quadrat zum Mond und zur Sonne.

164

Die Intuition steht in Spannung zum Trieb, das Unterbewußtsein in Spannung zum Lebenskern, und alle diese vier Kräfte brauchen Entwicklungsschübe über Krisen zur wahren Entfaltung.

Die Kreuzverspannung ist nun wirklich eine Prüfung. Dahinter kann sich das große geniale Vorbild verbergen, oder jemand, der sich in innerer Demut dem irdischen Leben beugt. Dieses Kreuz gibt jedoch, wie die Praxis es immer wieder beweist, eine innere Kraft und Zähigkeit, so daß diese Horoskopeigner Schicksalsschläge oder Erkrankungen überstehen, und – man wird es kaum glauben – diese Menschen bleiben oft erstaunlich lange jung. Auch äußerlich.

Hier muß allerdings dann gesucht werden, über welche Entspannung der Weg gefunden werden kann. Damit kommen wir zur entspannten Opposition.

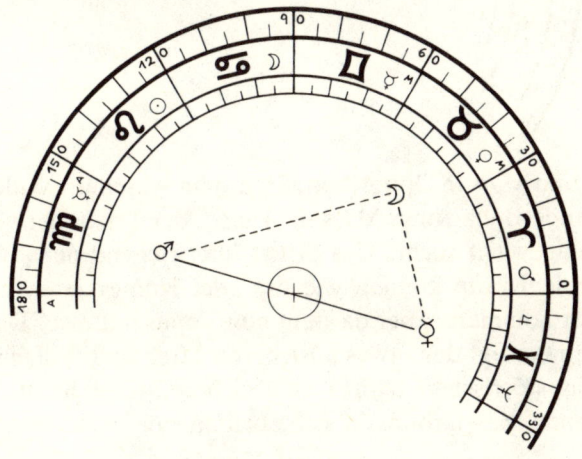

Opposition von Mars in Jungfrau zu Merkur in Fische. Aber Merkur hat ein Sextil zum Mond in Stier, und dieser Mond hat ein Trigon zu Mars in Jungfrau!

Ein merkurischer Mars steht also in Spannung zu dem Planeten, der ihm die Färbung gab. Auflehnung gegen jede Bürde der Pflicht ist hier zu erkennen, zumal Merkur in Fische sich eventuell süchtigen Träumen hingeben kann. Aber diese Spannung wird gelockert durch den Mond in Stier. Das Unterbewußtsein, die sichere Heimumgebung liebend, bewegt den Merkur, läßt ihn nicht eintauchen, da paßt die Seele auf, und außerdem regt der Mond den Trieb an, doch seine Pflicht zu tun, auch wenn dieser sich über die Umstände erregen mag.

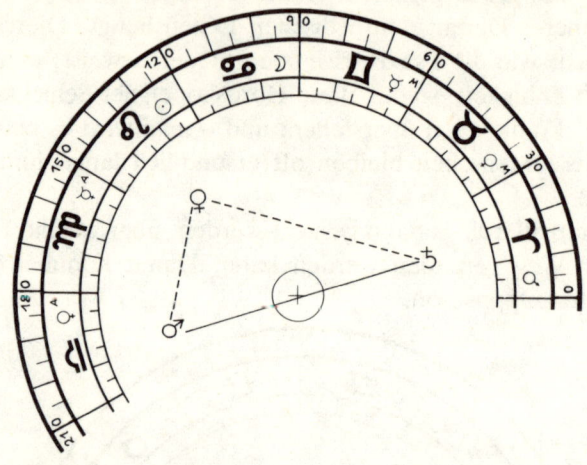

Saturn und Mars in Opposition. Saturn im Abschnitt Widder, also aufbrechende Beharrung. Mars in Waage, der Trieb, der venushaft sein Gleichgewicht sucht. Das bringt überwiegend negative Spannung. Beide Kräfte können wie die zwei Königskinder nicht gut zueinander kommen. Aber da steht nun Venus in Löwe. Das starke Empfinden bewegt den etwas unsicheren Trieb und Willen und gibt dem etwas störrischen Saturn eine sichere, feste Kraft, um die aufbrechende Marsfärbung in sich abzufangen.

Jedes aufgezeichnete Horoskop ist eine Grafik. Diese Grafik spiegelt die Grundkräfte des Horoskops und deren Verbindungen untereinander wider. Es kommt also darauf an – sind die Aspekte eingezeichnet – die Grafik vom Bildlichen her zu erfassen. Dazu kennt die Astrologie verschiedene Figurinen – Bilder.

Etwa das Bild eines Zuges. Hier liegt ein Planet hinter dem anderen.

166

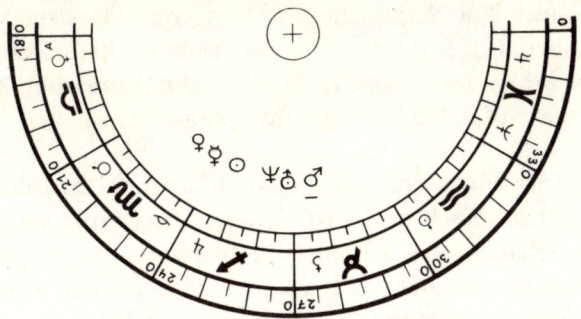

Der Planet, der diesen Zug als erster anführt, ist die Lokomotive. Hier spricht man davon, daß diese Horoskopeigner einfach schnell frustriert werden können, wenn nicht alles so geht, wie sie es erwarten, wenn also die Reise nicht so abläuft, wie der Lokomotivführer es erhofft.

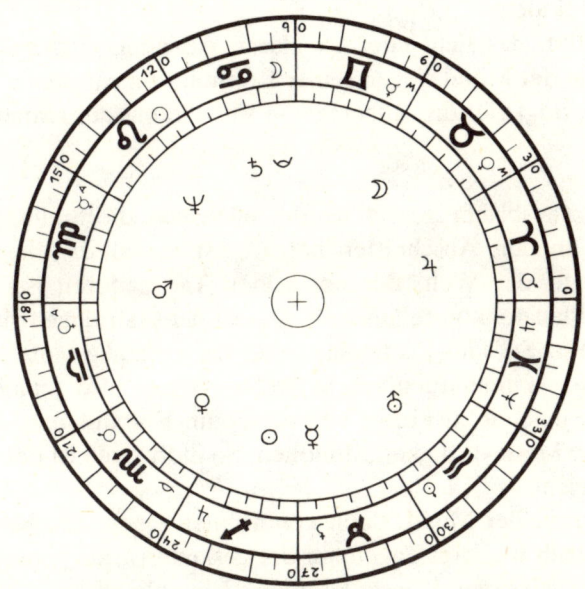

Verteilen sich nun die Planeten in etwa halbwegs genau um den Kreis, dann spricht die Fachwelt von einer polypolaren Figurine. (Diese Figurinen sind übrigens besonders in Amerika beliebt). Dies zeigt angeblich eine Sehnsucht des Horoskopeigners zur Vollkommenheit, aber auch eine gewisse Vielseitgkeit an, die selbstverständlich in der Praxis des Lebens zerfließen kann. Immerhin, hier trifft jeder Partner auf einen interessierten Menschen.

Das Bild ist also wichtig, das man aufnimmt. Das Bild muß zu einem sprechen. Noch besser ist es, wenn dieses Bild auch mit der bildlichen Schauung des Himmels verbunden werden kann, wenn also der Horoskopdeuter weiß, wo die Lichter zu finden sind, wenn Sonne in Krebs und Mond in Steinbock ihren Stand haben. Es ist eine Kleinigkeit, dies bei etwas Übung festzustellen. Sieht man nur irgendeine Phase des Mondes, weiß man, wo dann die Sonne steht und in welcher gedanklichen Richtung man die Tierkreisabschnitte suchen soll. Wo also die langsamen Planeten stehen, wo die schnellen wie Venus und Merkur, denn die sind immer in der Nähe der Sonne zu finden.

Dies Bild, das sich jeder an klaren Abenden einprägen kann, auch wenn der Mond wegen seiner Konjunktion zur Sonne nicht zu sehen ist, trägt viel zum allgemeinen Verständnis der Himmelssprache bei.

Alles, was bisher gesagt wurde, auch was die Stellungen von Planeten in den Abschnitten betrifft, ist global zu sehen. Jeder Mensch auf der Welt, der am selben Tag geboren ist, hat die gleichen Planetenkonstellationen. Das ist den Astrologen viel zuwenig bewußt. So sind Planetenaspekte nie einmalig, sondern stets millionen-, ja milliardenfach vertreten. Wenn also jemand sagt: »Ich habe eine merkwürdige Venus/Neptun-Verbindung«, dann betrifft diese Merkwürdigkeit Millionen. So individuell ist der Mensch also gar nicht.

Wäre nicht der Mond, dann könnte man sagen: alle Menschen, die innerhalb von drei Tagen auf der gesamten Erde geboren sind, haben die gleichen Konstellationen. Einschließlich des Mondes kann man sagen: alle Menschen, die innerhalb von sechs Stunden geboren sind, haben die gleichen Planetenkonstellationen. Das muß jedem erst mal bewußt sein.

168

Diese Konstellationen ergeben sich aus der Bewegung der Erde und damit des Mondes sowie der Planeten um den Fixstern Sonne. Individuell wird das Horoskop erst, wenn wir die zweite Bewegung der Erde einbeziehen, nämlich die fast vierundzwanzigstündige Drehung der Erde um ihre Achse. Das ist nun erst in Verbindung von Breiten- und Längengrad individuell zu werten.

Das individuelle Horoskop

Vier Hauptpunkte

Das individuelle Horoskop geht vom Geburtsort aus. Der Geburtsort wird durch den Längen- und den Breitengrad bestimmt. Mit der Berechnung des Längengrades erhalten wir die Himmelsmitte, und 180 Grad gegenüberstehend die Himmelstiefe. Himmelsmitte Eintragung ins Horoskop = M oder MC; Himmelstiefe Eintragung ins Horoskop = I oder IC. Verbinden wir die Punkte M und I mit einer Linie, dann stellt diese Linie den Meridian, das heißt, die Mittagslinie dar. Der Meridian teilt nun das Horoskop in zwei Teile: In einen Ostteil, der der Ich-Seite entspricht, und in einen Westteil, der der Du-Seite entspricht.

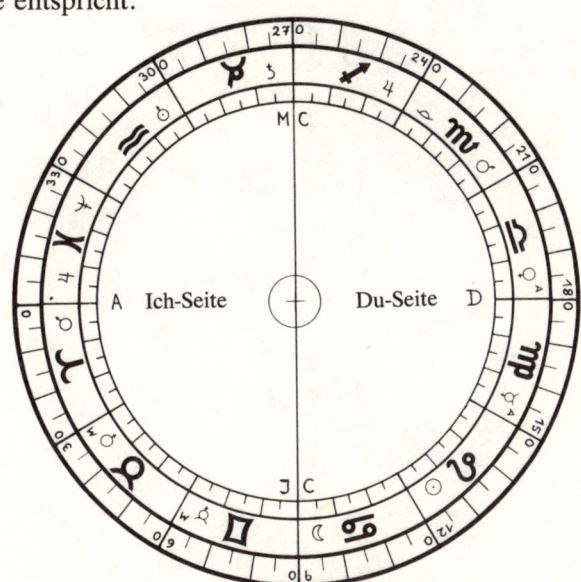

171

Im horoskopischen M oder MC, also in der horoskopischen Himmelsmitte, die nicht der wahren Himmelsmitte entsprechen muß, kulminieren die Gestirne, das heißt, sie erreichen dort ihre höchste Stellung im Horoskop.

Am I oder am IC, der Himmelstiefe, erreichen die Gestirne ihre untere Kulmination, das heißt, dort nehmen sie ihren tiefsten Stand ein. Die Abkürzung MC kommt vom Wort Medium Coeli, die Abkürzung IC kommt vom Wort Imum Coeli.

Durch die Berechnung des Breitengrades erhalten wir den aufsteigenden Punkt des Horizonts, und genau 180 Grad gegenüber den untergehenden Punkt des Horizonts. Aufsteigender Punkt Eintragung ins Horoskop = A oder AS. Untergehender Punkt Eintragung ins Horoskop = D oder DS.

Verbinden wir die Punkte A und D mit einer Linie, dann stellt diese Linie die Horizontlinie dar. Die Horizontlinie teilt das Horoskop in zwei Teile: In einen oberen Teil, der der Außenseite entspricht, und in einen unteren Teil, der der Innenseite entspricht.

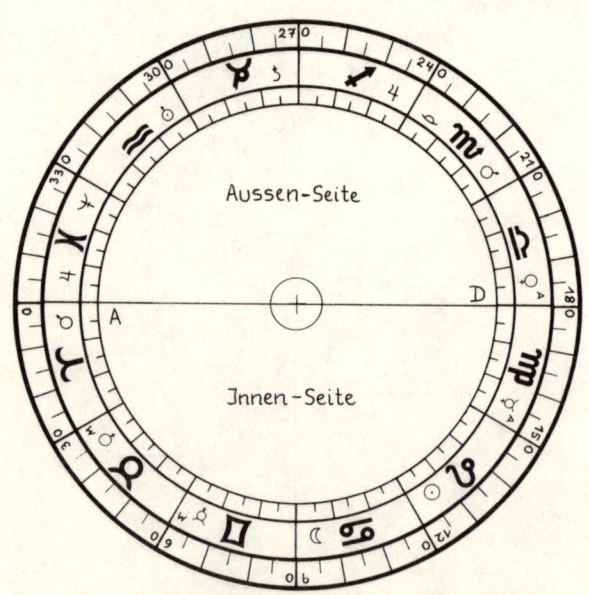

Im horoskopsichen A oder AS gehen alle Gestirne auf, das heißt, sie stehen nun über dem Horizont und sind sichtbar, wenn nicht Tages- oder Sonnenlicht sie verschluckt. Am D oder DS gehen die Gestirne alle unter, sie wandern nun unter den Horizont und sind vom Geburtsort aus nicht zu sehen, egal ob Tag oder Nacht ist. Die Gestirne befinden sich in der Unterwelt, im Gegensatz zum oberen Teil, wo sie in der Oberwelt stehen. Die Abkürzung A kommt vom Wort Aszendent (ascendere = aufsteigen), die Abkürzung D kommt vom Wort Deszendent (descendere = absteigen).

Erklären wir die Begriffe Ich-Seite, Du-Seite, Außen-Seite, Innen-Seite. In der Mitte der linken Seite, die durch den Meridian geschaffen wird, steht der aufgehende Punkt der Aszendent; hier wird das Ich geboren, daher Ich-Seite.

In der Mitte der rechten Seite, die durch den Meridian geschaffen wird, steht der untergehende Punkt, der Deszendent, hier gibt sich das Ich auf, wendet sich dem Du zu, daher Du-Seite.

In der Mitte der oberen Seite, die durch die Horizontlinie geschaffen wurde, steht die Himmelsmitte, da kulminieren sichtbar alle Planeten, dort erreichen sie ihren höchsten Punkt, die Sonne zur Mittags-Ortszeit. Die Planeten stehen oben und außen. Daher Außen-Seite.

In der Mitte der unteren Seite, die durch die Horizontlinie geschaffen wird, steht die Himmelstiefe, der Punkt, da alle Planeten unsichtbar an ihrer tiefsten Stelle unten und innen stehen. Daher Innen-Seite.

Vier Quadranten

Zeichnet man nun in ein Horoskopformular beide Linien gleichzeitig ein, dann werden aus den je zwei Seiten oder Hälften vier Quadranten. Die Quadrantenbezeichnungen ergeben sich logisch aus den Namen der oberen, unteren, der linken und der rechten Seite.

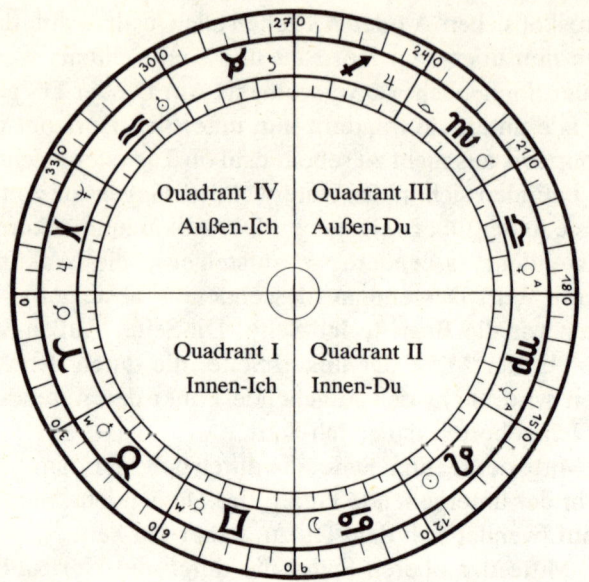

Quadrant IV	Quadrant III
Außen-Ich	Außen-Du
Quadrant I	Quadrant II
Innen-Ich	Innen-Du

Es ist einleuchtend, daß es entscheidend ist, in welchem Quadrant die Mehrzahl der Gestirne steht und ob es die individuellen, also die schnellaufenden, oder die mehr generationsbezogenen, also die Transsaturnier sind. Die letzteren sind die Planeten, die erst in der Neuzeit entdeckt wurden und jenseits der Saturn-Bahn wandeln (also Uranus – Neptun – Pluto).

Bei Pluto sei erwähnt, daß neueste amerikanische Forschungen ergeben haben, daß mit Pluto ein anderer Planet die Sonne umkreist. Das soll der Planet Charon sein, den man bisher als einen Pluto-Mond ansah.

Charon war in der Mythologie der Fährmann in die Unterwelt. Damit wäre Pluto-Charon ein Doppelplanet (der erste) in unserem Sonnensystem. Dies kann aber noch nicht deutungsmäßig angewandt werden.

Mit den Quadranten und A und D sowie M und I, die durch die Berechnung über Längen- und Breitengrad gefunden wurden, haben wir die vier wichtigsten individuellen Punkte zur Ausdeutung gefunden.

174

Aszendent

Der Aszendent ist neben der Sonnenstellung nach Ansicht der meisten Astrologen der wichtigste Punkt. Während sich mit dem Längengrad die Himmelsmitte alle vier Minuten um zirka ein Grad verschiebt, kann diese Zeit-Grad-Pauschale auf den Aszendent nicht angewendet werden, obwohl dies manche Astrologen tun. Das liegt an der Ekliptikbahn und dem darauf wandelnden Sonnenstand. Wir kennen schnell und langsam aufsteigende Zeichen.

Schnell aufsteigende Zeichen sind die Abschnitte von Steinbock bis Zwillinge, also die Zeichen, in denen sich die Sonne für die nördliche Halbkugel von ihrem tiefsten Punkt zum höchsten hinaufbewegt.

Langsam aufsteigende Zeichen sind die Abschnitte Krebs bis Schütze, also die Zeichen, in denen sich die Sonne vom höchsten Jahresstand zum tiefsten herabbewegt. Diese Symbolik ist für die Bewertung des Aszendent sehr wichtig. In der Praxis bedeutet dies ferner, daß es mehr Menschen mit langsam aufsteigenden Aszendentzeichen gibt als mit schnell aufsteigenden.

Wenn hier von Zeichen gesprochen wird, so ist gleich eindringlich zu betonen, daß der Aszendent nie ein Zeichen umfaßt, nie mit dem ersten Haus gleichzusetzen ist (davon später), sondern immer nur *ein Grad* eines Zeichens darstellt; dies gilt für alle wichtigen Punkte, also für den Deszendent, die Himmelsmitte und die Himmelstiefe. Der Aszendent ist also der aufsteigende Punkt des Horizonts, wo die Gestirne zuerst sichtbar werden, dies auch im symbolischen Sinn.

Einst wurde der Aszendent auch als aufsteigender Stern behandelt, und man schaute auf die Stunde des Aufsteigens. Daher auch der Name »Horoskop«, nämlich von Stunde-Schauer oder auf die Stunde schauen, das heißt, man schaute, welche Stunde es geschlagen hatte, denn das Verhältnis von Aszendent zur Sonne gibt die Uhrzeit an.

Zum Aszendent gehört der Geburtsherrscher, der auch als dominanter Planet angesprochen wird. Dies ist immer der Planet, der im Abschnitt, in den der Aszendentgrad fällt, seine verwandte Kraft findet. Läge also der aufsteigende Grad etwa im Abschnitt Widder, wäre Mars der Geburtsherrscher, wobei das Wort Herrscher auch nur symbolisch zu werten ist.

Läge der aufsteigende Grad etwa im Abschnitt Stier, dann wäre Venus der Geburtsherrscher oder der dominante Planet, weil Venus im Abschnitt Stier ihre verwandte Kraft findet. Es gibt nun eine wichtige Ausnahme. Nämlich dann, wenn bei einem Orbis von höchstens vier bis fünf Grad ein Planet am aufsteigenden Grad, am Aszendent, steht. Die Anwesenheit eines Planeten ist stärker für einen Abschnitt als der Symbolherrscher eines Abschnitts.

Der Geburtsherrscher ist wohl nach Sonne und Mond der am meisten zu beachtende Planet, besonders später in der Voraussage.

Deszendent

Der Deszendent liegt dem Aszendent genau um 180 Grad im Kreis entfernt gegenüber. Liegt also der aufsteigende Grad bei 22 Grad Zwillinge, dann liegt der untergehende oder absteigende Grad bei 22 Grad Schütze. Hier am Deszendent gibt sich das Ich auf, wendet sich dem Du zu. Oder: die Horizontlinie symbolisiert auch das Streben des Ich zum Du, denn nur wenn das Ich sich mit dem Du verbindet, kann das Leben weitergehen. Dazu muß sich das Ich im Du aufgeben. Daher wird der Deszendent auch Du-Punkt genannt.

Nun spielen hier die Elemente eine wichtige Rolle. Denn dem Feuerelement liegt immer ein Luftelement gegenüber und umgekehrt, dem Erdelement liegt immer ein Wasserelement gegenüber und umgekehrt.

Liegt der Aszendent also in einem Feuerzeichen, dann liegt der Deszendent in einem Luftzeichen. Man kann also sagen, das Feurige sucht die geistige Ergänzung, das Geistige die feurige Ergänzung. Das Irdische sucht die seelische Ergänzung, das Seelische die irdische Ergänzung. Der Deszendent spiegelt also das Du wider, zu dem das Ich strebt.

Medium Coeli (MC oder M = Himmelsmitte)

Die Himmelsmitte zeigt die innere Berufung des Horoskopeigners, das innere Ziel, das jedem in die Wiege gelegt wird. Damit allerdings wohl auch das sehr persönliche Geheimnis, das jeder für sich behält. Diese Berufung hat nichts mit dem Beruf zu tun, wie oft angenommen wird, weil die Himmelsmitte durchaus nicht mit der Spitze des zehnten Hauses (davon später) identisch sein muß.

Die Berufung wird von den wenigsten Menschen verwirklicht, aber sie ist im Horoskop angezeigt. Von dem Geheimnis des Horoskopeigners, dem ganz eigenen Lebensstandpunkt, seinem geheimen Wunsch, kann man auch nicht sagen, daß dies meist mit der realen Berufsverwirklichung identisch ist.

Imum Coeli (IC oder I = Himmelstiefe)

Der Imum Coeli liegt dem MC um 180 Grad im Kreis gegenüber. Die Himmelstiefe zeigt den Startpunkt des Horoskopeigners, die Herkunft, aber nicht etwa das Milieu, aus dem jemand stammt, nicht das Niveau, das einem mit in die Wiege gelegt wurde. Hier sind die Urerfahrungen auch kollektiver Art zu sehen, und die daraus resultierenden Handlungsweisen.

Häuser oder Felder

Überlegungen zu den Häusersystemen

Die Häuser sind das umstrittenste Gebiet der Astrologie. Sie sind so umstritten, daß manche Astrologen nur noch mit den Quadranten arbeiten wollen. Worum geht es bei den Häusern?

Nun, um differenzieren zu können, teilte man einst die Quadranten und bekam so acht Räume, so wie man Windrichtungen differenzierte. Also Winde aus Nordost etwa. Der letzte dieser Räume wurde mit dem Tod identifiziert, dieser irreführende Name blieb bestehen, obwohl damals damit *nicht* der irdische Tod gemeint war, denn vor dem hatte man keine Angst. Noch heute wird daher das achte Haus fälschlich als Todeshaus bezeichnet.

Später teilte man getreu dem Motto «wie oben, so unten« die Innenräume des Horoskops in zwölf Teile, in zwölf Felder oder Häuser, man drittelte also die Quadranten. Der Streit um die Häuser geht nur um die Art der Quadrantendrittelung.

Ohne hier auf den Häuserstreit eingehen zu wollen (darüber unterrichtet genügend am Ende des Buches ausgewiesene weiterführende Literatur), sei gesagt, daß die Teilung in zwölf gleiche Häusergrößen, also in je 30 Grad, der astrologischen Urschau »wie oben, so unten« am nächsten kommt, ja, ihr genau entspricht.

Das erste Haus beginnt damit an der Spitze bei 0 Grad, das zweite Haus beginnt 30 Grad später, und so fort. Im deutschsprachigen Raum ist dies vielen Astrologen zu starr, sie sehen da die jeweilige Polhöhe nicht eingearbeitet.

Aber auch die Teilung der Ekliptik in zwölf starre Abschnitte zu je 30 Grad entspricht ja nicht genau dem Sonnen- und Mondlauf, und doch hat diese Einteilung ihren tiefen Sinn. Das verbissene Kämpfen um die ungleichen oder inäqualen Häuser, gegenüber den äqualen oder den 30-Grad-Häusern (weil am Äquator sowieso nur 30-Grad-Häuser zu errechnen sind) mag sich aus dem Wunsch des Mittelalters und noch mehr der heutigen Generation erklären, es als Astrologe den Naturwissenschaftlern gleichzutun.

Aber Astrologie ist Erfahrungs- und nicht Naturwissenschaft. Astrologie arbeitet nicht mit dem astronomischen, sondern mit dem *symbolischen* Himmel. Welche inäqualen Häusermethoden man auch wählt, ob Campanus, Regiomontanus oder das GOH-System, sie funktionieren alle ab dem 66. Breitengrad nicht mehr. Und bis zum 35. Breitengrad haben wir sowieso fast gleich große 30-Grad-Häuser.

So sind die inäqualen Häuser nur für rund 30 Breitengrade anwendbar. Es widerspricht aber im Tiefsten einem allumfassenden, kosmischen System, daß solche »Spezial«-Methoden die Anschauung der Himmelskunde verdeutlichen, zumal, um es zu wiederholen, der symbolische Himmel hierbei aufgegeben wird, wir auch wieder von Einflüssen realer Art – nicht von Bildern – sprechen müßten.

Und eines noch:

Nur im äqualen System sind Himmelsmitte und Spitze des zehnten Hauses nicht unbedingt identisch, ja meist verschieden, was natürlich auch für das IC, die Himmelstiefe mit Spitze IV. Haus gilt.

Nun wissen Hausfrauen oder die meisten Berufstätigen, daß ihr Beruf, der im zehnten Haus gesehen werden soll, meist nie identisch ist mit der Berufung, die das MC symbolisiert; und jedermann erlebt wohl, daß auch sein Startpunkt, symbolisiert durch das IC, die Himmelstiefe, durchaus nicht mit dem Heim, der Herkunftsfamilie, identisch sein muß.

Dadurch, daß das MC ins achte, neunte, zehnte, elfte und ins zwölfte Haus fallen kann, ergeben sich neue Deutungsmöglichkeiten, wie auch dadurch, daß das IC ins zweite, dritte, vierte, fünfte und sechste Haus fallen kann. Und dieses System funktioniert überall, auch am Pol. Noch eines sei zum Abschluß gesagt:

Die Astrologen, die meinen, die äqualen Häuser wären rechnerisch und astronomisch falsch, arbeiten trotzdem mit der Rückläufigkeit der Planeten. Aber die Rückläufigkeit der Planeten ist ja auch nur eine scheinbare, sie stimmt astronomisch nicht, denn astronomisch gibt es keine Rückläufigkeit.

Rückläufigkeit ist nur Anschauung, also muß ich konsequent sein: wenn astronomisch richtig berechnete Häuser, was nichts mit Astrologie zu tun hat, dann auch Weglassen der Rückläufigkeit.

Häuser sind symbolische Räume, die sich nach dem Motto so unten wie oben entwickelt haben, wie wir bei der Vorstellung der Häuser gleich sehen werden. (Eingeschoben sei allerdings, daß in der Astrologie nie doktrinär vorgegangen werden darf).

Der Autor hat seine persönliche Überzeugung, und nach Jahren der Arbeit mit inäqualen Häusern hat er mit den 30-Grad-Häusern die besten, praktischen Erfahrungen gemacht. Wer also meint, mit den inäqualen Häusern besser zu arbeiten, dem sei dies unbenommen. Hier geht es mehr um die grundsätzliche Klarstellung für Anfänger, die über die Entstehung der Häuser meist kaum etwas hören oder lesen, und vielleicht auch um die Anregung für erfahrene Astrologen, die äqualen Häuser auch einmal praktisch länger zu erproben.

Nun zu den einzelnen Häusern, die – man kann es kurz so formulieren – den Kreuzweg des Horoskopeigners durch das irdische Leben symbolisieren, die zeigen, wo seine Hauptaufgaben, wo seine Hauptpflichten zu sehen sind.

Die einzelnen Häuser

Das *erste* Haus entspricht dem ersten Tierkreisabschnitt Widder.
Hier ist das Ich in seiner aufbrechenden, gerade geborenen Form. Der Lebenswille, die Lebensgrundauffassung ist hier zu sehen, die Richtung der Lebenskraft, auch die Lebenssicht. Mars steht hier am entsprechendsten.

Das *zweite* Haus entspricht dem zweiten Tierkreisabschnitt Stier.
Hier sucht das Ich seine irdischen, materiellen Sicherheiten, um sich als gerade Geborener zu stabilisieren. Dazu gehört Ernährung und Kleidung, dazu gehört aber auch, zu sehen, wo die Chancen in der realen Welt liegen. Venus steht hier am entsprechendsten.

Das *dritte* Haus entspricht dem dritten Tierkreisabschnitt Zwillinge.
Hier sucht das Ich den Kontakt. Die Kommunikation wird wichtig; wie das Ich spricht, handelt, wie der Intellekt ausgebildet ist, wie es um die Grundverständigung, um den Verstand, die Handlungsweise, das Begegnen mit anderen steht. Merkur steht hier am entsprechendsten.

Das *vierte* Haus entspricht dem vierten Tierkreisabschnitt Krebs.
Hier tritt das Ich aus der Herkunftssphäre unbewußt dem Du entgegen. Startpunkt für das Lebensziel. Gemachte Erfahrungen, auch kollektiver Art, sind hier zu sehen. Kraft aus dem Familien- und Heimatbereich. Seelische Ausgangslage. Mond steht hier am entsprechendsten.

Das *fünfte* Haus entspricht dem fünften Tierkreisabschnitt Löwe.

Hier sucht das Ich seine Freude, sein Spiel, seine Fortpflanzung, die Erotik, das Vergnügen, die Spuren, die hinterlassen werden, wozu auch die Kinder gehören. Die eigentliche Kreativitätskraft ist hier zu sehen, das Zeugende, die Freude am Leben. Sonne steht hier am entsprechendsten.

Das *sechste* Haus entspricht dem sechsten Tierkreisabschnitt Jungfrau.

Hier findet das Ich die erste Bilanz. Es geht um die Kraft, die Mühe, die Belastbarkeit für den äußeren Lebensablauf, damit um die Gesundheit, die seelische Kraft, psychosomatische Beschwernisse. Die Tragfähigkeit ist hier zu erkennen, aber auch die Hilfsbereitschaft, das Sichverlieren im Heilenkönnen. Merkur steht hier am entsprechendsten.

Das *siebente* Haus entspricht dem siebenten Tierkreisabschnitt Waage.

Hier findet das Ich zum Du. Das Echo wird lebenswichtig, die Ergänzung, der andere, die Bindung, das Gemeinsame zu tragen. Auch das Ankommen beim anderen Menschen insgesamt. Die Aufgabe am Du, die Erkenntnis, wie mit dem anderen zu leben ist, Partnerbeziehungen und Öffentlichkeit. Venus steht hier am entsprechendsten.

Das *achte* Haus entspricht dem achten Tierkreisabschnitt Skorpion.

Hier wird das Ich mit dem Ende konfrontiert, Grenzfragen werden behandelt, das Geheimnisvolle, das Okkulte tritt in den Vordergrund. Die Erkenntnis, daß Zeugen immer auch Tod bedeutet, spielt eine Rolle, damit der Selbsterhaltungstrieb, die Beziehung zu den dunklen Mächten. Mars und Pluto stehen hier am entsprechendsten.

Das *neunte* Haus entspricht dem neunten Tierkreisabschnitt Schütze.

Hier erfährt der Geborene seine Ideale, hier wird angezeigt, wie es um die Horizonterweiterung im weitesten Sinn steht, um ferne Reisen, um Dichtung, um Forschung. Das Geistige wird hier wesentlich, die Lehren, die man aufnimmt, die Ideale allgemein. Jupiter steht hier am entsprechendsten.

Das *zehnte* Haus entspricht dem zehnten Tierkreisabschnitt Steinbock.

Hier geht es für das Ich um die Stellung, die Anerkennung in der realen Außenwelt, in der Berufswelt und Umgebung. Praktische Führungseigenschaften. Die Lebensprüfungen sind hier angegeben. Das zu Erreichende, was zu halten ist. Wie weit echte Leistung sich durchsetzen kann. Die Grenzen der Zielmöglichkeiten. Hier steht Saturn am entsprechendsten.

Das *elfte* Haus entspricht dem elften Tierkreisabschnitt Wassermann.

Hier findet das Ich seine sozialen Aufgaben, seine Gemeinsamkeiten mit der Gruppe, dem Team, seine Freundschaften, die Umgebungen, in denen es sich außer dem Heim wohlfühlt. Die Logen, die Vereine, das Lehren als Beruf, die Einstellung zur Sozialgemeinschaft. Das menschliche Streben, das – in diesem Fall – über den Verstand hinauswachsen. Uranus steht hier am entsprechendsten.

Das *zwölfte* Haus entspricht dem zwölften Tierkreisabschnitt Fische.

Das Ich gibt sich hier hin, zieht sich zurück, um sich in der Abgeschlossenheit zu regenerieren. Hier ist auch die Buße für seine Taten zu sehen, geistig wie gesundheitlich. Die Einsamkeitstendenzen, das Erkennen, wo man auf sich allein gestellt ist. Die priesterlichen Aufgaben, Gläubigkeit. Neptun steht hier am entsprechendsten.

Ferner hat man nun entsprechend den Tierkeisabschnitts-Einteilungen auch die Häuser eingeordnet.

So entsprechen die feurigen Abschnitte, also Widder – Löwe – Schütze, den persönlichen Häusern I – 5 – 9.

Die irdischen Abschnitte, also Stier – Jungfrau – Steinbock, entsprechen den stofflichen Häusern 2 – 6 – X.

Die luftigen Abschnitte, also Zwillinge – Waage – Wassermann, entsprechen den geistigen Häusern 3 – VII – 11.

Die Wasser-Abschnitte, also Krebs – Skorpion – Fische entsprechen den seelischen Häusern – IV – 8 – 12.

Nun ist sicher aufgefallen, daß einige Häuser mit römischen Ziffern geschrieben werden und andere mit arabischen.

Das geht auf eine weitere Einteilung gemäß dem Motto »wie oben, so unten« zurück. Nämlich die Einteilung in bewegende, feste und angleichende Abschnitte – so wie beim Tierkreis.

Die bewegenden Abschnitte entsprechen den Eckhäusern, also den Häusern I – IV – VII – X. Diese Eckhäuser sollen ausschlaggebender als die anderen Häuser sein. Die Praxis zeigt dies nun nicht. Das mag früher mal der Fall gewesen sein, als die Welt mit ihren Interessensphären noch nicht so vielfältig war. Wer will, mag die Häuser übrigens auch wie die Tierkreisabschnitte in Dekaden einteilen.

Kombinationsanregungen
für Aszendent und Sonnenstand

Der Aszendent symbolisiert in der Astrologie das Ich, wie es sich der Umwelt zeigt. Also die Rolle, die wir der Umwelt vorspielen. Dieses Rollenspiel – von den Psychologen längst erkannt – dient dem eigenen Schutz, denn die wenigsten Menschen trauen sich, sich so zu geben, wie sie sind. Natürlich gibt es auch Menschen, die kaum eine Rolle spielen, etwa wenn sich der Sonnenstand mit dem Aszendent deckt, aber dann betonen sie die Herausstellung ihrer Person wieder so überhöht, daß dies doch eine Rolle wird. Der Aszendent also gibt an, wie sich der Horoskopeigner zunächst in der Umwelt gibt.

Mit dem Aszendent lernen wir auch den Geburtsherrscher kennen, oder den Planeten, der dominant ist.

Nun soll der Astrologieschüler hier nicht nachlesen, was dieser oder jener Aszendent in Verbindung mit dem Sonnenstand bedeutet. Dafür gibt es genügend Nachschlagebücher. Wichtig ist dagegen auch hier die selbständige Kombination. Es ist nicht nur damit getan, einhundertvierundvierzig Bilder zu lernen, weil zwölf Sonnenstände soviele Aussagen ergäben, würde man diese mit den zwölf Aszendentmöglichkeiten vom Zeichen her multiplizieren. Es ist wichtiger, die eigene Kombination zu üben.

Dabei sei eines vorausgeschickt: Man kombiniere Sonnenstand gleich Lebenskern mit Aszendent gleich Rollenspiel. Es ist also immer zu überlegen, wie ein bestimmter Lebenskern mit einem bestimmten Rollenspiel wohl in der Öffentlichkeit, in der Umwelt, wirken mag.

Das Rollenspiel ist im Grunde das erste, was wir von einem Menschen kennenlernen, das liegt ziemlich offen da – nicht so der Lebenskern. Auch dies muß als Grundregel angenommen werden. Wenn jemand in ein besetztes Eisenbahnabteil tritt, zeigt er sein Rollenspiel, seinen Aszendent – sitzt er da allein drin, gibt er sich seinem Lebenskern gemäß.

Geben wir Beispiele.

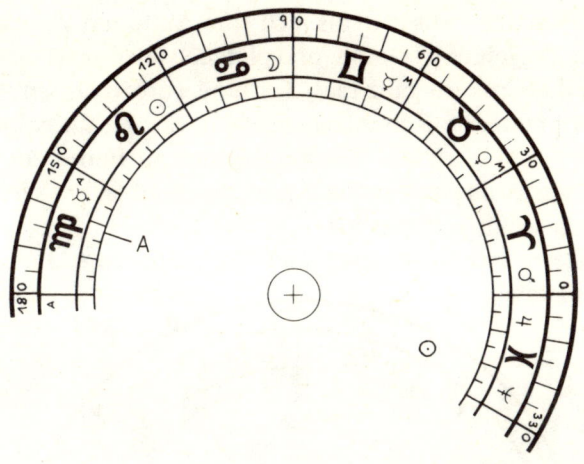

Die Sonne steht im Abschnitt Fische, der Aszendent ist Jungfrau.
Nun muß der Lernende kombinieren. Was kann Aszendent Jungfrau aussagen? Nun, einmal einfach ausgedrückt: derjenige tritt auf
wie jemand, der die Sonne im Abschnitt Jungfrau hat. Also muß
man das unter dem Abschnitt Jungfrau geschriebene umsetzen.
Etwa so:

Das Auftreten wird sehr real sein, sehr vertrauenerweckend,
keine großen Pläne werden vorgestellt, die reale Materie hat Vorrang, hier wird auf Ordnung gesehen; also treten diese Leute adrett
und sauber, nicht zu auffällig gekleidet auf, sie spielen ihre Rolle
sehr gemessen. Sie imponieren der Umwelt mit Fleiß und Lernbe-
reitschaft, sie haben eine gute Ausbildung, Schule oder Lehre hinter
sich und gut bis durchschnittlich bestanden. Diese Menschen packen
immer an, zieren sich nicht, die Ärmel hochzukrempeln. Das be-
wirkt Vertrauen, solche Leute weiß man gerne um sich.

Und dann lernt man diese Menschen näher kennen. Und spürt
ihre Empfindlichkeit, ihre Träumereien, vielleicht ihre ganz und gar
nicht reale Gläubigkeit. Und überrascht man diese Menschen zu
Hause, dann ist die Wohnung wenig aufgeräumt, dunkles Licht ist
da, Kerzenschimmer statt grellem Licht, Musik ist im Hintergrund
zu hören, und diese Menschen sind hingebungsvoll, voller Zärtlich-
keitssehnsucht, und sie öffnen sich. Plötzlich erkennt man das

Gegenteil von dem, was man bis jetzt vom Auftreten mitbekommen hat. Dann klingelt das Telefon, und plötzlich telefoniert dieser eben so weiche Lebenskern ganz real, Termine werden notiert, anderen Menschen praktische Ratschläge gegeben, die Welt scheint wieder in Ordnung. Dann ist das Telefongespräch zu Ende, der Mensch wirft sich hingebungsvoll in die Arme dessen, dem er sich in Liebe oder Freundschaft geöffnet hat.

Lebenskern und Rollenspiel sind also stets etwas anderes. Mit einer Ausnahme.

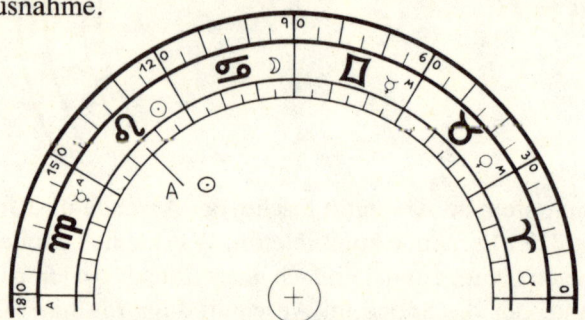

Jemand hat die Sonne in Löwe, den Aszendent aber auch. Hier zeigt sich also der Mensch der Umwelt, wie es seinem Lebenskern entspricht. Das ist ein großes, stolzes Auftreten, das Beachtung verdient, das imponiert. Eine Siegeszuversicht strahlt uns da entgegen, und wenn man diesen Menschen, der herrlich delegieren kann, näher kennenlernt, dann merkt man schnell, der ist wirklich so, wie er sich gibt. Der Lebenskern ist recht egozentrisch ausgerichtet, denn die Sonne steht am Ichpunkt, dem Lebenskern geht es auch im Auftreten um seine persönliche Durchsetzung. Stehen Sonne und Aszendent im selben Zeichen, decken sich Rollenspiel und Lebenskern.

Diese Fälle sind verhältnismäßig selten. Wichtiger ist daher das Verbinden von Rollenspiel und Lebenskern, und auch die Frage, worauf fliegt man bei einer Begegnung – etwa in der Liebe. Worin hat man sich eigentlich verliebt, in das Rollenspiel oder in den Lebenskern?

Da lernt eine Frau einen Mann kennen, der die Sonne in Krebs und Aszendent Widder hat.

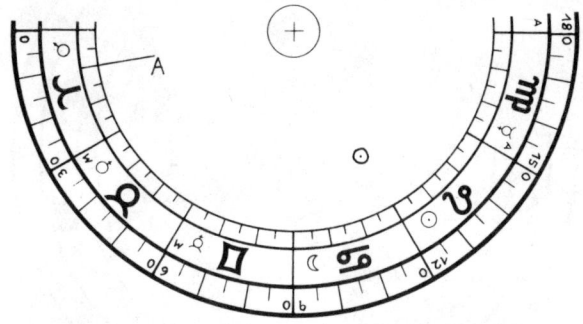

Das Auftreten ist feurig, voller Angriffslust. Da bin ich, ich kämpfe, ich kann nicht anders. Der Mann macht in der Tanzstunde, auf einem Ball, bei einem Arbeitsgespräch Eindruck. Sein Temperament ist mitreißend. Die Frau verliebt sich in diesen Mann. Heftig von seinem Temperament angezogen, packt sie ihr Temperament, ihre erotischen Wünsche aus, sie will nicht mehr warten. Nun aber muß sie sehen, daß der Mann zurückzuckt. Die Hotelumgebung oder auf einem Campingplatz – das gefällt ihm nicht, er will sein Heim, seine Ruhe dazu, er fühlt sich durch die angreifende Erotik der Frau verschreckt, nichts mehr von Feuer und Temperament. Der Mann will reden, will erst seelisch eingestimmt sein, will etwas trinken, die Stimmung muß sich ergeben. Die Frau ist getroffen, oft verzweifelt. Sie hatte sich in den Aszendent verliebt und nicht in den Kern; den lernt sie jetzt erst kennen. Das kann oft ein Problem sein.

So wird wohl deutlich, was gemeint ist. Das Rollenspiel ist halbwegs leicht zu erfassen, deswegen können auch Nicht-Astrologen den Aszendent oft gut schätzen. Den Lebenskern erfaßt man wesentlich schwerer. Der Aszendent ist also auch leicht zu beschreiben. Aszendent Widder etwa tritt ganz anders auf als Aszendent Stier.

Aszendent Stier und Sonne in Waage.

Hier wird es kompliziert, denn Aszendent wie Lebenskern unterstehen Venus. Also wird immer Charme im Auftreten sein. Nun lernt ein Mann eine Frau mit dieser Kombination kennen. Er hat die

187

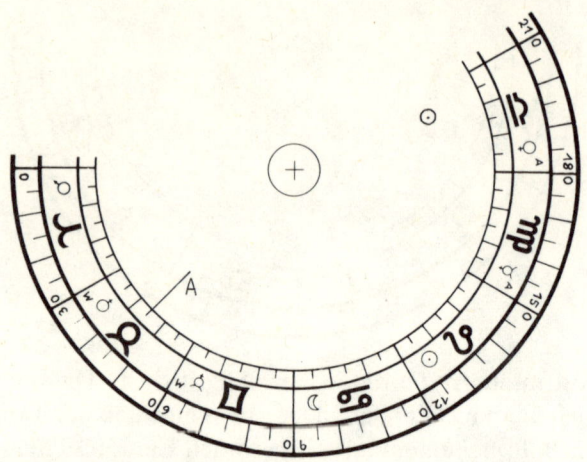

Sonne in Krebs stehen, er sehnt sich vielleicht nach Sicherheit, nach Ordnung, nach Lebensvertrauen, nach zupackender Sinnlichkeit, Naturliebe, nach gesunden Anschauungen, Unkompliziertheit. Dies scheint er genau anzutreffen! Dann lernt er die Frau näher kennen. Und schließlich muß er merken, daß sie sehr leger im Kern ist; gar nicht so real ausgerichtet, musisch interessiert, Mode liebt, das Vergnügen, den Flirt schätzt. Sie tanzt gern auf Bällen und ist viel großzügiger im Ausgeben von Geld für Mumpitz, als es schien, da er sich in sie verliebte. Dieser vielleicht weibliche Bohèmetyp hat sich nur eine ordentliche Schutzrolle (unbewußt natürlich) durch den Aszendent gegeben. Aber der Mann hatte sich in diese Schutzrolle verliebt. Um nun den Aszendent richtig deuten zu können, muß jeder gleich nach dem Geburtsherrscher sehen.

Die Sonne steht im Abschnitt Fische. In der Nähe Merkur. Der Aszendent ist Jungfrau 15 Grad.

Der Herrscher von Jungfrau ist Merkur. Nun muß gesehen werden, wie steht denn der Geburtsherrscher? Der steht im Abschnitt Fische, ist also neptunisch. Damit verändert sich der Aszendent natürlich. Das so Reale des Jungfrau-Abschnitts wird aufgelöst. Das Handeln wird instinktiver. Und vom Instinkt her kann sich gerade eine neptunische Sonne schon eher gehenlassen.

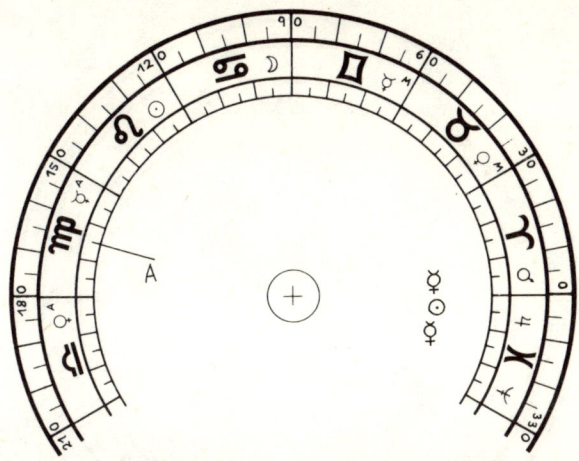

Stände nun Merkur, also der Aszendentherrscher, im Abschnitt Widder, wäre dies völlig anders. Dann wird auf einmal das Rollenspiel weniger ahnend, weniger instinktiv, sondern viel feuriger. Natürlich nie so feurig, als wäre der Aszendentgrad in einem Feuerzeichen. Aber dann zeigt schon das Rollenspiel Jungfrau, das sonst real und gemessen, ja vernünftig auftritt, etwas mehr Feuer, da wundert sich mancher, der sogar etwas astrologiekundig ist, über das Explodieren, wenn auch in aller Form.

Beim Aszendent also muß stets auch der Zeichenstand des dominanten Planeten mit berücksichtigt werden, will man den Aszendent zutreffend beurteilen.

Aszendent in Krebs, Mond und Sonne in Steinbock.

Ein Mensch, der völlig anders auftritt, als er vom Kern her ist. Auf die Umwelt reagiert er sehr fein, empfänglich aber auch äußerst empfindlich, seine Seele liegt sozusagen offen da, kaum eine Kritik verträgt er, mühsam kann er in der Umwelt seine Tränen verbergen. Schaut man auf den Geburtsherrscher, den Mond, dann sieht man, daß dieser eine saturnische Sonne hat, also zäh ist und sogar eine ganze Menge verträgt.

Und dann, nachdem man diesen so weich auftretenden Menschen in schicksalhaften Reaktionen kennengelernt hat, sieht man den

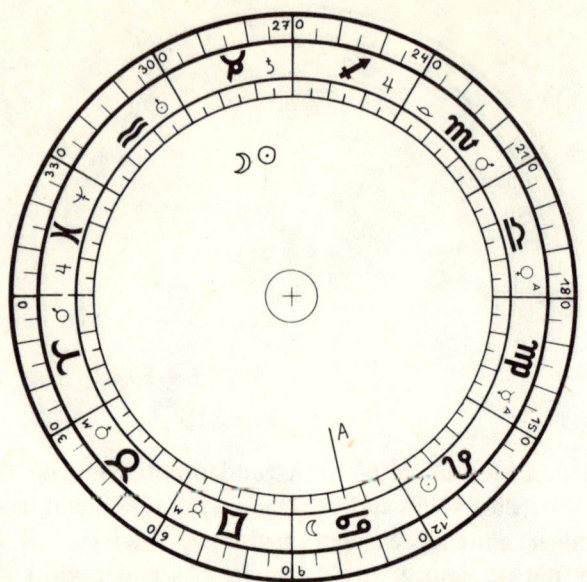

Sonnenstand an. Da ist ein stilles aber ehrgeiziges Wesen vorhanden, eine Härte der Durchsetzung über alle Empfindlichkeit hinweg.

Immer glaubte man, daß diesen Menschen alles umwirft, aber dann erkennt man: dies ist ja nur gut angewandte Taktik! Sich weich nach außen zu geben deckt die innere ehrgeizige Härte zu, die ein Steinbock-Saturn-Mensch als Wintergeschöpf einfach haben muß. Nur die Umwelt erkennt dies nicht, das ist das Problem – auch für den Horoskopeigner! Denn unfreiwillig täuscht er so oft Menschen, was er gar nicht will, er nutzt nur geschickt ein gewisses Mitleid der anderen aus. Deswegen gibt es auch keine Aszendentregeln, sondern man muß in der Kombination offen sein, um zu guten Ergebnissen zu kommen, das ist die Problematik.

Ein anderes Beispiel.

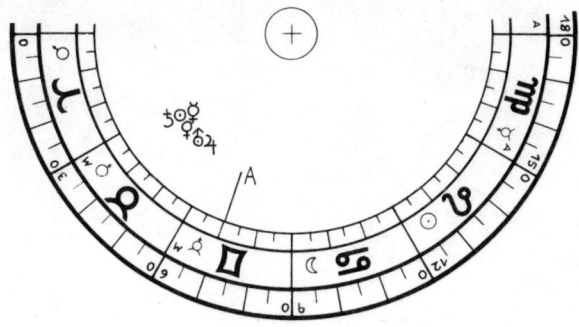

Aszendent Zwillinge. Aber im Nachbarzeichen Stier ist ein großes Stellium zu sehen. Sechs Planeten stehen in einem Zeichen
aufeinandergedrängt. Jupiter/Uranus und Saturn waren um 1940/42
hier als Generationsstand anzusprechen, aber Sonne und Venus wie
Merkur verstärkten im Frühling diese Ballung. Stier ist venushaft
und fest. Doch so taucht dieser Mensch nie in der Umwelt auf. Fast
völlig gegensätzlich. Der Aszendent ist Zwillinge. Das ist anpassend, neugierig wach, sprechenwollend, kontaktsuchend, aufgeschlossen frei von der Leber weg redend.

Hier glaubt man also an einen sich in der Umwelt öffnenden
Menschen schnell herankommen zu können. Das Gegenteil ist der
Fall, der Mensch ist sehr fest in sich. Zäh, voller Geduld, lebenssichernd und manchmal sogar stur. Die Umwelt merkt dies nicht,
oder erst bei näherem Kennen. Natürlich hilft hier der Geburtsherrscher etwas beim Kombinieren. Das ist Merkur, der steht in Stier,
also venushaft. Und so tritt dieser Zwillingsaszendent noch mit
merkurischem Charme auf, flirtend, und so wird, obwohl Merkur in
der Ballung steht, diese noch mehr zugedeckt. Also:

Aszendent immer mit Sonnenstand und Geburtsherrscher verglei-
chen, dann kombinieren, um den Horoskopeigner zu erfassen, denn
das Eindringen in den anderen, so daß dieser schnell seine Umwelts-
maske ablegt, ist Voraussetzung für eine richtige Beratung, die ja
auch auf gegenseitigem Respekt, wenn nicht gar Sympathie beruhen
sollte.

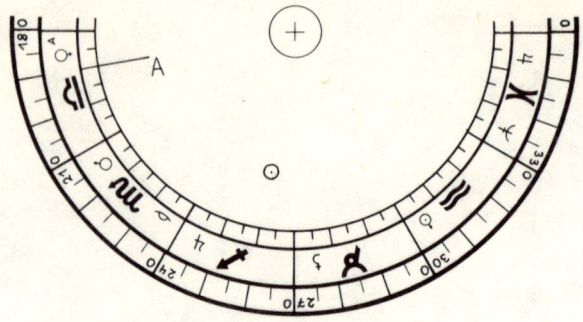

Aszendent Waage. Sonne in Schütze.

Der Aszendent Waage gilt als beste Voraussetzung, um mit der Umwelt zurechtzukommen. Waage ist immer verbindlich, sucht das gemeinsame Auskommen, ist höflich, ist entgegenkommend, einfach vom Du, vom anderen angetan. Dies aber braucht, das ist wohl klargeworden, überhaupt nicht mit dem Sonnenstand, also mit dem Lebenskern übereinzustimmen. Lebenskern, Sonne in Schütze, ist feurig, ist geistig, aber auch anpassend, jedoch in sich unbedingt jupiterhaft, also führen wollend. Die verbindliche Waage am Aszendent täuscht darüber geschickt hinweg, selbst wenn man den Horoskopeigner näher kennenlernt, denn auch Schütze ist ein anpassendes Zeichen.

Aber Feuer will brennen, das bricht immer mal durch, so wird auch hier der Lebenskern nicht so biegsam sein. Im Gegenteil, hier kann man fast immer (auch wenn die Sonne im Abschnitt Löwe stünde) von einer sanften Gewalt sprechen, ein Führungsanspruch geht allemal von diesem Sonnenstand aus. Die Waage kleidet dies nur in liebenswürdige Form.

Halten wir also fest: Aszendent und Sonnenstand sind meist völlig verschieden, es sei denn, die Sonne steht im Aszendentzeichen. Die verschiedenen Aszendentzeichen, zwölf an der Zahl, zeigen sich eigentlich der Umwelt immer typisch, typischer als der Sonnenstand, was zu Täuschungen über den wahren Kern des Horoskopeigners führen kann. So zeigt sich etwa

192

Aszendent *Widder:*
angriffslustig, kämpferisch, vorwärtsdrängend, siegessicher und mitreißend.

Aszendent *Stier:*
höflich, lebenssichernd, vertrauenerweckend, die Realitäten erkennend, mit Charme, handfest.

Aszendent *Zwillinge:*
kontaktfreudig, sprechend, neugierig wach, aufgeschlossen, alles beobachtend, das Aktuelle aufgreifend.

Aszendent *Krebs:*
empfänglich, aufsaugend, sehr empfindlich, leicht verletzt und verwundbar. Aber auch schöpferisch und launisch.

Aszendent *Löwe:*
stolz, siegessicher, beherrschend. Sich voll Würde in den Mittelpunkt stellend, autoritär.

Aszendent *Jungfrau:*
zuverlässig, arbeitsfreudig, ordentlich, erntend, real, genau und anpackend, sowie etwas daneben läuft.

Aszendent *Waage:*
freundlich, diplomatisch, höflich, das Gemeinsame suchend, elegant mit Schönheitssinn.

Aszendent *Schütze:*
führend, anspruchsvoll, geistig, jovial, etwas von oben herab, das Schöne suchend, großzügig, lehrend.

Aszendent *Steinbock:*
mit stillem Ehrgeiz, kleine oft verbissene Schritte gehend. Real, erdhaft, die Gipfel anvisierend, manchmal kleinlich.

Aszendent *Wassermann:*
extravagant und anziehend. Stets neue Pläne schmiedend, verblüffend, schalkhaft, geistig, schillernd.

Aszendent *Fische:*
hingebungsvoll, gläubig, samariterhaft, sentimental, zärtlichkeitssuchend. Hilflosigkeit als Koketterie.

Dies in vereinfachten, der Deutlichkeit wegen oft überpointierten Schlagworten, die ja nur Anregungsweiser sein sollen, nicht mehr. Bei der Kombination muß jeder, wenn nur die Richtung stimmt, seine eigenen Wege gehen, seine Worte finden, damit er damit bei den Ratsuchenden Verständnis finden kann.

Nun haben wir bis hierhin immer nur vom Aszendentzeichen oder Abschnitt gesprochen. Das war unvermeidlich, obwohl dies nicht ganz richtig ist.
Der Aszendent ist nur ein Grad. Der aufsteigende Grad des Horizonts, der in einem symbolischen Tierkreisabschnitt liegt. Innerhalb dieser Abschnitte sind die verschiedenen Grade natürlich keinesfalls über einen Kamm zu scheren. Deutlich wurde dies ja bereits bei der Einteilung in Dekaden, die den Jahreszeiten nachempfunden wurden.

Erste Dekade: bewegend, weil aufbrechend.
Zweite Dekade: fest, weil da in der Mitte, abgesichert.
Dritte Dekade: angleichend, weil sich bereits der folgenden Jahreszeit beziehungsweise dem folgenden Abschnitt anpassend.

Also ist ein Aszendent in der ersten Dekade Löwe anders zu beurteilen, als in der zweiten oder dritten Dekade. In der ersten Dekade ist der Aszendent Löwe eher in seinen Eigenschaften, im Verhalten, übertrieben. In der zweiten Dekade kann man die echten aber sehr festen Löwe-Eigenschaften im Verhalten zur Umwelt finden. In der dritten Dekade paßt sich sozusagen der Aszendent, noch löwebetont, schon den Jungfrau-Verhaltensweisen an, je später im Abschnitt stehend, desto mehr. Der Löwe wird etwas merkurischer, die Sonnenstrahlung läßt nach.

Aber auch dies ist für den Aszendent, der ja von sich aus keinen Orbis hat, sondern zu dem nur Planeten einen Orbis werfen können, zu pauschal, zu ungenau.

Nun gibt es Bücher, die auch jeden Grad eines Zeichens beschreiben, aber einmal sind sie nicht immer glücklich in der Beschreibung, dann ist das Prinzip da unklar, wie die Autoren auf diese oder jene Begründung kommen. Astrologie aber muß immer in sich logisch sein. Was also tun?

Hans Hausmann hat den Autor auf eine interessante Sektorentheorie Dr. Ritters aufmerksam gemacht, die sich sehr gut zur genaueren Aszendentbeschreibung eignet. Dr. Ritter geht auf einen uralten Satz zurück, den die Altgriechen, die altgriechischen Philosophen schon als wesentlich erkannten. Der Satz, die Logik, dann die Erfahrung:

Der Teil entspricht dem Ganzen.

Voraussetzung ist natürlich, daß es sich um ein sinnvolles, um ein in sich logisches Ganzes handelt.

Logisch ist etwa, eine Stunde von 60 Minuten dann weiter zu teilen, indem man die Minute auch in 60 Sekunden teilt. Die Ur-Teilung der Astrologie nun in zwölf Abschnitte ist logisch, weil während eines Sonnenumlaufs der Mond rund zwölf Umläufe absolviert. Damit kann also die Zwölfteilung auf die einzelnen Abschnitte voll übertragen werden, zumal der Mond, während die Sonne einen Abschnitt durchwandert, einmal um die Ekliptik gelaufen ist. Nach dem Satz »Der Teil entspricht dem Ganzen« wird also ein Zeichen analog zur Gesamtteilung der Ekliptik auch in zwölf Teile zerlegt. Diese zwölf Teile eines Tierkreisabschnitts nennt Dr. Ritter nun Sektoren, daher Sektorentheorie. Diese Sektoren laufen in derselben Folge ab wie die zwölf Tierkreiszeichen, und zwar mit den entsprechenden Elementen, den entsprechenden Motorikzuteilungen, ob aktiv oder reaktiv. Das sieht dann also so aus:

Widder:	0° 00'	bis	2° 30'	eines Abschnitts
Stier:	2° 30'	bis	5° 00'	eines Abschnitts
Zwillinge:	5° 00'	bis	7° 30'	eines Abschnitts
Krebs:	7° 30'	bis	10° 00'	eines Abschnitts
Löwe:	10° 00'	bis	12° 30'	eines Abschnitts
Jungfrau:	12° 30'	bis	15° 00'	eines Abschnitts
Waage:	15° 00'	bis	17° 30'	eines Abschnitts
Skorpion:	17° 30'	bis	20° 00'	eines Abschnitts
Schütze:	20° 00'	bis	22° 30'	eines Abschnitts
Steinbock:	20° 30'	bis	25° 00'	eines Abschnitts
Wassermann:	25° 00'	bis	27° 30'	eines Abschnitts
Fische:	27° 30'	bis	30° 00'	eines Abschnitts

Was bedeutet das nun für unsere Aszendentbewertung?

Wenn etwa der Aszendent auf 1 Grad Skorpion stände, dann hätte er neben dem Skorpion-Charakter auch noch eine Widderfärbung. Steht der Aszendent auf 11 Grad Schütze, dann hat er neben dem Schützecharakter auch noch eine Löwefärbung. Stände etwa der Aszendent auf 28 Grad Widder, dann hätte er neben dem Widdercharakter auch noch eine Fischefärbung, was richtig ist, denn die letzten Grade eines jeden Abschnitts geben sich bereits dem nächsten Abschnitt hin. Stände etwa der Aszendent auf 16 Grad Jungfrau, dann hat der Aszendent neben dem Jungfraucharakter auch noch eine Waage-, also Venusfärbung. Diese Beurteilung hat sich in der Praxis übrigens sehr gut bewährt. Damit können wir die Aszendenten nach folgenden Kriterien beurteilen:

nach dem Charakter der Zeichen,
nach der Stellung des Geburtsherrschers,
nach der Sektoren-Theorie.

Somit kommen wir einer Aszendentbeurteilung ungemein nah; eine bessere Beurteilungsmöglichkeit gibt es nach Ansicht und Erfahrung des Autors kaum. Hier ist der Aszendent also sehr differenziert zu deuten, damit ist das Rollenspiel leichter zu durchschauen.

Aber das ist ja nicht das Wesentliche! Nein, viel wichtiger ist es, dem Ratsuchenden klarzumachen, wie er eigentlich auf die Umwelt wirkt. Am schwersten ist es ja im Leben, sich zu beurteilen, sich selbst kennenzulernen. Im Grunde weiß man erst nach langen, oft leidvollen Erfahrungen, wie man eigentlich ist und wie man auf die Umwelt wirkt.

Wer hat nicht schon erlebt, daß eigenes Verhalten beim anderen ein Lachen, ein Lächeln oder auch einen verachtungsvollen Blick hervorrief. Dies geschieht ja beiderseitig nie bewußt. Da ist also eine unbewußte Verhaltensweise, die es zu durchschauen gilt. Dazu hilft die Aszendentbetrachtung.

Je eher nun dem Ratsuchenden klargemacht werden kann, wie er in seinem Auftreten wirkt, welche Erwartungen er hervorruft, welche er erfüllen muß, welche er nicht erfüllen kann, um so besser ist ihm zu helfen. Meistens klären sich dann schon viele Lebensprobleme, wenigstens die des Alltags. Hier liegt eine wahre Hilfsmöglichkeit, die allerdings genauerer Ausdeutung bedarf.

Übrigens wollte Dr. Ritter die Sektorentheorie auch auf – oder besonders auf – die Planetenpositionen bezogen wissen, das ist natürlich auch möglich. Aber in Bezug auf den Aszendent ist diese Theorie eine gute, verblüffend einfache Methode.

Planeten am Aszendent

Der Deutlichkeit halber sei am Ende der Aszendent-Kombinationsanregung noch einmal darauf hingewiesen, daß allerdings nichts stärker den Aszendent färbt als ein Planet, der im nahen Orbis zum Aszendentgrad steht. Der Orbis darf nie höher als vier bis fünf Grad sein. Vier Grad, wenn der Planet noch im zwölften Haus steht, fünf Grad, wenn der Planet im ersten Haus steht. Nachfolgend einige Hinweise für Deutungsanregungen:

Sonne am Aszendent: Das Rollenspiel in der Umwelt ist sehr selbstsicher. Der Horoskopeigner tritt ichbetont, egozentrisch auf.

Mond am Aszendent: Das Rollenspiel ist sehr einfühlsam, sehr launisch, sehr wechselnd aber empfängnisbereit und schöpferisch.

Merkur am Aszendent: Das Rollenspiel ist sprechend, sehr denkend, tagesgeschickt, aufgeschlossen, kontaktfreudig und -suchend.

Venus am Aszendent: Das Rollenspiel ist sehr empfindsam, diplomatisch, weiblich, voll Charme, liebenswürdig, flirtend.

Mars am Aszendent: Das Rollenspiel ist sehr willensstark, antreibend, sich durchsetzend, abenteuerlich, risikofreudig, ungehemmt.

Jupiter am Aszendent: Das Rollenspiel ist sehr jovial, großzügig, fördernd, gerecht, übertrieben, genußvoll, erwartungsfroh.

Saturn am Aszendent: Das Rollenspiel ist sehr abgeklärt, fast gehemmt, konzentriert, prüfend, voller Ernst, karg und konservativ.

Uranus am Aszendent: Das Rollenspiel ist sehr abwechslungsreich, überraschend, voll Intuition, mit urplötzlichen Reaktionen.

Neptun am Aszendent: Das Rollenspiel ist sehr instinktiv, mehr ahnend als sich direkt äußernd, mit geschlossenen Augen wird die Umwelt erspürt, nach innen gelauscht.

Pluto am Aszendent: Das Rollenspiel ist sehr durchsetzend, oft auftrumpfend, auf Wirkung und Durchsetzung bedacht.

Kombinationsanregungen für Deszendent

Aufgabe am Partner

Der Deszendent ist der Gegenpol des Aszendent. Er liegt diesem um 180 Grad genau gegenüber. Der Aszendent kann als Ich-Punkt, der Deszendent als Du-Punkt angesprochen werden. Das Ich will zum Du, das sich im Deszendent zeigt. Hier ist die Ergänzung zu sehen, die nahe, intime, wie die breite, die öffentliche Ergänzung, kurz, das Echo allgemein, das das Ich sucht und findet.

Oft wird gesagt, daß hier der Partner zu erkennen ist. Das ist richtig, wichtiger ist aber, daß am Deszendent deutlich wird, welche Aufgabe das Ich am Du zu erfüllen hat. Welche Aufgabe das Ich (im Sinne von Sichaufgeben) erfüllen muß, um zum Partner zu kommen, um den Partner zu tragen. Aszendent und Deszendent und umgekehrt sind also nie zu trennen.

Der Deszendent allein wird im Grunde wie der Aszendent erkombiniert: Also das Zeichen wird angesehen, der Deszendent oder der Du-Herrscher, also der Planet, der im Abschnitt, in dem der Deszendent liegt, seine verwandte Kraft findet, und schließlich – nach der Sektorentheorie – der Sektor, in dem der Deszendent liegt. Dazu ein Beispiel.

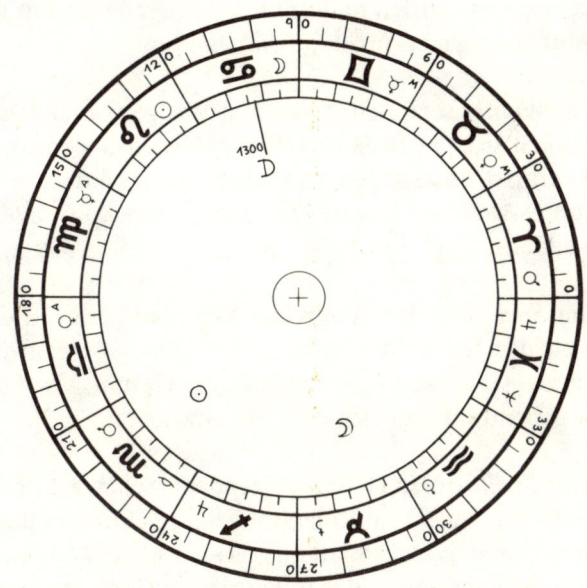

Deszendent auf 13 Grad Krebs. Dem Abschnittszeichen nach sucht der Horoskopeigner ein hingebendes, schöpferisches Du. Er selbst wird sich dem Partner mütterlich umarmend zeigen müssen, wird sich unterordnen. Das ist für den Lebenskern, da Sonne in Skorpion steht, nicht so leicht, denn dieser Lebenskern ist vom Selbsterhaltungsprinzip besessen.

199

Der Deszendent-Herrscher Mond steht dazu im Zeichen Steinbock, ist also saturnisch, so daß die Hingabe an den Partner wohl voller Ernst, aber auch erst spröde oder gar karg sein wird. Der Partner wird sich dauernd geprüft sehen, da wird der Horoskopeigner sein seelisches Ich (Mond steht im ersten Haus) wohl mit aufgeben müssen.

Nach der Sektorentheorie steht der Deszendentgrad dazu noch im Sektorenabschnitt Jungfrau, was die Aufgabe sicher erleichtert, weil ja der Merkur-Abschnitt Jungfrau Ordnung und Pflichtgefühl und auch erdhafte Treue mit versinnbildlicht.

Also, der Deszendent wird im Grunde wie der Aszendent beurteilt, wobei die Aussage des Deszendent – nämlich als Du-Punkt – stets berücksichtigt werden muß. Für die Aufgabe am Du hier nun einige Richtungsangaben für die Kombination.

Deszendent *Widder* setzt den Aszendent Waage voraus. Das heißt, so sehr das Ich sich im Rollenspiel der Umwelt allgemein verbindend und verbindlich zeigt, so persönlich, mutig, individuell ausgerichtet muß es sich dem engen Du, dem Partner, mit aller Vehemenz zuwenden.

Deszendent *Stier* setzt den Aszendent Skorpion voraus. Das heißt, so sehr sich das Ich im Rollenspiel der Umwelt eigenwillig und exzentrisch zeigt, so fest und mit geduldigem Gefühl, Vertrauen und Sicherheit gebend muß es sich dem Du zuwenden.

Deszendent *Zwillinge* setzt den Aszendent Schütze voraus. Das heißt, so sehr sich das Ich im Rollenspiel in der Umwelt führend und missionierend zeigt, so sehr muß sich das Ich sprechend, kontaktsuchend, persönlich, verstehend dem Partner im Gespräch zuwenden.

Deszendent *Krebs* setzt den Aszendent Steinbock voraus. Das heißt, so sehr das Ich sich im Rollenspiel in der Umwelt fleißig, ehrgeizig und karg, gemessen, ja beschränkend zeigt, so aufopfernd, hingebend und schöpferisch, empfängnisbereit und hinneigend muß sich das Ich dem Du zuwenden.

200

Deszendent *Löwe* setzt den Aszendent Wassermann voraus. Das heißt, so sehr sich das Ich im Rollenspiel der Umwelt von der ideenreichen, reformfreudigen Seite zeigt, so sehr muß sich das Ich mit ganzer Strahlkraft, mit echter Autorität achtungsvoll und voller Bereitschaft dem Du zuwenden.

Deszendent *Jungfrau* setzt den Aszendent Fische voraus. Das heißt, so sehr sich das Ich im Rollenspiel der Umwelt hingebend, zerfließend, zärtlichkeitsbetont zeigt, so sehr muß es sich beständig, zuverlässig, pflichtbewußt und anpackend, mitarbeitend dem Du zuwenden.

Deszendent *Waage* setzt den Aszendent Widder voraus. Das heißt, so sehr sich das Ich im Rollenspiel der Umwelt kämpferisch, egozentrisch, aufbrechend zeigt, so verbindend, verständnisvoll, die Mitte und das Gleichgewicht suchend, muß es sich liebevoll dem Partner zuwenden.

Deszendent *Skorpion* setzt den Aszendent Stier voraus. Das heißt, so sehr sich das Ich im Rollenspiel der Umwelt persönlich, lebensabsichernd und erdhaft gebunden zeigt, so sehr muß es sich individuell, leidenschaftlich, kraftvoll und stark engagiert dem Partner zuwenden.

Deszendent *Schütze* setzt den Aszendent Zwillinge voraus. Das heißt, so sehr sich das Ich im Rollenspiel der Umwelt kontaktfreudig, neugierig, wach, redend und überall dabeisein wollend zeigt, so geistig führend, lehrend und sich ganz entfaltend muß sich das Ich dem Partner zuwenden.

Deszendent *Steinbock* setzt den Aszendent Krebs voraus. Das heißt, so sehr sich das Ich im Rollenspiel der Umwelt empfangend, launisch, empfindsam und schöpferisch zeigt, so sehr muß es sich zuverlässig, ehrgeizig, irdisch ausgerichtet dem Partner in Treue zuwenden.

Deszendent *Wassermann* setzt den Aszendent Löwe voraus. Das heißt, so sehr sich das Ich im Rollenspiel der Umwelt stolz und autoritär, delegierend und auch müßig zeigt, so originell, reformerisch, menschlich strebend und neue Wege sichernd muß sich das Ich dem Du zuwenden.

Deszendent *Fische* setzt dem Aszendent Jungfrau voraus. Das heißt, so sehr sich das Ich im Rollenspiel der Umwelt zuverlässig, zupackend, alltagsbewältigend, ordnungsliebend zeigt, so hingebend, aufopfernd, voll Zärtlichkeit und liebevoll musisch muß sich das Ich dem Du zuwenden.

Planeten am Deszendent

Nun muß natürlich auch hier darauf hingewiesen werden, daß ein Planet, nahe am Deszendent stehend, die Aussagen verändert oder differenziert. Auch hier ist der Orbis sehr knapp zu halten. Fünf Grad, wenn der Planet noch im siebenten Haus steht, vier Grad, wenn der Planet im sechsten Haus steht. Hier wird dann angezeigt, wie die Planetenkraft, die durch den Planet symbolisiert wird, das Du-Verhältnis bestimmt.

Steht die *Sonne* am Deszendent, ist die Hinwendung zum Du sehr vom Lebenskern her bestimmt, sehr anspruchsvoll, fordernd, aber sich hingebend.

Steht der *Mond* am Deszendent, ist die Hinwendung zum Du sehr seelisch, sehr launisch, sehr gemütvoll, sehr vom Unbewußten angeregt.

Steht *Merkur* am Deszendent, ist die Hinwendung zum Du sehr vom Wort, von dem aktuellen Handeln bestimmt, oft neugierig und schnell kontaktsuchend.

Steht *Venus* am Deszendent, ist die Hinwendung zum Du sehr empfindsam, gefühlvoll, sehr musisch, erotisch, sehr sinnesbereit, liebend.

Steht *Mars* am Deszendent, ist die Hinwendung zum Du sehr stürmisch, triebvoll, energiegeladen, wollend, rücksichtslos, angreifend.

Steht *Jupiter* am Deszendent, ist die Hinwendung zum Du sehr führend, verständisvoll, fördernd, großzügig, ausschweifend, genußvoll.

Steht *Saturn* am Deszendent, ist die Hinwendung zum Du eher maßvoll, sehr abwartend, sehr treu, von Reife und Verantwortung getragen.

Steht *Uranus* am Deszendent, ist die Hinwendung zum Du sehr originell, mutig, neuartige Wege gehend, überraschend, sprunghaft, oft unerklärlich.

Steht *Neptun* am Deszendent, ist die Hinwendung zum Du sehr instinktiv, ja animalisch, mehr ahnend, Nestwärme suchend, feinfühlig.

Steht *Pluto* am Deszendent, ist die Hinwendung zum Du sehr machtvoll, sehr durchsetzend, fordernd, gewaltsam, kraftvoll, besitzergreifend.

Himmelsmitte

Die Himmelsmitte, das Medium Coeli, MC oder M, zeigt den inneren Zielpunkt, die geheimen Lebensvorstellungen, die Berufung an. Um es immer wieder zu sagen: Berufung muß nichts mit dem Beruf zu tun haben. Das MC oder M kann in die Häuser 12 – 11 – X – 9 – 8 fallen, wenigstens in unseren Breitengraden, nördlich des 66. Breitengrades bis zum Pol hin sogar ins erste oder siebente Haus.

Entscheidend ist natürlich zunächst, in welchen Tierkreisabschnitt das MC fällt. Auch hier sollte der am Horoskop Arbeitende sich der einfachsten Kombinationsregel bedienen.

Was bedeutet es, wenn das MC …

… in den Abschnitt Widder fällt?

Widder ist das aufbrechende Frühlingszeichen, das kämpferisch den Winter besiegend das neue Leben schafft. Fällt nun in diesen Widder-Abschnitt das MC, der Berufungspunkt, das Lebensziel des Horoskopeigners, dann ist doch zu folgern, daß sich der Horoskopeigner kämpferisch, das Neue suchend, durchsetzen will, daß er seine Berufung im revolutionären Aufbruch sucht. Diese Berufung heißt Kampf, um Neues zu schaffen, um dem Neuen an und für sich eine Chance zu geben. Das Alte soll weichen – auf Biegen und Brechen.

… in den Abschnitt Stier fällt?

Stier ist das Bewahrende, das das Neue stabilisiert, materiell absichert, es auch versichert, damit in Ruhe unter realen Voraussetzungen Wachstum gefördert werden kann. Fällt nun das MC in diesen Stier-Abschnitt, damit der Berufungspunkt, dann ist doch zu folgern, daß der Horoskopeigner die Absicherung will, um Dauerndes zu schaffen, die Lebenssicherung auf dieser Erde, um von hier seinen Zielvorstellungen nachzugehen. Eventuell Forschung auf gesicherter, meist traditioneller Basis.

… in den Abschnitt Zwillinge fällt?

Zwillinge ist das Kontaktsuchende, das Kontaktschaffende, um zur allgemeinen Verständigung zu kommen. Mehr als Erkennen, denn damit allein geht es nicht. Fällt nun das MC in diesen Zwillinge-Abschnitt, damit der Berufungspunkt, dann ist daraus zu folgern, daß der Horoskopeigner sich über Verbindungen bemerkbar machen will. Er möchte etwas verkünden, etwa auf journalistischer Ebene, will Menschen zusammenführen, sieht seine Berufung in einer vermittelnden Gemeinde, in einem Gemeinwesen.

… in den Abschnitt Krebs fällt?

Krebs ist das Schöpferische, das aus der Empfängnis gebärt. Das Urseelische, die Urschöpferkraft, die aus der Tiefe wachsen läßt.

Fällt nun das MC in diesen Krebsabschnitt, damit der Berufungspunkt, dann ist zu folgern, daß der Horoskopeigner seine Berufung im Schöpferischen sieht, daß er empfangen will, etwa Eindrücke, um diese zu verwerten, auszubauen. Die Vergangenheit im Rücken, will er das Neue in die Wege leiten. In der Hingabe da sein, das Archetypische verwerten.

... in den Abschnitt Löwe fällt?

Löwe ist das Herrschende, die Autorität, das Sonnenhafte, das Strahlende, das Zeugende. Die Mittelpunkt-Konzentration. Fällt nun das MC in diesen Löwe-Abschnitt, damit der Berufungspunkt, dann ist zu folgern, daß der Horoskopeigner in seiner Mitte strahlen will, den Thron will er einnehmen, um zeugend zu wirken. Eine innere Autorität wird angestrebt, Kraft soll verschwendet, Führung sichtbar gemacht werden. Das Leben ist voll auszuschöpfen, weil es so viel bietet, damit es ewig in uns – um uns – nach uns lebt.

... in den Abschnitt Jungfrau fällt?

Jungfrau ist das Erntende, das Vorsorgende, die praktische Vorbereitung auf den Herbst und den Winter. Erste Bilanz wird gezogen, ordentlich, fleißig wird das Tagewerk vollendet. Fällt nun das MC in diesen Jungfrau-Abschnitt, damit der Berufungspunkt, dann ist zu folgern, daß der Horoskopeigner seine Berufung im Ernten sieht, in der Pflichterfüllung, in der Vorbereitung, in der Verläßlichkeit. Auch wenn alles zu Ende zu gehen scheint, hier sagt die Berufung: sich weiter bemühen, oder gibt es einen anderen Weg? Das Leben dauert fort, also immer wieder Bäume pflanzen.

... in den Abschnitt Waage fällt?

Waage heißt, die Gemeinschaft suchen, den Partner annehmen, das Gleichgewicht, die Mitte finden, dabei auch neben der Pflicht das Musische wachsen lassen. Fällt nun das MC in diesen Waageabschnitt, damit der Berufungspunkt, dann ist zu folgern, daß der Horoskopeigner sich dem Gemeinsinn im Partner als Aufgabe zuwendet, aber auch dem Musischen, dem Künstlerischen. Das Lebensniveau soll gehoben werden, Ausgleich zwischen Wunsch und Pflicht wird als inneres Ziel angesehen. Die Bindung ist die Voraussetzung für das Weiterexistieren.

... in den Abschnitt Skorpion fällt?

Skorpion heißt den Selbsterhaltungstrieb stärken, hinter die Geheimnisse dieser Welt zu kommen, das Okkulte zu ergründen, die Grenzen im Wagnis zu überschreiten. Fällt nun das MC in diesen Skorpion-Abschnitt, damit der Berufungspunkt, dann heißt das, der Horoskopeigner will sich im Kampf überwinden, möchte in der leidenschaftlichen Hingabe die Grenzen der Möglichkeiten kennenlernen, um dem Dunklen zu trotzen. Er will also die Dunkelheit als Aufgabe annehmen, um andere sicher hindurchzuführen. Leidenschaftliches Hängen am Leben, aber kein Sichtreibenlassen – dies wird als Berufung angenommen, um sich aus den Niederungen zu erheben.

... in den Abschnitt Schütze fällt?

Schütze heißt, sich strebend in der Geistigkeit, der großen Lehre des Glaubens zu entwickeln. Den Blick nach oben gerichtet, die Ideale erkennend und ihnen folgend. Fällt nun das MC in diesen Schütze-Abschnitt, damit der Berufungspunkt, dann heißt das, daß der Horoskopeigner seine Berufung in der Horizonterweiterung in der Ferne sieht, in der Dichtung, in dem, was Menschen erhebt, was ihnen die Augen öffnet, was sie erfüllt und vom Materiellen wegführt – wofür es sich zu leben lohnt. Die Menschen also zu führen, zu lenken.

... in den Abschnitt Steinbock fällt?

Steinbock heißt, vom tiefsten Punkt, aus der Dunkelheit aufzusteigen, sich zu erheben, den drohenden Felsen zu erkennen, den man besteigen will, selbst auf die Gefahr der Einsamkeit in der Höhe. Fällt nun das MC in diesen Steinbock-Abschnitt, damit der Berufungspunkt, dann heißt dies, daß der Horoskopeigner seine Berufung im stillen, zähen Ehrgeiz sieht, auf dieser Erde, aus der er gekommen ist, etwas für sich zu machen. Kein Turm, kein Fels ist hoch genug, um abzuschrecken, nicht das Unwirkliche wird anvisiert, sondern das, was auf dieser Erde real erobert werden soll. Unbändig wird dann diese Herausforderung angenommen. Die Berufung, die die Erde praktisch umgestaltet.

... in den Abschnitt Wassermann fällt?

Wassermann heißt, das Neue wollen, das Menschliche. Reformen schaffen, sich in den Himmel erheben, weil die Erde nur ein kleiner Teil des Alls ist. Fällt nun das MC in diesem Wassermann-Abschnitt, damit der Berufungspunkt, dann heißt dies, daß der Horoskopeigner sich aufschwingen will, eigentlich ein Engel (wenn auch mit Fehlern) sein möchte. Dazu gehört soziales Gewissen: den anderen anerkennen, ihn im Team aufnehmen, Freude schaffen, sich mit Gleichgesinnten zusammentun.

... in den Abschnitt Fische fällt?

Fische heißt, sich hingeben, sich der höheren Fügung überlassen, büßen, was fehlgegangen ist. Bilanz ziehen, sich ausliefern, Kraft zum Ende und damit zum Neuen zu sammeln, das an die Tür klopft. Fällt nun das MC in diesen Fische-Abschnitt, damit der Berufungspunkt, dann heißt dies, daß der Horoskopeigner sich gläubig hingeben will, sich dem Schicksal überlassen möchte, das er mehr oder weniger gut gemeistert hat. Er will sich in die Mission einbetten, will glauben, helfen, will seine Kräfte in den Dienst anderer stellen, will einen Boden schaffen, ihn befruchten, damit neues Leben wächst.

So in etwa kann man kombinieren. Natürlich ist hier auch der Sonnenstand mit einzubeziehen, aber er ist viel weniger gravierend als beim Aszendent. Hier wird keine Rolle gespielt, hier geht es um die Berufung, die oft nur der Horoskopeigner selbst kennt, deswegen spricht man hier auch von dem letzten Geheimnis, das jeder für sich behält, das endlich auch das Horoskop nicht offenbart. Das MC ist das Ziel – wer erreicht das schon, und zwar innerlich und äußerlich, aber solange man sich nicht aufgibt, nicht resigniert, bleibt das Streben in diese Richtung.

Diese Richtung kann nun natürlich noch differenziert werden, weil das MC sogar auf die Bogenminute genau bestimmt werden kann, obwohl Abrundungen auf ein Grad genügen. Auch hier sei wieder darauf hingewiesen, daß die Zeichen zu grob gesehen sind, daher ist es gut, auch hier die Sektorentheorie anzuwenden. Immerhin wird damit ein Abschnitt in zwölf Teile zu je 2 1/2 Grad differenziert.

Fällt das MC auf 10 Grad Stier, dann kommt zu der Sicherungsberufung, oder zu der Berufung für eine Lebenssicherung, noch ein Krebsaspekt hinzu, eine Krebsfärbung. Die Sicherung in der Berufung wird also deswegen angestrebt, um schöpferisch in Ruhe arbeiten zu können. Fällt das MC etwa auf 22 Grad Fische, dann kommt zu der Hingabe in der Berufung noch eine Schützefärbung hinzu, also ein Missions- und Glaubensrang, eine Jupiterfärbung. Fällt etwa das MC auf 2 Grad Löwe, dann wird hier die Löwedurchsetzung für die Berufung noch durch eine kämpferische Widderfärbung potenziert.

Diese Differenzierungen geben sehr eindrucksvolle Auskünfte, allerdings muß das MC sehr genau berechnet sein, das ist meist erst nach längerem Arbeiten an einem Horoskop möglich, um die Uhrzeit zu kontrollieren. Oder umgekehrt: wenn man einen Horoskopeigner gut zu kennen glaubt, kann man durch diese Sektorentheorie seine Uhrzeit recht genau feststellen, da das MC je vier Minuten um ein Grad vorrückt.

Nun aber noch ein weiterer Aspekt des MC, der allerdings nur für unsere Breiten, also etwa vom 35. bis zum 66. Breitengrad akut ist. Es ist die Tatsache, ob das MC ins achte bis ins zwölfte Haus fällt.

Fällt das MC ...

... ins *achte* Haus, dann ist die Richtung der Berufung in die grenzüberschreitenden Gebiete zu sehen, dann spielt der Tod, das Leben danach eventuell eine große Rolle. Die Parapsychologie kann hier den Horoskopeigner fesseln, auch als Anti-Eiferer. Aber der Horoskopeigner wird sich immer wieder mit okkulten Fragen auseinandersetzen müssen. Er kommt sein Leben lang davon nicht los.

208

... ins *neunte* Haus, dann hat die Berufung etwas Ideelles an sich. Es geht um die echte Horizonterweiterung. Die Berufung liegt meist weit weg vom Beruf, führt in völlig neue Gebiete. Da werden ferne Punkte (auch zurück, etwa in die Archäologie usw.) anvisiert. Man spürt seltsame Magnete, die einen vom Alltag wegziehen.

... ins *zehnte* Haus, dann liegt die Berufung meist schon in der Berufswelt. Dann wird als Berufung angesehen, sich in der Außenwelt erfolgreich darzustellen, der Erste zu sein, etwas zu gelten. Die Selbstbestätigung ist dann echte Berufung, auch das Vorbildseinwollen.

... ins *elfte* Haus, dann wird die Berufung im sozialen Bereich gesucht. Die Gesellschaft spielt eine große Rolle. Das Soziale im besten Sinn, die Gemeinschaft faszinieren den Horoskopeigner. Es geht um die Gerechtigkeit in der Gesellschaft, aber auch um die Teamabhebung von der Masse. Etwas Lehrhaftes liegt hier auch in der Berufung, da der Gemeinschaftsgedanke durchgepaukt wird.

... ins *zwölfte* Haus, dann wird die Berufung wohl mehr in der Abgeschlossenheit gesucht. In der Klosterzelle, das heißt, in der Besinnung und Konzentrierung. Dann geht es um die stillen, philosophischen Gedanken, die nur in einer Abgeschlossenheit erblühen können. Innere Bescheidenheit ist hier echte innere Aufgabe.

Nun wird wohl klar, daß die Berufungsrichtungen – durch die Häuser angezeigt – mit der Grundtendenz, angezeigt durch die Abschnitte des Tierkreises, kombiniert werden müssen. Dazu einige Anregungen.

Liegt etwa das MC im Abschnitt Stier und im neunten Haus, dann wird der Horoskopeigner seine Ideen, das Ideelle suchen und bewahren wollen. Dann wird er also der Grundidee einer Sache nachjagen. Dabei wird auch das Gewesene ideell behütet werden, wenn auch im Hinblick auf die Horizonterweiterung.

Liegt etwa das MC im Abschnitt Jungfrau und im zwölften Haus, dann wird der Horoskopeigner mit einer ungeheuren Arbeitsenergie seine Abgeschlossenheit ausfüllen, dann werden in der Stille Werke entstehen, die dauernden Bestand haben (zumindest wird dies anvisiert).

Liegt das MC im Abschnitt Schütze und im elften Haus, dann wird das soziale Interesse mit innersten Idealen erfüllt, dann wird hier eine gutgemeinte Belehrung und Bekenntnisüberzeugung zu erwarten sein. Jeder soll sein Heil in dieser Welt finden.

Würde das MC im Abschnitt Skorpion und im zehnten Haus liegen, dann ist hier eine Berufung zu sehen, die sich im Beruf, in der Außenwelt ungewöhnlich individuell selbst behaupten will.

So in etwa muß der Horoskopeigner, seine eigene Kombinationsgabe schulend, vorgehen. Es wird dann interessant sein, alle drei Elemente – nämlich die des Sonnenstandes, des Aszendent und des MC – miteinander in Verbindung zu bringen.

Liegt etwa das MC im Abschnitt Fische im neunten Haus, der Aszendent in Krebs und die Sonne in Zwillinge, dann wird ein wissensdurstiger Lebenskern sich der Umwelt empfindsam aber schöpferisch stellen, die innere Berufung wird voll ideeller Hingabe sein. Da wird vielleicht etwas zuviel angestrebt, was der Umwelt und der Außenwelt zu verschwommen erscheint.

Oder liegt der Aszendent Anfang des Abschnitts Steinbock, das MC im Abschnitt Skorpion und im elften Haus, die Sonne steht jedoch im Zeichen Löwe, dann ist zu erwarten, daß der innere Lebenskernanspruch voller Autorität mit Zähigkeit in der Umwelt durchgesetzt wird, daß darüber hinaus die sehr selbstbewußte Berufung sich sozial und sehr persönlich individuell mit Leidenschaft auswirkt.

Planeten am MC

Nun muß natürlich auch beachtet werden, ob ein Gestirn beim MC steht. Dann wird die Berufung verstärkt, und auch ein neuer Hinweis für die Durchsetzungskraft ist damit angezeigt.

Sonne am MC; Berufung kommt aus dem Lebenskern, wird durch das Ich unterstützt, das Ego ist ganz in die Aufgabe eingebunden.

Mond am MC; Berufung kommt aus der Tiefe, ist seelisch fest im Unterbewußtsein verankert. Das ist schwer zu fassen, weil es oft dem Horoskopeigner erst bewußtgemacht werden muß. So wird vielleicht eine innere Unruhe erklärt, irgend etwas zu unternehmen. Diese Berufung ist wesentlich für den Zustand des Grundgefühls des Horoskopeigners, ob nämlich der Berufung nachgegangen wird oder nicht, und wie weit diese ausgefüllt werden kann!

Merkur am MC; Das ganze Denken und Handeln wird auf die Berufung ausgerichtet. Dann liegt hier der handelnde Mittelpunkt des Horoskopeigners.

Venus am MC; Berufung ist sehr vom Empfinden her bestimmt. Meist ist diese Berufung dann musisch, sehr gefühlvoll, sehr weiblich.

Mars am MC; Berufung ist sehr triebmäßig engagiert und ausgerichtet. Der Wille wird zur unbedingten Berufungsbasis, was Verhandlungen erschwert, was das Eingehen auf Kompromisse fast unmöglich macht. Hier ist dann meist zuviel persönlicher Ehrgeiz bei der Berufungsmission im Spiel.

Jupiter nahe dem MC; Berufung ist von echter Mission erfüllt (wenn wir die Aspekte, die Jupiter zu anderen Planeten haben kann, noch nicht berücksichtigen). Aber Jupiter bedeutet echte Entfaltungssehnsucht. Berufung im Sinn einer Weisheitsgerechtigkeit.

Saturn am MC: Berufung baut sehr auf der Erfahrung, auf der Eigenprüfung auf. Die Berufung in einem wird auch als Prüfung an sich selbst verstanden. So ist hier die Berufung fast schon in der Bewahrung der Tradition zu sehen.

Uranus am MC: Berufung erfolgt aus der Intuition, aus den plötzlichen, reformerischen Ideen, aus den Einsichten, die nicht nur vom denkenden Geist erfaßt werden können. Hier weist die Berufungsidee meist auch neue Wege auf, zeigt auf schwierige Durchsetzung hin.

Neptun in der Nähe des MC: Berufung ist sehr inspirativ. Dann spielt der Instinkt eine große Rolle. Oft steigt dann die Berufung aus der Animalität auf. Instinktive Sehnsucht ist hier zu spüren. Diese Berufung ist dann naturgemäß etwas verschwommen, es werden Wachträume als Berufungsideen angesehen, was zu einer Täuschung, vor allem zu einer Selbsttäuschung führen kann.

Pluto am MC oder in dessen Nähe: Es geht um die Durchsetzung, auch um die Durchsetzung der Berufung. Hier wird oft eine Idee mit Macht durchgekämpft, und etwas Explosives liegt eigentlich immer in der Luft!

Zu ergänzen wäre noch, daß neben den Planeten, die am MC stehen, und die ja dann die höchststehenden Planeten sind, nun auch – steht kein Planet nahe genug (bis auf vier Grad) am MC – der Planet stellvertretend zu betrachten ist, der im Gesamthoroskop als höchststehender Planet anzusehen ist. Natürlich ist dieser Planet dann nicht so eng in die Berufungsrichtung und -kraft einzubeziehen, aber er ist mit zu betrachten. Entweder nähert er sich ja von der Tagesbewegung der Rotation der Erde dem MC oder hat es gerade überschritten. So wirkt von der Anschauung her natürlich der höchste Planet hier schon mit.

Schließlich sind natürlich immer auch die Aspekte des Planeten am MC beziehungsweise des höchststehenden Planeten mit zu berücksichtigen, um zu einer differenzierten und zu keiner verallgemeinernden Aussage zu kommen. Da geht es also wieder – oder wie immer – um die Eigenkombination, um aus wenigen Faktoren, wie Abschnitten, Planeten, Häusern und fünf Hauptaspekten die wesentlichen Aussagen machen zu können. Rechnet man nun noch Aszendent und Deszendent – Himmelsmitte und Himmelstiefe – hinzu, dann hat man bereits zahlreiche Punkte, die, miteinander kombiniert, eigentlich nie ganz auszudeuten sind.

Daher beschränke sich bitte zumindest der Anfänger erst auf diese wesentlichen Aussagemöglichkeiten. Das Wichtigste bleibt, den Anstoß für die eigene Kombination zu finden, die ja gar nicht so kompliziert ist, wenn nur die innere Logik der Kombination beherzigt wird.

Etwas stiefmütterlicher werden oft in den Lehrbüchern die Hinweise für die Himmelstiefe behandelt. Sicher ist auch das MC entscheidender als das IC, doch wollen wir uns nun trotzdem der Himmelstiefe, dem Imum Coeli, dem IC zuwenden.

Himmelstiefe

Die Himmelstiefe oder das Imum Coeli = IC zeigt nicht (nur), wie oft geschrieben, das Elternhaus an. Die Himmelstiefe ist umfassender zu sehen. Hier ist der Standpunkt der Kollektiverfahrungen zu suchen, das Verhaftetsein im Archetypischen. Er ist der eigentliche Startpunkt. Sicher sieht man hier auch den Elternteil mit dem stärksten unbewußten Einfluß (wenn man die Horoskope der Eltern kennt), aber vor allem ist hier der Ausgangspunkt des Unbewußten zu sehen. Auch hier wird bei den meisten Häusersystemen, außer der äqualen Manier der 30-Grad-Häuser, das IC mit der Spitze des vierten Hauses zusammengelegt, was ja im Grunde nie so gesagt werden kann.

Gerade das mögliche Wandern des IC bei den 30-Grad-Häusern ergibt ja die verschiedensten Möglichkeiten, um den Startpunkt differenzierter zu sehen. Denn der wahre Startpunkt kann triebbeeinflußt sein (fünftes Haus), er kann kontaktgeschädigt oder kommunikationsfördernd sein (drittes Haus). Er kann wirklich im elterlichen Heim seinen größten Einfluß gewonnen haben (viertes Haus). Entscheidend ist, in welchen Tierkreisabschnitt das IC fällt.

Liegt also das ...

... IC im Abschnitt *Widder*, dann lag der Startpunkt sicher in einer aufbrechenden Atmosphäre. Der Horoskopeigner bricht hier eruptiv ins Leben, sich meist schnell über seine Startbedingungen erheben wollend.

... IC im Abschnitt *Stier*, dann lag der Startpunkt meist in einem (auch nur äußerlich) umfriedeten Heim. Von früh an wurden dem Horoskopeigner die Notwendigkeiten des Gesichertseins eingeprägt, um nicht zu sagen, eingebläut.

... IC im Abschnitt *Zwillinge*, dann lag der Startpunkt in einer kontaktfrohen, wissensdurstigen Umgebung. Von Anfang an war Neugierde geweckt, eine Aufgeschlossenheit zu spüren.

... IC im Abschnitt *Krebs*, dann ist der Startpunkt stark aus der Tiefe schöpferisch. Dieser Horoskopeigner trinkt aus dem Urquell, er ist früh echt befruchtet worden, hat tiefe Eindrücke und Erfahrungen mitbekommen.

... IC im Abschnitt *Löwe*, dann war der Startpunkt kreativ, vielleicht auch autoritär beeinflußt. Ehrgeiz vom Elternhaus (im größeren Sinn). Starke innere Kraft, nach oben zu wollen.

... IC im Abschnitt *Jungfrau*, dann ist der Startpunkt stark von der Realität, der Pflichterfüllung, der Ordnung geprägt worden. Der Horoskopeigner kann dies auch sehr als Last empfinden, zumal ihn hier einst zuviel Nüchternheit umgab.

... IC im Abschnitt *Waage*, dann kam der Startpunkt etwa aus dem musischen Bereich, die Umgebung war auf den Ausgleich bedacht (auch im scheinheiligen Sinn), Diplomatie und auch Intrigen können Einflüsse auf den Horoskopeigner gehabt haben.

214

... IC im Abschnitt *Skorpion,* dann hat der Horoskopeigner von Anfang an einen Selbstbehauptungswillen mitbekommen, sein Startpunkt kommt aus einer sehr individuellen, oft eigentümlichen Umgebung. Starker Ansporn von der Mutter.

... IC im Abschnitt *Schütze,* dann kam der Startpunkt aus einer Umgebung voller Ideale (auch der falschen). Von Kind an begleitete den Horoskopeigner etwas Lehrhaftes. Frühe Festnagelung auf hochgesteckte Forderungen, auf Glaubensrichtungen.

... IC im Abschnitt *Steinbock,* dann kam der Startpunkt aus einer ehrgeizigen Umgebung. Fleiß und stilles Emporkommen wurde dem Horoskopeigner mitgegeben, aber auch ein Sinn für Sparsamkeit und Genügsamkeit.

... IC im Abschnitt *Wassermann,* dann hat den Startpunkt eine unruhige Umgebung geprägt, von Kindheit an kennt der Horoskopeigner das Herumexperimentieren, die stetige Suche nach neuen Wegen, dieses immer wieder Aufbrechenwollen. Etwas von Wanderatmosphäre.

... IC im Abschnitt *Fische,* dann kam der Startpunkt aus einer hingebenden, zärtlichkeitsbedürftigen, oft aufopfernden aber auch zerfließenden Atmosphäre und Umgebung. Ein schwerer Startpunkt, von dem sich der Horoskopeigner so leicht nicht wird lösen können.

Gerade am Beispiel IC im Abschnitt Fische wird aber deutlich, wie gegensätzlich IC und MC sind. Dem Horoskopeigner fällt das sich Lösen aus den geborgenen Gegebenheiten recht schwer, aber das Fleiß anzeigende MC Jungfrau reißt ihn da heraus. (Goethe)
Auch hier wäre die Sektorentheorie zu beachten. Außerdem fällt das IC in verschiedene Häuser.

Fällt das IC ...

... ins *zweite* Haus, dann spielten sicher materielle Erfahrungen für den Start des Lebenswegs eine große Rolle.

... ins *dritte* Haus, dann spielten sicher Machtauseinandersetzungen mit Geschwistern, im Internat oder in der Nachbarschaft sowie Kommunikationsvoraussetzungen eine große Rolle für das Leben.

... ins *vierte* Haus, dann spielten sicher Erfahrungen in der Heimbeziehung (auch zu den Eltern) eine starke Rolle (etwa IC im vierten Haus und im Abschnitt Löwe eine eventuelle autoritäre Erziehung).

... ins *fünfte* Haus, dann spielten sicher auch früheste Trieberfahrungen eine Rolle für die Gestaltung des Lebensablaufs, aber auch kreative Anregungen von Jugend her (das sagen dann die Aspekte von Planeten zu den Punkten).

... ins *sechste* Haus, dann spielen sicher mühsame, belastende, auch gesundheitliche Früherfahrungen eine große Rolle für den Ablauf des Lebens.

Auch hier sind also – wie beim MC – Abschnitte, Häuser und IC miteinander zu kombinieren. Wenn Planeten nahe am IC stehen, sind auch diese einzubeziehen.

Planten am IC

Steht die *Sonne* am IC, dann hat der Lebenskern selbst frühe Erfahrungen gemacht, aus denen er sich erheben will.

Steht der *Mond* am IC, dann sind hier die unbewußten Erfahrungen für den Start ins Leben sehr entscheidend (oft eine Arbeit für den Psychologen).

216

Steht *Merkur* am IC, dann ist das Denken und Handeln von Früherfahrungen geprägt. Kindheitsreaktionen.

Steht *Venus* am IC, dann sind die Empfindungserfahrungen besonders brisant. Dann können diese Horoskopeigner aus ihrem Grundempfinden meist kaum herausfinden.

Steht *Mars* am IC, dann liegt der Wille in den empfangenen Ersterfahrungen, dann will sich der Trieb meist von der Herkunft lösen.

Steht *Jupiter* am IC, dann ist die Entfaltung fast immer von der Herkunft her so stark geprägt, daß Eigenentfaltung in dem Sinne nicht aufkommt (was auch kreativ zu sehen ist).

Steht *Saturn* am IC, dann wird sich der Horoskopeigner aus den tiefen Erfahrungsprägungen der Tradition kaum entfalten können. Dieser Startpunkt des Bewahrens bestimmt meist den Lebensablauf.

Steht *Uranus* am IC, dann wird der Horoskopeigner aus seiner Haut fahren wollen, aus seiner Herkunft intuitiv aufbrechen. Er katapultiert sich in die Höhe.

Steht *Neptun* am IC, dann wird der Instinkt aus der Tiefe den Lebensweg bestimmen. Immer wieder werden diese Horoskopeigner sich auf ihren Urinstinkt besinnen oder berufen (ob der gut oder weniger gut gelagert ist, entscheiden die Aspekte).

Steht *Pluto* am IC, dann wird sich die Explosionskraft aus der Herkunft, den kollektiven Grunderfahrungen her entwicklen. Dann bricht es in dem Horoskopeigner – oft krankhaft – aus oder auf.

Das Problem der Deutung stellen jedoch meist die Häuser dar, weil diese auch am differenziertesten zu sehen sind. Die Häuser oder Felder sind in der Horoskopausdeutung am schwierigsten zu handhaben. Das liegt vor allem daran, daß hier am meisten zu kombinieren und zu berücksichtigen ist.

Da ist einmal die Bedeutung und Aussage der Häuser. Dann die Grundrichtung, einschließlich der Planeten, die in den Häusern ihre verwandte Kraft finden. Es kommt die Färbung der Tierkreisabschnitte hinzu, mit den Planeten, die dort ihre verwandte Kraft finden. Und hier handelt es sich meist um zwei Abschnitte, die kombiniert werden müssen.

Weiter geht es um die Planeten, die in den Häusern stehen, und schließlich noch um die Planeten, die Aspekte auf die Häuserspitzen oder -anfänge werfen. Huber kennt dann noch in den Häusern den Invert- und den Talpunkt, und er läßt durch die Häuser den Alterspunkt wandern. Doch beschränken wir uns auf die unumgänglichen Aussagefaktoren, die wir zunächst der Reihe nach betrachten wollen.

Die Grundrichtung der Häuser
und der ihnen verwandten Planeten

Erinnern wir uns: Nach der Erfahrung »so unten, wie oben« hat man vor zirka 2000 Jahren auch das individuelle Horoskop, also das Horoskop, das durch die Drehung der Erde (Rotation) entsteht, in zwölf Teile unterteilt. Diese sogenannten Häuser, die man auch Felder nannte, als man fälschlich von Feldenergie-Einflüssen sprach, ordnete man den Abschnitten des Tierkreises unter. Während die Tierkreisabschnitte über die Grundanlagen Aussagen machen sollten, sollten bei den Häusern diese Grundanlagen auf die irdischen Interessensphären und Abläufe bezogen werden.

Danach entsprach das erste Haus dem Abschnitt Widder, wo also auch Mars seine verwandte Kraft findet, das zweite Haus dem Abschnitt Stier, wo also Venus zu Hause wäre, und so fort bis zum zwölften Haus, wo eben Neptun sich heimisch fühlen und bestimmend sein sollte.

218

Danach ist das *erste* Haus, da es um das nackte Ich geht, um die Grundkonstitution, als aufbrechend und marsisch zu bezeichnen.

Das *zweite* Haus, da es um das Materielle im weitesten Sinn geht, ist als bewahrend und venushaft zu bezeichnen.

Das *dritte* Haus, da es um Kommunikation geht, ist als kontaktaussagend und merkurisch zu bezeichnen.

Das *vierte* Haus, da es um die Herkunft im weitesten Sinn geht, ist als schöpferisch und mondhaft zu bezeichnen.

Das *fünfte* Haus, da es um die Kreativität geht, ist als zeugend und sonnenhaft zu bezeichnen.

Das *sechste* Haus, da es um die Kraft und Leistung geht, ist als vorsorgend und merkurisch zu bezeichnen.

Das *siebente* Haus, da es um das Du, die Ergänzung geht, ist als ausgleichsuchend und venushaft zu bezeichnen.

Das *achte* Haus, da es um die grenzüberschreitenden Dinge geht, ist als selbstbehauptend, marsisch und plutonisch zu bezeichnen.

Das *neunte* Haus, da es um die Horizonterweiterung geht, ist als erkenntnishaft und jupitermäßig zu bezeichnen.

Das *zehnte* Haus, da es um die Stellung in der Außenwelt und im Beruf geht, ist als ehrgeizig und saturnisch zu bezeichnen.

Das *elfte* Haus, da es um das Soziale geht, ist als umwälzend und uranisch zu bezeichnen.

Das *zwölfte* Haus, da es um die innere Bilanz geht, ist als hingebend und neptunisch zu bezeichnen.

Hier ist aber darauf hinzuweisen: wenn ein Planet in diesem oder jenen Haus steht, kann man nicht von einer kleinen Konjunktion mit dem Planeten, der hier seine verwandte Kraft findet, sprechen, wie das der Fall ist, wenn ein Planet in einem Tierkreisabschnitt steht. Nein, der Ausdeuter hat in diesem Fall danach zu sehen, wo und wie der Planet, der mit dem Haus von Natur aus verbunden ist, im Horoskop steht. Also:

Wer das *erste* Haus deutet, muß sehen, wo und wie *Mars* steht.

Wer das *zweite* Haus deutet, muß sehen, wo und wie *Venus* steht.

Wer das *dritte* Haus deutet, muß sehen, wo und wie *Merkur* steht.

Wer das *vierte* Haus deutet, muß sehen, wo und wie der *Mond* steht.

Wer das *fünfte* Haus deutet, muß sehen, wo und wie die *Sonne* steht.

Wer das *sechste* Haus deutet, muß sehen, wo und wie *Merkur* steht.

Wer das *siebente* Haus deutet, muß sehen, wo und wie *Venus* steht.

Wer das *achte* Haus deutet, muß sehen, wo und wie *Mars* und *Pluto* stehen.

Wer das *neunte* Haus deutet, muß sehen, wo und wie *Jupiter* steht.

Wer das *zehnte* Haus deutet, muß sehen, wo und wie *Saturn* steht.

Wer das *elfte* Haus deutet, muß sehen, wo und wie *Uranus* steht.

Wer das *zwölfte* Haus deutet, muß sehen, wo und wie *Neptun* steht.

So gilt es also bei jeder Deutung auch die Stellung des jeweiligen Planeten zu suchen. Steht etwa Neptun im Horoskop im vierten Haus, dann ist, betrachtet man das zwölfte Haus, das vierte Haus mit einzubeziehen. So zeigen diese Planeten also Verbindungen von Interessensphären an, die ja wichtig sind.

Steht etwa – bei Betrachtung des zehnten Hauses – Saturn im zweiten Haus, dann heißt dies, daß hier das Materielle eine große Bedeutung im Berufs- und Außenleben hat. Oder steht Jupiter bei Betrachtung des neunten Hauses im dritten Haus, dann wird man die Kommunikation in die Grundrichtung der Horizonterweiterung einbeziehen müssen.

Ein Beispiel für das *erste* Haus:

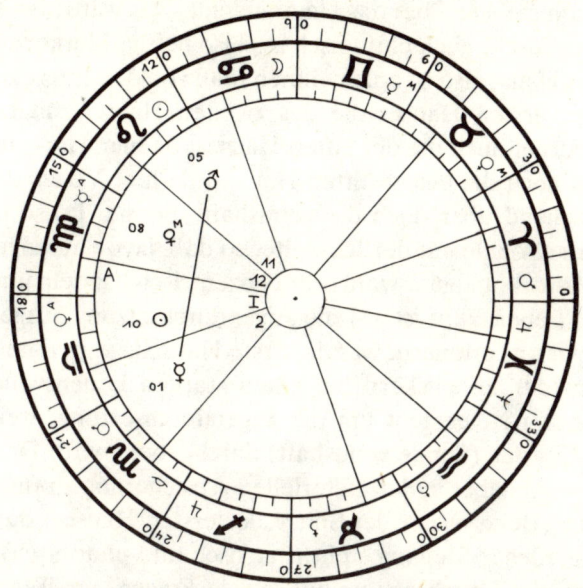

Es handelt sich um einen Horoskopauszug aus dem Geburtsbild eines Managers. Das erste Haus beginnt mit der Spitze des Aszendent bei abgerundet 20 Grad Jungfrau, wie auch die Planetenstände abgerundet wurden. Das erste Haus endet bei 20 Grad Waage. Damit haben auch die Planeten, die in diesem Tierkreiszeichen ihre verwandte Kraft finden, also Merkur und Venus, hier einen symbolischen Aussagewert. Ferner findet man die Sonne im ersten Haus, wenn auch mehr am Ende bei zirka 10 Grad Waage stehend. Die Sonne ist also venushaft gefärbt, womit Venus wieder an Bedeutung gewinnt.

Die Venus steht nun aber im Merkur-Zeichen Jungfrau, damit wird auch der Aussagewert des Merkur erhöht. Mit einzubeziehen in diese Betrachtung ist ferner der Mars, der ja im ersten Haus am entsprechendsten steht. Wo steht Mars? In feuriger Position auf 5 Grad Löwe. Bleibt noch zu sehen, wie und wo Merkur steht –

Merkur auf 1 Grad Skorpion, also in einem Mit-Marszeichen und im zweiten Haus.

Nun weiß man, daß der Planet, der die Spitze des Hauses beherrscht, am meisten über das Haus aussagt. Das wäre also Merkur, der sehr marsisch, auch plutonisch ist, also heftig. Merkur steht nun im zweiten Haus, also ist anzunehmen, daß von den Interessensrichtungen des ersten Hauses die des zweiten Hauses mit betroffen werden. Ferner auch die des elften Hauses, da hier Mars steht, und schließlich noch die des zwölften Hauses, da hier Venus steht.

Beherrschend aber doch die venushafte Sonne. Diese Planeten stehen nun also alle auf der Ich-Seite, so daß davon auszugehen ist, daß der Horoskopeigner wohl sehr egozentrisch handeln und fühlen wird, sein Lebenskern ist auf die Eigendurchsetzung ausgerichtet.

Wenn wir uns erinnern, was das erste Haus aussagt, dann müssen wir sagen: der Lebenskern hat einen starken Lebenswillen, sehr persönlicher Art, es geht um die Eigendurchsetzung, wenn diese auch mit Charme (Sonne venushaft) durchgeboxt wird. Das Hauptinteresse wird dabei in der materiellen Absicherung zu finden sein, da Merkur (Beherrscher der Spitze des ersten Hauses) da in heftiger, aufgeladener Stellung steht (marsisch und plutonisch). Kampf wird es bei der Durchsetzung um soziale Fragen, um Teamangelegenheiten geben, da wird sich der Horoskopeigner an die Spitze setzen wollen. Dieses sich Durchsetzenwollen könnte dann zur Gefühlsvereinsamung führen, da Venus, der zweite Mitherrscher des Hauses, da eingeschlossen (zwölftes Haus) wie in Einsamkeit steht. Dies alles wird noch unterstrichen durch das Quadrat von Merkur zu Mars, das zulaufend ist (Merkur ist schneller als Mars, läuft so auf den genauen Quadratpunkt zu).

So ist also zu sagen: Ein Manager, der sich mit dem ganzen Lebenskern ellbogenstark durchsetzen will, wobei Materielles und Soziales eine große, hemmende und explosive Rolle spielen, so daß das Empfinden, das Fühlen dabei wohl zu kurz kommt. Damit wird aber wohl auch der Lebenskern, der ja von der vereinsamten Venus mit gefärbt wird, beeinflußt, denn das erste Haus sagt auch etwas über die Konstitution des Geborenen aus. Charme und Liebeswürdigkeit ist einzusetzen, aber dies tritt wohl doch hinter dem Geschäftigen (Jungfrau an der Spitze) etwas zurück, wenn es ernst wird. Heftige Reaktionen, nicht immer soziales Denken bringen Probleme, weil alles zu materiell gesehen werden könnte.

Ein Beispiel für
das *zweite* Haus:

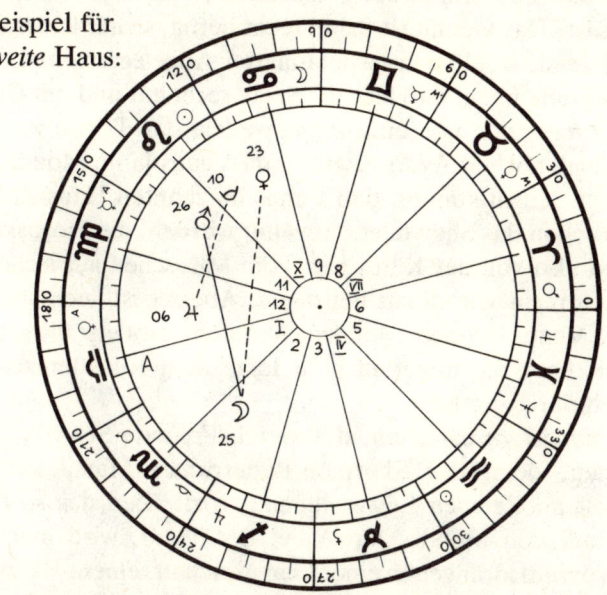

Es handelt sich um den Teil des Horoskops einer Sportlerin mit Show-Talent. Das zweite Haus beginnt auf 15 Grad Skorpion und endet bei 15 Grad Schütze. Damit haben hier die Planeten Mars und Pluto (in Skorpion) und Jupiter (Schütze) Aussagekraft, weil sie in diesen Zeichen ihre verwandte Kraft finden. Dann steht Mond in der Mitte – mehr zum Anfang hin – im zweiten Haus. Der Mond ist marsisch-plutonisch eingefärbt, also sicher ungeduldig, leidenschaftlich, kraftvoll im Seelenleben. Mit zu beachten ist Venus, da sie ja im zweiten Haus am entsprechendsten steht. Also: Mond – Mars – Pluto – Jupiter und Venus.

Venus steht nun auf 23 Grad Krebs und hat ein Trigon zu Mond auf 25 Grad Skorpion. Der aber hat ein Quadrat, und zwar ein genaues, zu Mars auf 26 Grad Löwe, weil er auf die Marsposition zuläuft, während er sich von der Trigon/Venus-Stellung bereits löst.

Jupiter auf 06 Grad Waage nun ist venushaft, was die Venus hier erhöht, und hat ein Sextil zu Pluto auf 10 Grad Löwe.

Ist dies alles betrachtet, geht es nun um die Grundfragen. Sicher ist wohl, daß das Unbewußte, die Seele, sehr mit der Materie verankert ist. Das Gemüt ist dabei recht heftig, sicher leidenschaftlich reagierend, wohl auch in pekuniären Angelegenheiten. Allerdings ist anzunehmen, daß hier die Seele recht gut und mit Charme mit dem Empfinden übereinstimmt, weil ja das Trigon zu Venus insofern doch noch an Wert gewinnt, da Venus ja im Mondzeichen Krebs steht. Hinzu kommt, daß Venus im zehnten Haus zu finden ist. Es ist schon das Showtalent erwähnt worden, die Horoskopeignerin wird also von der Kunst her, vom Musischen aus sicher zum Materiellen recht vorteilhaft beitragen. Aber es ist auch anders zu sehen: Da Venus in einem Mondzeichen steht, gibt erst die seelische Gewißheit über die materiell gute Lage dem Künstlerischen die Kraft, sich durchzusetzen.

Auch hier ist zu erwarten, daß durch Freunde Schwierigkeiten aufkommen, denn der Skorpion-Beherrscher Mars, selbst anspruchsvoll im Zeichen Löwe stehend, wirft eben das so direkte Quadrat auf den Mond. Der Wille, der Trieb, wird hier im zu starken Vorwärtsdrängen in einer Gemeinschaft, einem Verein oder Team Schwierigkeiten bringen, Ausgaben verursachen. Die Seele kommt in Krisen, die sich materiell auswirken können. Helfen wird da der venushafte Jupiter, der eine künstlerische Entfaltung wohl fördern kann, wenn auch aus der Stille, der Besinnung, dem Fleiß heraus (Jupiter im zwölften Haus). Immerhin fließt von dorther Durchsetzungskraft für den Beruf, denn das Sextil Jupiter aus zwölf zu Pluto in zehn zeigt dies an.

Alle diese Horoskop-Faktoren sind also für die Bewertung des zweiten Hauses anzusehen. Dann erst wird man sagen können:

Die Horoskopeignerin braucht seelische Ruhe, Gewißheit in materiellen Fragen, um sich unbeschwert und frei künstlerisch im Beruf entfalten zu können. Dann wird das Weibliche auch da, in der Show (Beruf ist bekannt) ausstrahlen. In der Stille muß fleißig an der Entfaltung gearbeitet werden, also Training ohne Showeffekte, was der Durchsetzungskraft gewaltige Macht verleiht.

Schwierigkeiten und innere Belastbarkeiten treten auf, wenn es aus dem Freundeskreis, aus der sozialen Gemeinschaft her, auch vom Trainer (Lehr-Raum) zu Konflikten mit dem Willen, dem Trieb kommt. Dies kann zu heftiges Engagement für oder wider einen Partner bedeuten, das die Seele belastet. Immerhin wird sich diese Frau in materiellen Fragen davor hüten müssen, aus dem Unbewußten zu heftig, zu energisch zu handeln, das bringt Schädigungen.

Damit zu einem Beispiel für das *dritte* Haus:

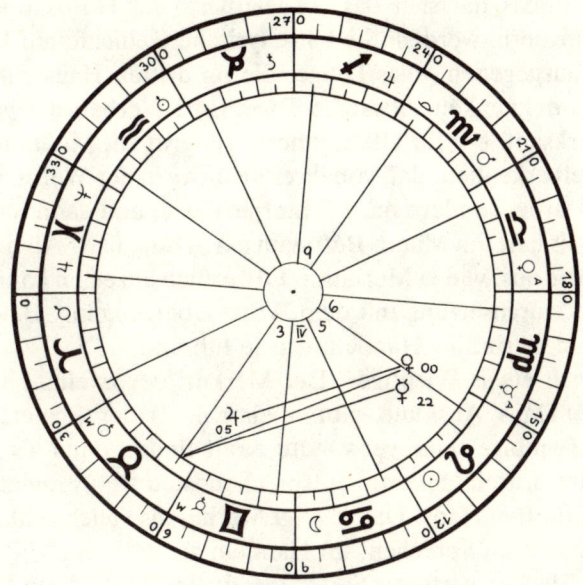

Aus dem Horoskop einer Werbeberaterin. Das dritte Haus beginnt auf 25 Grad Stier und reicht bis 25 Grad Zwillinge. Damit haben hier die Planeten Venus (Stier) und Merkur (Zwillinge) einen symbolischen Aussagewert, weil sie in diesem Abschnitt ihre verwandte Kraft finden. In dem Haus steht aber, mehr zum Anfang hin, Jupiter. In einem zulaufenden Quadrat zur Herrscherin der Häuserspitze, die ja immer sehr wichtig ist.
Mit betrachten müssen wir hier Merkur, der ja im dritten Haus

am entsprechendsten steht, und da Merkur über Zwillinge mit in Betracht gezogen wird, erhöht sich sein Aussagewert. Merkur steht auf 22 Grad Löwe, ist also autoritär und feurig.

Dieses Haus scheint recht leicht zu deuten zu sein! Jupiter in der Mitte des dritten Hauses ist sicher sehr gut, wenn man sich in der Kommunkation entfalten will. Für eine Werbeberaterin steht dieser Planet also günstig. Nur hat dieser Jupiter ein Quadrat zu Venus, die ja die Spitze dieses Hauses beherrscht, wie man so sagt. Also Gefühls/Empfindungshemmungen in der Entfaltung, die die Kommunikation betrifft.

In der Praxis hat sich das so geäußert: die Horoskopeignerin wollte Künstlerin werden. Sie hatte lyrische Gedichte mit Fotos als Buch herausgegeben, alles Dinge, die im dritten Haus zu ersehen sind. Aber es kam kein Absatz zu Tage. Eine Werbefirma wurde auf sie aufmerksam, bot ihr alle Chancen, sie griff zu. Mußte nun aber sehr schnell erkennen, daß von ihrer »Kunst« in der Werbung nichts verlangt wurde, sondern nur nüchterne Texte, und dann schließlich auch Arbeit hart am Mann. Befragungen, Tests, usw. All dies füllte sie großartig aus, wie ja Merkur in Löwe auch anzeigen kann. Echte autoritäre Durchsetzung mit dem Wort, Überzeugung. Bald wurde sie Bezirksleiterin, ihr Handeln wurde führend.

Und noch etwas Wichtiges. Der Merkur, der zweimal hier über das dritte Haus Auskunft gibt – einmal als der Planet, der im Zeichen Zwillinge seine verwandte Kraft findet, dann als der Planet, der im dritten Haus am entsprechendsten steht, findet sich im kreativen fünften Haus. Damit zeigt Merkur also auch echte Kreativität im Wort, im Sprechen, im Handeln an.

Dieser Merkur wirft zur Spitze des dritten Hauses ein Quadrat, was sicher Motorik, aber auch Entwicklungshemmungen anzeigt, während auch Venus zu ihrer Häuserspitze in Stier selbst ein Quadrat wirft. Hinzu kommt noch, daß Venus im sechsten Haus steht, also im Haus des Dienens, der Mühe, der Kraftvergabe, was das Quadrat zu Jupiter verstärkt.

Die Folge: alle Auflehnung gegen den Entzug der künstlerischen inneren Aufgaben im Job war fast ein Kampf gegen Windmühlen. Hier mußte die Horoskopeignerin ihre Gaben im irdischen Bereich erkennen. Von Venus nicht gehemmt, nicht belastet, setzte sich nach Beratungen die Horoskopeignerin in der Werbebranche blendend durch, ja konnte später sogar zum Rundfunk überwechseln, aber auch hier blieben ihr die künstlerischen Aussagen etwas versagt. Sie überarbeitete Texte, durfte auch sprechen, aber nicht die Sendungen machen, die sie als künstlerische Aufgabe ansah. Man sieht also (deshalb wurde hier etwas aus dem Leben der Horoskopeignerin geplaudert), wieviel im Grunde doch aus dem System mit den Häusern gesehen werden kann. Voraussetzung ist natürlich, daß der Berater den Ratsuchenden kennt, denn Blindhoroskope sind letztlich abzulehnen, oder man benötigt viele Hintergrundinformationen.

Beispiel für das *vierte* Haus:

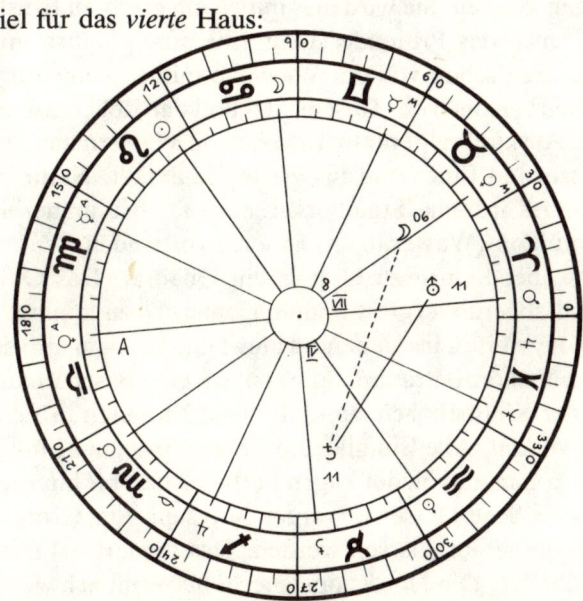

Hier handelt es sich um das Teilhoroskop einer Studiendirektorin. Das vierte Haus beginnt mit 05 Grad im Abschnitt Steinbock und reicht bis 05 Grad Wassermann. Die Planeten also, die Auskunft geben, sind Saturn, der in Steinbock seine verwandte Kraft findet, und Uranus, der sich in Wassermann am wohlsten fühlt. Saturn steht nun in dem Haus, das mit seinem Zeichen beginnt.

Uranus steht dagegen im siebenten Haus. Der Mond, der im vierten Haus am entsprechendsten steht, befindet sich in Stier Anfang des achten Hauses.

Der Saturn nun gibt im vierten Haus die Festigkeit, den Ernst. Das vierte Haus ist für die Herkunft wichtig, für Heim und Familie, schließlich auch für die Urerfahrungen. Das Seelische ist hier meist ausschlaggebend, man sagt auch oft, das Alter. Nun hat Saturn zum Mond ein zugehendes Trigon, weil der Mond auf die genaue Trigonstelle zuläuft. So wird also der Ernst, die Konzentration auf die seelischen Urerfahrungen sehr groß und beständig sein. Die Frau wird also Kollektiverfahrungen, gerade wenn sie Grenzfragen behandeln (Mond im achten Haus), ihren Schülern wohl sehr gut nahebringen können. Sie wird dies mit einem ererbten Ernst tun, sie wird aber auch das Prüfende (Lehrerin) durch Saturn im vierten Haus sozusagen schon von der Wiege an mitbekommen haben. So sind ihre Stärken auch der Geschichts- und der Religionsunterricht.

Weitere Auskunft gibt nun Uranus, da ja Wassermann auch noch mit seinen ersten fünf Grad ins vierte Haus fällt. Natürlich überwiegt hier das irdische Steinbock-Element, aber immerhin – die geistige Intuition (Wassermann) ist auch vorhanden.

Nun hat aber Saturn zu Uranus ein Quadrat. Das Quadrat ist (wenn auch abgerundet) fast minutengenau. Dazu kommt, daß das Quadrat vom vierten ins siebente Haus fällt. Es kann also sein, daß die Herkunftskonzentration, die auferlegte Beschränkung, die Kargheit der Kindheit sich zum intuitiven Entfalten in Echofragen hemmend verhält. Alle Einfälle, die aus der Begegnung mit anderen Menschen kommen, von der engen Partnerschaft bis hin zur Öffentlichkeit (also Schulklassen), werden sorgsam von Grund auf geprüft, ehe sie herausgelassen werden. Das hindert natürlich etwas die Spontaneität. Die Horoskopeignerin hat wohl Schwierigkeiten, sich in der Begegnung völlig intuitiv zu geben. Plötzliche Erkenntnisse, Einfälle unterdrückt sie erst einmal. Dadurch kann sie in die Gefahr kommen, sich hemmend in den spontanen Äußerungen zu zeigen. Sie ist immer sehr reserviert, sehr abwartend. Dies liegt sicher auch im vierten Haus mit verborgen. Es ist also besonders wichtig, ob die Planeten in den Abschnitten, in die ein Haus fällt (meist sind es ja zwei), einen Aspekt zueinander bilden. Dieses Quadrat hier von Saturn und Uranus wird also hier sicher auch ins Heim, in den Bereich des vierten Hauses mit hineinwirken. Und die Schwierigkeiten, die aus dem Zusammenspiel von Herkunft und Auftreten dem anderen gegenüber erwachsen, wirken dann in die Familie zurück, vielleicht sogar ins Alter hinein.

Nun sei darauf hingewiesen, daß ein so genaues Quadrat von Saturn und Uranus ja auch generationsbedingt zu sehen ist, anders, als würde es sich um Mond und Merkur etwa handeln. Und es war auch die Nachkriegsgeneration, die dieses Quadrat hatte, und die Generation, die in den unruhigen Zeiten der Wirtschaftskrise geboren wurde. Soweit läßt sich dies also nachverfolgen.

Zu einem Beispiel für das *fünfte* Haus:

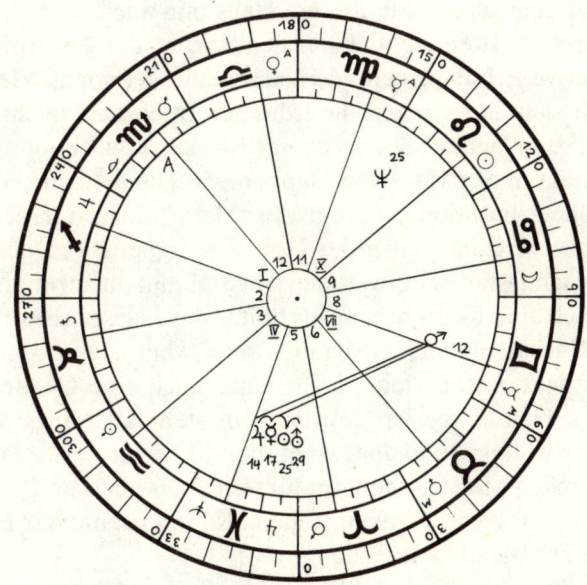

Hier wird die Ballung die Deutung erschweren, ja komplizieren. Es handelt sich um das Horoskop einer sehr verführerischen Frau mit künstlerischen Ambitionen. Das Haus fünf beginnt bei 10 Grad Fische und reicht bis 10 Grad Widder. So sind also Neptun und Mars

229

zu betrachten, die in diesen Zeichen ihre verwandte Kraft finden. Im fünften Haus steht die Sonne noch am entsprechendsten, so gesehen also in ihrem eigenen Haus. Neptun, die Spitze anzeigend, steht im zehnten Haus in Löwe, also im Sonnenzeichen, während die Sonne in einem Neptunzeichen steht, was ja günstig ist, da so Verstehen zwischen Lebenskern und Instinkt nicht schwer zu finden sein sollte.

Im fünften Haus stehen ferner: Jupiter in Konjunktion mit Merkur; dieser in Konjunktion mit der Sonne, und diese in Konjunktion mit Uranus.

Nun fällt auf, daß der Planet, der die Spitze dieses Hauses versinnbildlicht, im zehnten Haus steht, also ist anzunehmen, daß Angelegenheiten des fünften Hauses sich im Beruf niederschlagen. Die Horoskopeignerin hat wirklich ihre künstlerische Kreativität zum Beruf gemacht. Da in diesem Haus nun auch noch die Sonne am entsprechendsten steht, kann man sagen: der Lebenskern hat seine kreative Erfüllung gefunden oder kann sie finden. Wie gesagt, es handelt sich hier nur um die irdischen Interessen, nicht um die Charakterveranlagung! Sonne ist mit Merkur und Uranus verbunden, sie steht in der Mitte von Denken und Handeln einerseits und von Einfällen, Intuitionen andrerseits. Man kann also ferner sagen: dieses Haus wird im Leben der Horoskopeignerin von allen Häusern am wichtigsten sein, weil hier ein Stellium anzutreffen ist. Da Jupiter noch eine Konjunktion zur Spitze des Hauses aufweist, wird also die Entfaltung auch vorhanden sein, wenn ... ja, wenn nicht Mars aus dem achten Haus in Zwillinge auch eine Quadratur zur Spitze des Hauses werfen würde. Nun steht allerdings Mars im Abschnitt Zwillinge, und der Planet, der dort seine verwandte Kraft findet, nämlich Merkur, steht im fünften Haus auch im Quadrat zu Mars. Entfaltung und Denken stehen also in krisenhafter Entwicklung zum Trieb und zum Willen.

Das ist interessant, weil Mars ja die Spitze des achten Hauses besetzt. Der Trieb und Wille setzt sich also mit den Grenzfragen auseinander. Er wird diesen Fragen, auch denen des Todes, der okkulten Geheimnisse, sehr aufgeschlossen gegenüberstehen, weil Mars merkurisch ist. Merkur wird wiederum von Mars getroffen, so ist anzunehmen, daß diese Fragen des Dunkeln sicher auch in die Kreativität Eingang finden. Aber wohl doch überwiegend hemmend zuerst, vielleicht zu belastend. Mars ist eben als der Planet, der im Zeichen Widder seine verwandte Kraft findet, sehr wichtig! So waren alle künstlerischen Arbeiten der Horoskopeignerin mit einem besonderen Ausdruck, mit einer dunklen Ahnung belastet, da der Wille der Künstlerin dies in ihre Ausdrucksmöglichkeiten einbaute.

Es fehlte oft die Leichtigkeit, es war alles, wie viele sagten, so toternst. So fehlte auch in der persönlichen Kreativität ein etwas verbindlicheres Auftreten. Damit, soweit muß man kombinieren, kam hier das Fische-Element der Hingabe, des Sichaufopferns vollends zum Tragen. Die Kreativität war eine sehr gläubige (ohne religiös zu sein), auch mit einer Freude oder einer gewissen Lust am Untergang.

Natürlich hat dies alles auch eine Faszination, aber eine, die das Publikum, den Betrachter, belastet, was natürlich die Ausdehnung des Erfolgs beeinträchtigt oder beeinträchtigen kann.

Nun zu einem Beispiel für das *sechste* Haus:

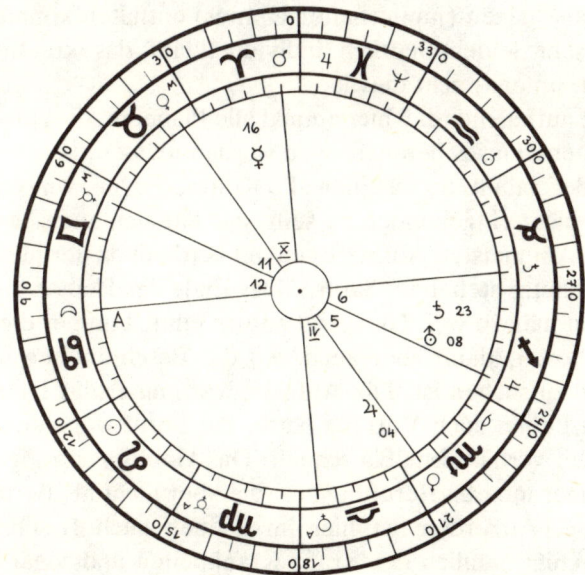

Der Teil eines Horoskops einer Astrologin. Das sechste Haus beginnt bei 5 Grad Schütze und endet bei 5 Grad Steinbock. Also sind symbolisch die Planeten Jupiter und Saturn zu fragen, die in diesen Abschnitten ihre verwandte Kraft finden. Saturn steht im sechsten Haus, also von dorther sehr stark (das Haus betreffend). Jupiter steht, auf die Spitze des kreativen, fünften Hauses zugehend, im Abschnitt Skorpion, er ist marsisch, plutonisch gefärbt, während Saturn jupiterhaft ist. Also Saturn in dem Abschnitt, mit dem oder in dem das sechste Haus beginnt, was seine Stellung sicher noch unterstreicht. Aber nahe der Spitze steht nun auch Uranus, der sogenannte Planet der Astrologen, wie gesagt wird, obwohl dies zu schön wäre, um wahr zu sein. Uranus also auch jupiterhaft. Im sechsten Haus ist Merkur am entsprechendsten, und der steht in zehn. Also muß wohl eine Verbindung zwischen dem zehnten und dem sechsten Haus bestehen. Nun, die Horoskopeignerin war nicht von Beruf Astrologin, aber sie fing mit der Astrologie im Beruf an. Sie war Schauspielerin und stellte allen Kollegen mit Leidenschaft Horoskope, um zu helfen, zu dienen, womit Uranus seine Aussage im sechsten Haus ja bestätigt bekommt. Zumal sich dann andere mit diesen Ratschlägen (jupiterhafter Uranus) entfalten konnten. Und Jupiter, sehr leidenschaftlich individuell auf das kreative Haus zugehend, unterstreicht dies ja.

Nun ist auffallend, daß hier einmal alle Planeten, die zur Aussage des sechsten Hauses herangezogen werden müssen, keinen Aspekt miteinander haben. So scheinen alle Kräfte, die hier wirken, untereinander nicht eingebunden zu sein, das hat sich auch bemerkbar gemacht. Am meisten Aufmerksamkeit verdient da der jupiterhafte (weil in Schütze stehende) Saturn. Das Ende des Hauses untersteht ihm, wenn man so will. Nun zeigt Saturn einmal immer die Schicksalsaufgabe an, dann aber auch, wo die Beschränkung in einem Horoskop zu suchen ist. Die Aufgabe war immer das Dienen, das sicher im Leben auch Vorrang hatte, die Berufswege endeten für unsere Zeit verhältnismäßig schnell. Das Hobby Astrologie wuchs sich zu einer inneren Berufung aus, die aber nicht als Beruf ausgeübt wurde. Außerdem ist hier im Dienen auch Beschränkung, Beschränkung nämlich der Kraft; Krankheiten und sogar eine gewisse Abhängigkeit. Aber der jupiterhafte Saturn zeigt eben auch Entfaltungsmöglichkeiten an, so erreichte die Horoskopeignerin ein hohes Alter in geistiger Wachheit. Dazu Merkur, der im sechsten Haus am entsprechendsten steht, hier im X Haus. Über alles wurde geredet, und zwar temperamentvoll. Einmal im Beruf (als Schauspielerin), dann aber auch mit marsischem, widderhaftem Feuer in der Berufung. So war die Horoskopeignerin immer sehr engagiert. Daß sie ihre Entfaltung übrigens – wie Jupiter noch in Haus vier anzeigt – immer vom Heim her ausführte, ist verständlich!

Die Tragödie (wenn man so will) ist vielleicht, daß die Planeten, die hier wichtig sind, keinen Aspekt untereinander hatten. Das ist so, als wollen viele Kräfte nur ihre Wege gehen aber sich nicht verbinden, als wolle jeder seinen Kopf durchsetzen. Natürlich ist Uranus im Abschnitt Schütze auch als Generationsstand anzusehen, aber nicht im sechsten Haus. Der Aszendent Krebs zeigt übrigens das Mütterliche an und für sich an, das ja auch immer etwas Dienendes aussagt, was Steinbock am Deszendent verstärkt, so daß die Reife zum anderen so wesentlich ist – dies besonders, wenn eine astrologische Beratung – hier bei allem tiefen Respekt – nur als Hobby ausgeübt wird.

Nun zu einem Beispiel für das *siebente* Haus:
(Abbildung siehe Seite 234)

Hier handelt es sich um das Teilhoroskop eines approbierten Arztes, der sich der Naturheilkunde verschrieben hat. Das siebente Haus beginnt bei zirka 10 Grad Skorpion und endet bei 10 Grad Schütze. Zuständig also die Planeten, die in Skorpion und in Schütze ihre verwandte Kraft finden: also Mars/Pluto (Skorpion) und Jupiter (Schütze). Der Planet, der hier seine beste Entsprechung auf das Haus finden würde, ist Venus. Nun steht im siebenten Haus noch Merkur. Also sind anzuschauen: Merkur/Venus, Mars, Jupiter und Pluto.

Merkur steht in Skorpion, also ist Merkur marsisch und plutonisch gefärbt, für einen Arzt sicher ausgezeichnet, denn so kann der Verstand sehr gut diagnostizieren, den Dingen auf den Grund gehen

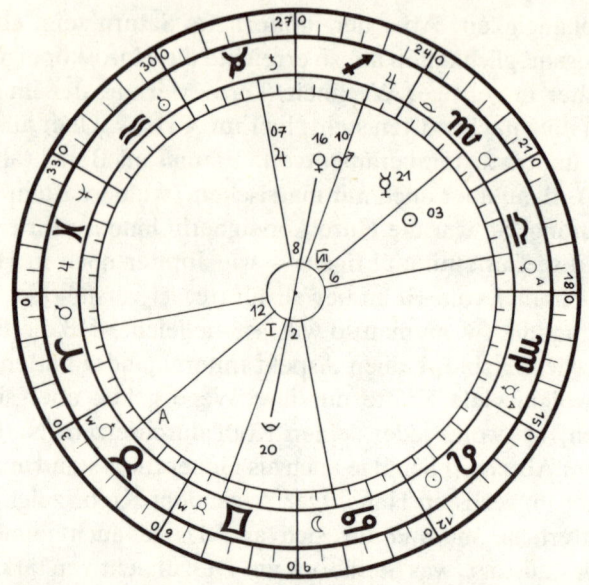

und – was hier wichtig ist – das Du erreichen. Venus steht in Schütze, also in dem Abschnitt, der das Haus sieben mitbestimmt, ist außerdem jupiterhaft. Ausdehnung des Gefühls. Aber Venus steht im achten Haus zusammen mit Mars und Jupiter. Pluto steht unten im Horoskop im zweiten Haus. Es ist sehr bezeichnend, daß bei einem Arzt, der mit Tod und Leben zu tun hat, drei Planeten, die über das Haus der Ergänzung mit aussagen (und Ergänzung ist ja nicht nur der Partner, sondern auch der, den man erreichen will, also beim Künstler das Publikum, beim Schriftsteller der Leser, beim Arzt der Patient), im Haus der Grenzfragen angesiedelt sind. Allerdings, auch diese Planeten haben untereinander wenig Aspekte. Jedoch was wichtig ist: Venus (die im siebenten Haus am entsprechendsten stünde) hat eine Opposition zu Pluto, aus dem achten Haus ins zweite Haus. Das ganze Empfinden und Fühlen beschäftigt sich mit den Grenzfragen, auch mit PSI oder der Astrologie, steht aber in Spannung zum Durchsetzungsplaneten im zweiten Haus, im Haus des Materiellen. Und in der Tat: ein Arzt, der frei arbeiten muß, weil die Kasse seine Naturheilmethoden nicht anerkennt, und der die Honorare noch – als stamme er aus der alten

Welt, da Heilen Aufgabe und nichts anderes war – nach dem Vermögen seiner Patienten abstimmt.

Dieser wichtige Aspekt ist eigentlich nur aus der Kenntnis des siebenten Hauses zu erkennen. Dieses Haus zeigt auch die Schärfe der Untersuchung an, mit der das Ich an das Du herangeht. (Diese Ausdeutung ist natürlich nur möglich, weil der Beruf hier bekannt ist, aber bei allen anderen Berufen würde es sich so ähnlich zeigen.) Entscheidend aber etwas anderes: Um an sein Du – egal in welcher Form – heranzukommen, muß man sprechen können, muß man sich handelnd dem Du zuwenden, muß man für das Du ein offenes Ohr haben. Dies zeigt hier Merkur sehr klar an. Der Arzt ist nun einmal auch ein Bote zwischen Tod und Leben. Und Du ist das Leben. Daß Merkur marsisch ist und Mars im achten Haus steht, zeigt die Verbindung, die vom Sprechen zum Du zu den Grenzfragen hergestellt wird, und zwar angreifend, analysierend. Kein Abschnitt gibt soviel Färbung in die untersuchende Gründlichkeit, in den Willen, den Dingen auf den Grund zu gehen, wie Skorpion – das kommt hier ganz besonders stark zum Ausdruck. Daß die Sonne dazu noch im sechsten Haus steht, soll nur unterstreichen, daß sich der Lebenskern dem Dienen unterworfen hat, oder der Aufgabe, die Lebenskräfte zu erhalten. Insofern rundet der Stand der Sonne das oben Gesagte noch sehr ab. Das Sprechenkönnen zum anderen heißt hier also auch, die richtigen Rezepte zu verschreiben, die richtigen Überweisungen vorzunehmen.

Es ist im siebenten Haus also mehr als enge Partnerschaft oder die Ehe zu sehen. Darum ging es eigentlich bei diesem Beispiel, das auch für Haus sechs und acht gut gewesen wäre, das aber gerade für sieben als Ausnahme beispielhaft ist.

Ein Beispiel für das *achte* Haus:

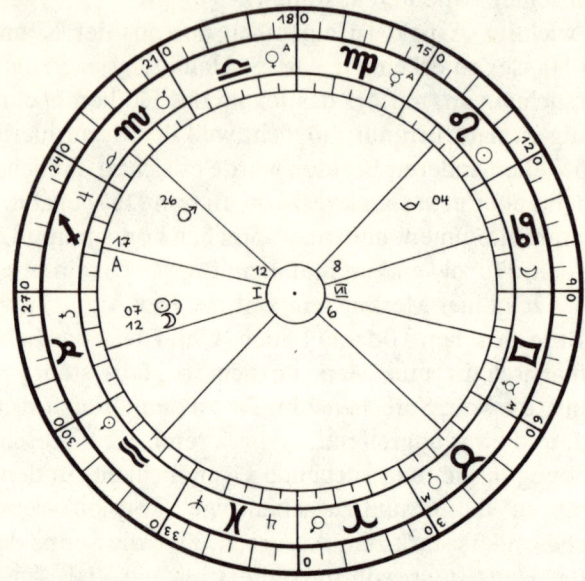

Ein Auszug aus dem Horoskop eines Innenarchitekten. Das achte Haus beginnt bei 17 Grad Krebs und endet bei 17 Grad Löwe, also sind Sonne und Mond die Planeten, die in diesen Abschnitten ihre verwandte Kraft finden und daher zu befragen sind. Und Pluto, der fest in der Mitte des achten Hauses steht. Wieder bekommt so der Generationsplanet eine individuelle Aussagekraft.

Pluto steht nun sowieso im achten Haus am entsprechendsten, zusammen mit Mars, der hier in seinem eigenen Zeichen Skorpion steht. So ist zu bemerken: Pluto steht in seinem Haus, Mars in seinem Abschnitt. Die beiden, die in Skorpion zusammenkommen, stehen in Häusern, die eng miteinander verbunden sind, nämlich in den seelischen Häusern acht und zwölf, die einmal über die Grenzfragen und zum anderen über die eigene Lebensbilanz Auskunft geben. Also stehen diese Planeten stark. Somit bekommt Pluto hier eine noch festere Stellung. Der Horoskopeigner wird also alle Macht daransetzen, das Dunkle zu erhellen, den Tod als Weiterlebensmoment zu akzeptieren. Und der Horoskopeigner war auch

236

stets fest überzeugt, daß seine Seele schon in anderen Körpern in anderen Zeitepochen lebte. Das mag bei Real-Skeptikern ein ironisches Lächeln der Ablehnung hervorrufen, fest steht jedoch, daß dieses Denken, dieses innere Wissen – so fremd es manchen Ohren klingen mag – das Leben selbst sehr beeinflußt, den Horoskopeigner als Mensch unserer Zeit sehr bestimmt hat, und das allein gilt es zu respektieren. Die Gestirne Sonne und Mond, die weitere Auskunft über dieses Haus geben, stehen nun in enger Konjunktion.

Auch das stärkt die Aussage, und damit die Wichtigkeit dieses Hauses. Denn das findet man selten. Mond und Sonne haben also eine Zusammenfügung in einem Element. Das Element ist erdhaft, um so bemerkenswerter die Beschäftigung mit Dingen, die nicht erdhaft sind. Im Bild sind Mond und Sonne saturnisch, also voller Ernst, das gilt für das Bewußtsein und den Lebenskern, wie auch für das Unterbewußtsein, das Gemüt. Beide sind konzentriert, ganz auf ihre ehrgeizige Lebensbewältigung ausgerichtet. Wenn nun noch zur Kenntnis genommen wird, daß Saturn als der Hüter der Schwelle gilt, das achte Haus zu dieser Schwelle hinführt, dann wird wohl deutlich, wie sehr der Horoskopeigner hier innerlich engagiert ist.

Das mag Schwierigkeiten bei den Partnerbegegnungen geben, denn Mond und Sonne/Konjunktion stehen zum siebenten Haus in Opposition, das mag auch zu sehr eigenwilligen Ich-Standpunkten führen, da diese Konjunktion im ersten Haus zu finden ist.

Bemerkenswert übrigens, daß sich der Mond hier von der Sonne abzulösen beginnt, daß also das Seelische sich nicht im Bewußtsein verdrängen läßt, wie es bei einer zulaufenden Konjunktion der Fall wäre. So kann man sagen: das Unterbewußtsein geht immer voran, gerade wenn es um die Grenzfragen geht, denn auch bei der Bewertung des achten Hauses muß gesehen werden, daß hier das Haus beim Abschnitt Krebs beginnt (also beim Mondabschnitt) und dann schließlich im Löwe-Abschnitt (dem Sonnenabschnitt) endet.

Da Pluto ja immer auch die Durchsetzungskraft und das Verhältnis zur Masse anzeigt, wird der Horoskopeigner sicher mit vielen Widerständen zu rechnen haben, wenn er diese okkulten Probleme an die Öffentlichkeit bringt. Aber er tut es, und er wird sich damit auch durchsetzen.

Ein Beispiel für das *neunte* Haus:

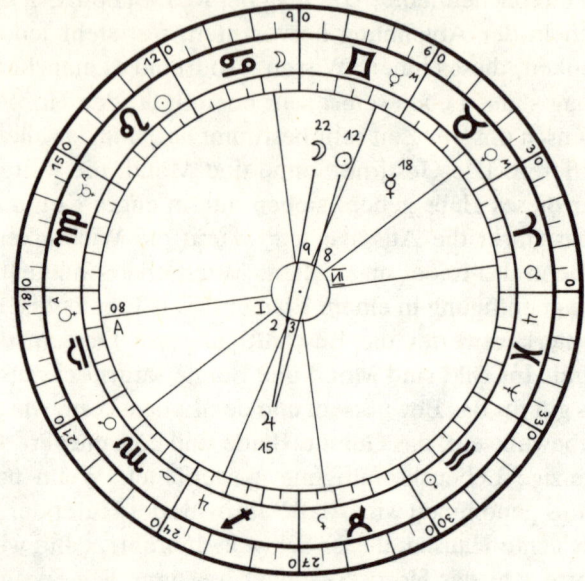

Das Teilhoroskop eines im öffentlichen Leben recht bekannten Literaten, Journalisten. Sonne und Mond im Abschnitt Zwillinge und im neunten Haus, dem Haus der Horizonterweiterung, der Ideale.

Das neunte Haus beginnt bei 8 Grad Zwillinge und reicht bis 8 Grad Krebs. Die Planeten, die in diesem Abschnitt ihre verwandte Kraft finden, sind also Mond und Merkur. Mond steht selbst im neunten Haus im Merkurzeichen Zwillinge, also sehr stark und auf sein Krebs-Zeichen zugehend. Merkur steht venushaft im Stierabschnitt.

Im neunten Haus steht nun Jupiter am entsprechendsten. Hier im Bild ist er im dritten Haus zu finden, mit zwei Oppositionen gerade zu den Planeten, die in seinem Haus stehen, also zu Sonne und Mond.

Als Journalist ist es sicher gut, wenn Jupiter, das Entfaltungssymbol der Astrologie, im Kommunikationshaus steht, hier wird sicher die Entfaltung auch stattfinden. Aber im neunten Haus wird ja nun zum höchsten Ziel gestürmt, zumindest in der ideellen Anvisierung. Wenn da nun Spannungen zu verzeichnen sind zwischen Bewußtsein und Unterbewußtsein einerseits und der Entfaltung andererseits, dann kann es durchaus sein, daß die hohen Ziele der Horizonterweiterung im Tagesleben untergehen. Die Fähigkeit, der Wunsch, etwas Bedeutendes zu werden, etwa Bücher zu schreiben, die einen ständigen Wert haben, kann auf Schwierigkeiten stoßen, weil der journalistische Alltag da im dritten Haus einfach nicht die Chance läßt, sich weiterzubilden, sich wirklich nur den Zielen der Jugendideale etwa (denn es geht ja immer um eine Veranlagung) zu widmen.

Merkur steht dazu noch als Aussagesymbol der Spitze neun hier im achten Haus, ist stier- und venushaft gefärbt, verlangt aber auch durch seine Stellung ein in die Tiefe Gehen, also die Dinge nicht nur diesseits (in jeder Art) zu sehen, sondern die Hintergründe abzuklopfen.

Bei Merkur venusbeeinflußt ist auch anzunehmen, daß sich das Denken und Handeln musisch betätigen will oder zumindest wollte. In der Tagesrichtung verlangt aber Merkur den Blick hinter die Grenzen, was natürlich den dichterischen Richtungen bei einem Autor sehr zugute käme.

Besonders günstig scheint der Mond hier zu stehen, denn als Planet im Haus sagt er etwas über die Richtung des Seelischen aus, dazu noch als Anzeiger, weil das neunte Haus ja auch im Abschnitt Krebs steht. So strebt also nicht nur das Bewußtsein in die Außenwelt, sondern auch die Seele, das Unterbewußtsein. Menschen, die diese Stellungen haben, sind meist sehr ehrgeizig, manchmal sogar anerkennungssüchtig. Das kann hier aber überstrapaziert werden, wie eben die Spannung zu Jupiter kundtut. Also wird es eventuell dem Horoskopeigner nicht schnell genug vorangehen. Die Seele, also der Mond, ist merkurisch, sehr mal hier-, mal dorthin schauend, was das Launenhafte des Mondes ja noch betont. Das Bewußtsein hat das ja sowieso, so daß hier also sehr viel Merkurisches die Hauptsymbole prägt. Der Entfaltungsplanet Jupiter dagegen ist, da Jupiter in seinem Abschnitt steht, betont auf die Entfaltung aus. So ist anzunehmen, daß sich die Entfaltung doch mehr in der

Alltagsspähre, also in der Redaktion abspielen wird, denn natürlich steht Jupiter in Schütze stärker als Sonne und Mond in Zwillinge. So wird mancher Ehrgeiz wohl nicht erfüllt werden. Es ist anzunehmen, daß der Journalist unter diesem Konflikt leiden wird, ja, das Streben ganz nach oben dürfte wohl am Engagiertsein in der kleineren Alltagswelt scheitern.

Ein Beispiel für das *zehnte* Haus:

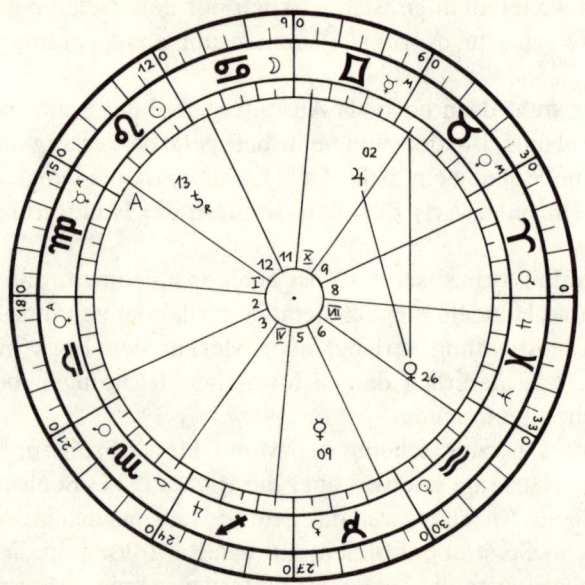

Das Horoskop einer Bildhauerin. Das zehnte Haus beginnt bei 25 Grad Stier und reicht bis 25 Grad Zwillinge. Also sind aussagefähig: Venus und Merkur, die ja in Stier und Zwillinge ihre verwandte Kraft finden. Venus steht in unserem Beispiel in Wassermann, in einem geistigen Zeichen, Merkur in Steinbock, in einem Erd-Zeichen.

Im zehnten Haus selbst steht Jupiter, die Entfaltung wird also im Beruf gesucht, daran gibt es keinen Zweifel. Aber, was meist vergessen wird, im zehnten Haus steht im Geist immer noch Saturn mit, weil hier Saturn am entsprechendsten stünde. Saturn hier zwar

240

im stolzen Löweabschnitt, doch im zwölften Haus. Zwölftes und zehntes Haus haben also einen Zusammenhang. Da das zwölfte Haus und Saturn immer auch aussagen, wo die Beschränkung, die Einsamkeit liegt, wo ferner das Problem zu sehen ist, das der Horoskopeigner am schwersten für sich klären kann, wird wohl gesagt werden müssen, daß diese Künstlerin im Beruf wohl kaum den ihr gemäßen Erfolg bekommt, also berühmt wird. Sie wird wohl mehr in der Fachwelt geschätzt werden.

Die Spitze des zehnten Hauses wird von Venus regiert, Venus aber hat wiederum ein hemmendes Quadrat zum Entfaltungssymbol Jupiter. Venus steht auch im siebenten, also im Echohaus. Das Gefühl, das Empfindende, das Musische geht also zum Echo hin, zum Du wie zum Publikum. Beides wird aber durch Jupiter gebremst, der im zehnten Haus steht. Also dürfte die Horoskopeignerin in der nahen Partnerschaft gewisse Entfaltungsschwierigkeiten haben, wenn der Beruf zu wichtig genommen wird, oder Schwierigkeiten im Beruf, wenn die persönliche Bindung wichtiger genommen wird. Da Venus zudem noch uranisch ist, also sehr von der Intuition abhängig, werden die Partner, wie die Zuschauersympathien wechselnd sein, auch vielfältig. Aber diese Venus geht eben auch neue Wege, sie ist sicher ungewöhnlich in der Reaktion, das muß sich auch im Beruf abzeichnen, da ja mit dem Venus-Abschnitt Stier das zehnte Haus beginnt, und Venus ein Quadrat zu Jupiter hat. Venus läuft dazu noch auf die Quadratstelle zu, also ist anzunehmen, daß sich das Fühlen, das Empfinden, der Entfaltung unterwirft, also letztlich Beruf vor Partnerschaft geht, was auch Kraft als Frau kostet und sicher nicht so leicht zu verarbeiten ist. Dann sagt Merkur etwas über die irdischen Berufsmöglichkeiten aus, da ja Zwillinge als Merkur-Abschnitt fast das ganze zehnte Haus umfaßt. Dieser Merkur hier ist saturnisch, also ernst, gewissenhaft, sicher aber auch langsam, sicher nicht sehr strahlend. Ein schwerer Berufsweg also doch, mit kleinen Schritten, und da der Ausdruck so wichtig ist, sicher nicht so glänzend. So kann man hier an drei Bildern sehen, daß die Berufsausübung eingeschränkt ist: Venus Quadrat zu Jupiter und zur Spitze zehntes Haus. Der saturnische Merkur, und Saturn im zwölften Haus. Natürlich, da Saturn im zehnten Haus am entsprechendsten steht, wird Merkur sich letztlich, da er zudem zäh ist, doch irgendwie immer wieder durchsetzen, aber weniger strahlend, eher düster. Entscheidender ist das haargenaue Quadrat, das Venus auf die Spitze des zehnten Hauses wirft, also im Grunde auf die Spitze , die sie anzeigt. So wird sich die Horoskopeignerin gerade im Beruf oft oder immer wieder mal mit ihren eigenen Emotionen im Weg stehen. Nicht einfach im künstlerischen Beruf, wo man sich ja neben dem zehnten Haus immer auch das Echo- oder Ergänzungshaus sieben anschauen muß.

Ein Beispiel für das *elfte* Haus:

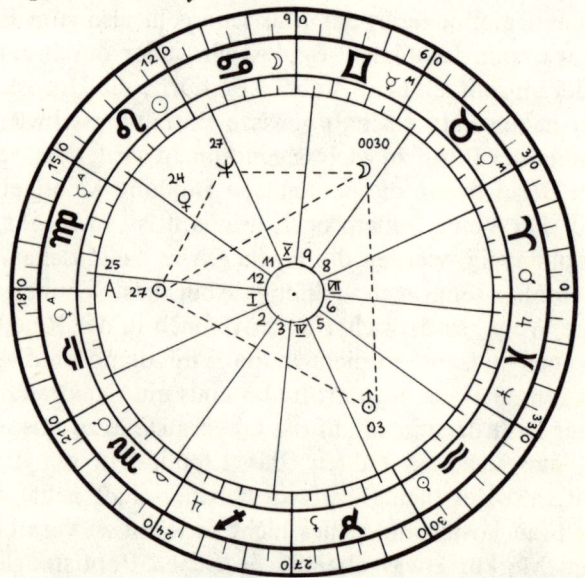

Horoskopteil aus dem Geburtsbild einer Ärztin. Psychologin. Auffallend sofort – und für das elfte Haus wichtig – der vollendete Drachen. Früher sprach man von *dem* Glückssymbol überhaupt. Ein Drachen aus drei Trigonen und zwei Sextilen, wann gibt es das!

Das elfte Haus beginnt auf 25 Grad Krebs und reicht bis 25 Grad Löwe. Wichtig also Mond und Sonne, die in diesem Zeichen ihre verwandte Kraft finden. Und wie ein Geschenk stehen beide zueinander im Trigon. Mond merkurisch in Zwillinge, Sonne auch merkurisch Ende Jungfrau. Im elften Haus stehen Neptun und Venus. Und Uranus, der in diesem Haus am entsprechendsten stünde, bildet mit Sonne und Mond das geschlossene Trigon und steht dazu stark in seinem eigenen Zeichen.

Dies alles deutet darauf hin, daß die Horoskopeignerin für die Dinge, die das elfte Haus aussagt, eine gute Hand haben kann. Mehr nicht, es sind hier nur Gaben und Möglichkeiten zu sehen. Es ist natürlich für diesen Beruf fast ideal, wenn alle sozialen Belange, wenn die Arbeiten im Team, wenn die Begegnung mit Freunden usw. so gut liegen können.

Neptun an der Spitze des elften Hauses gibt einen guten Instinkt, der bewegend mit Sonne und Mond, also mit Bewußtsein, mit dem Lebenskern und mit dem Unterbewußtsein verbunden ist. Da Sonne und Mond auch gut zueinander harmonisieren können, dazu mit dem Planeten, der im elften Haus steht, was will man mehr! Aber diese Aspekte verpflichten eben auch, sie sind ein Geschenk, das ausgefüllt werden muß.

Die Fragen des sozialen Hauses werden vom Mond, von der Seele her bestimmt, und von der Sonne; so kann man sagen, vom ganzen Menschen. Uranus, der hier am entsprechendsten stünde, steht nun in Opposition zu diesem Haus, und zwar im fünften Haus. So spielen sicher kreative Dinge hier mit hinein, auch Kinder. Es ist jedoch über die vielen sich verbindenden harmonischen Aspekte anzunehmen, daß die Kinder kaum störten oder nebenbei gut mitgetragen werden konnten. Nicht mit eingebunden, eine Ausnahme hier also, ist die sonnenhafte Löwe-Venus, die auf das zwölfte Haus zugeht, so wird also auch das Empfinden eine gute Rolle spielen. Interessant noch, wie Seele und Lebenskern sehr methodisch, da in den Merkurzeichen Zwillinge und Jungfrau stehend, reagieren. Einmal geistig, dann sehr real vorsorgend. Das Unterbewußtsein ist also mehr geistig ausgerichtet, der Lebenskern mehr weiblich, irdisch, praktisch. Dies beflügelt eben auch den mondhaften Instinkt, so ist zu sagen: diese Frau hat ein sehr gutes Gespür für Sozialfragen, für Gemeinsamkeiten, für Freunde. Sie wird im kleinen Kreis sicher eine imponierende, weil in sich völlig sichere Persönlichkeit darstellen.

Ein Beispiel für das *zwölfte* Haus:

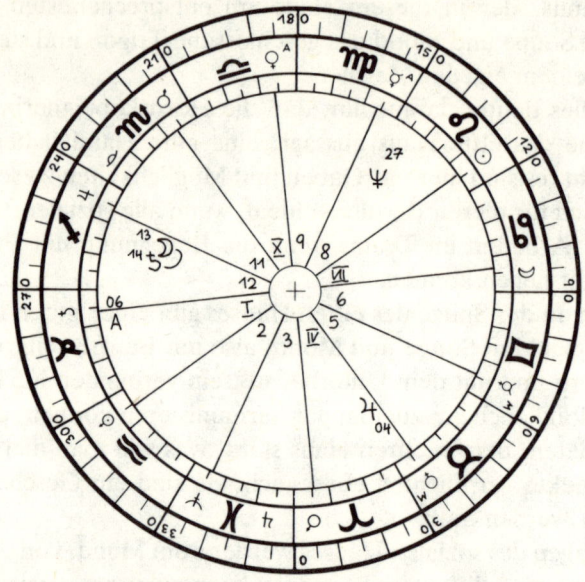

Aus dem Horoskop einer okkultistisch sehr interessierten Dame. Das muß betont werden. Das zwölfte Haus beginnt bei 6 Grad Schütze und endet bei 6 Grad Steinbock. So sind also für die Ausdeutung zuständig Jupiter und Saturn, die in diesen Zeichen ihre verwandte Kraft finden, und die Planeten, die im zwölften Haus stehen, nämlich Mond in zulaufender Konjunktion zu Saturn. Damit erhält Saturn natürlich eine ungeheure Bedeutung für das zwölfte Haus, das ja überwiegend von dem Abschnitt ausgefüllt wird (Schütze), in dem er steht. Hier ist also die Deutung recht einfach, aber wichtig. Saturn beherrscht den auf ihn zulaufenden Mond, die Seele unterwirft sich sozusagen der Schicksalsaufgabe. Die liegt im zwölften Haus, im Haus der Bilanz, der Abgeschlossenheit, da man zu sich kommt, Kräfte sammelt für einen stets neuen Anfang. Hinzu kommt natürlich noch, daß Saturn immerhin auch noch den Aszendent beherrscht, und einen kleinen Teil des ersten Hauses. Aber Saturn ist jupiterhaft, also aufgelockert, etwas jovialer, zumal Jupiter selbst ja im Venuszeichen Stier steht.

Die Horoskopeignerin begibt sich also mit dem ganzen Gemüt in die Abgeschlossenheit der okkulten Welt. Diese Abgeschlossenheit kann natürlich auch eine andere Welt bedeuten, etwa die der Krankenhäuser, der Kurheime. Früher nannte man auch die Gefängnisse. Es geht darum, daß alle Kräfte hier abgeschlossen wirken. So ist auch zu sagen, daß die Horoskopeignerin zum Ablauf ihres Lebens so leicht nicht Zugang findet. Sie wollte einmal Künstlerin werden, mußte aber wohl einsehen, daß das Volk (Mond) für sie einfach abgeschlossen war. Künstler mit Echobedürfnis und Mond im zwölften Haus geht nur gut, wenn andere Aspekte diese Mond-Saturnstellung im zwölften Haus sozusagen aufheben. Vom Unterbewußtsein her, von der Schicksalaufgabe her will sich die Horoskopeignerin in den okkulten Bezirken entfalten. Da wird deutlich, daß diese Entfaltung zudem auch aus dem ersten seelischen, dem vierten Haus kommt. Dies unterstreicht das Gesagte. Der Horoskopeignerin wurde sozusagen die Entfaltung – erstmal egal wohin – in die Wiege gelegt. Natürlich, Jupiter im Venus-Zeichen spricht für das Musische, aber das Jupiterzeichen Schütze führte dann zum Okkulten, zumal der Herrscher dieses Hauses, Neptun, im seelisch-okkulten Haus acht steht.

Auch diese Hinweise für die Kombination der Planeten in den Häusern sind als Anregung zu verstehen, wenn sie auch die Deutungsrichtung angeben. Es muß also auch immer gesehen werden: wo steht der Planet, der sich in einem Haus (in seinem) heimisch fühlen würde. Also von Mars im ersten bis Neptun im zwölften Haus beispielsweise. Stehen Mars im ersten, Neptun im zwölften Haus, dann ist ihre Aussage potenziert. Steht Mars aber etwa im zwölften, dann macht er – auf die Interessensgebiete bezogen – auch eine neptunische Aussage.

Nun versuche jeder an eigenen Beispielen seine Kombination. Denn ohne Kombinieren wird keine Intuition geschult, die die Voraussetzung für jede astrologische Arbeit ist. Damit sind die wesentlichsten Grundbausteine der Astrologie genannt, die notwendig sind, um sich nun als Anfänger in ein Horoskop einzuschauen. Natürlich kann das umfassende Gebiet der Astrologie nicht auf einigen hundert Seiten dargestellt werden, aber zum ersten Erlernen und für die ersten Grunddeutungen reicht dies aus. Es gilt stets, einen Beginn zu wagen, um die eigene Kombination zu trainieren.

In diesem Sinne ist auch das nachfolgende Beispiel zu verstehen. Alle hier angesprochenen und aufgezeigten Kombinationselemente werden dabei angewandt, wobei der Deutungsweg, so subjektiv er vom Autor gesehen sein muß, doch möglichst objektiv dargelegt wird. In der Praxis kommt der Anfänger damit gut zurecht, wie viele Seminare und Unterrichtsstunden aufgezeigt haben. Natürlich: niemand lernt je aus, auch der Autor nicht, so sind mit der Zeit neue Erkenntnisse möglich, ja wahrscheinlich.

Beispiel einer Horoskopdeutung

Der Horoskopeigner

Es kann nicht oft genug betont werden, daß es einfach leichtfertig ist, ein »Blindhoroskop« zu stellen. Der zukünftige oder der erfahrene Astrologe sollte sich nie auf die Deutung eines Horoskops einlassen, wenn er den Horoskopeigner nicht kennt, denn aus einem Horoskop, aus einem Radixbild, ist durchaus nicht alles zu ersehen. Weder das Geschlecht noch die Rasse ist ersichtlich, weder das Niveau des Horoskopeigners noch die Tatsache, in welchem Milieu er aufgewachsen ist. So ist es doch ein riesiger Unterschied, ob jemand 1936 in Deutschland als Arier oder als Jude geboren wurde, ob 1946 ein Kind aus einer Liaison mit einem amerikanischen Besatzungssoldaten hervorging, oder ob es durch eine Vergewaltigung gezeugt wurde. Nicht einmal der Unterschied, ob jemand ein Wunschkind war oder mehr zufällig zur Welt kam, ist aus dem Geburtsbild ersichtlich.

Und so kraß es klingt: die Daten eines Tieres und eines Menschen sind völlig gleich; hier muß der Astrologe einfach etwas von dem Horoskopeigner wissen. Durch Blinddeutungen ist die Astrologie in Verruf gekommen, und jeder möge bedenken, daß kein verantwortungsbewußter Arzt jemandem, den er nicht kennt, auch nur eine Grippetablette verschreibt.

Kein Blindhoroskop zu stellen, sollte Verpflichtung sein, und es beweist auch Respekt vor den Menschen, die per Horoskop Rat suchen.

Das abgebildete Horoskop (siehe Seite 250) gehört einer Schauspielerin. Sie wurde als Deutsche 1927 in Prag geboren – schon sehr wichtig –, stammt aus einer bürgerlichen Familie, die Mutter schon länger in bürgerlich-städtischen Kreisen zu Haus, der Vater hatte sich aus einer Kleinbauern-Familie hochgearbeitet, um dann die mittlere Beamtenlaufbahn einzuschlagen.

R. W., geb. am 16. Juni 1927, 11.42 Uhr
Breite: 50°/Länge: 14°30

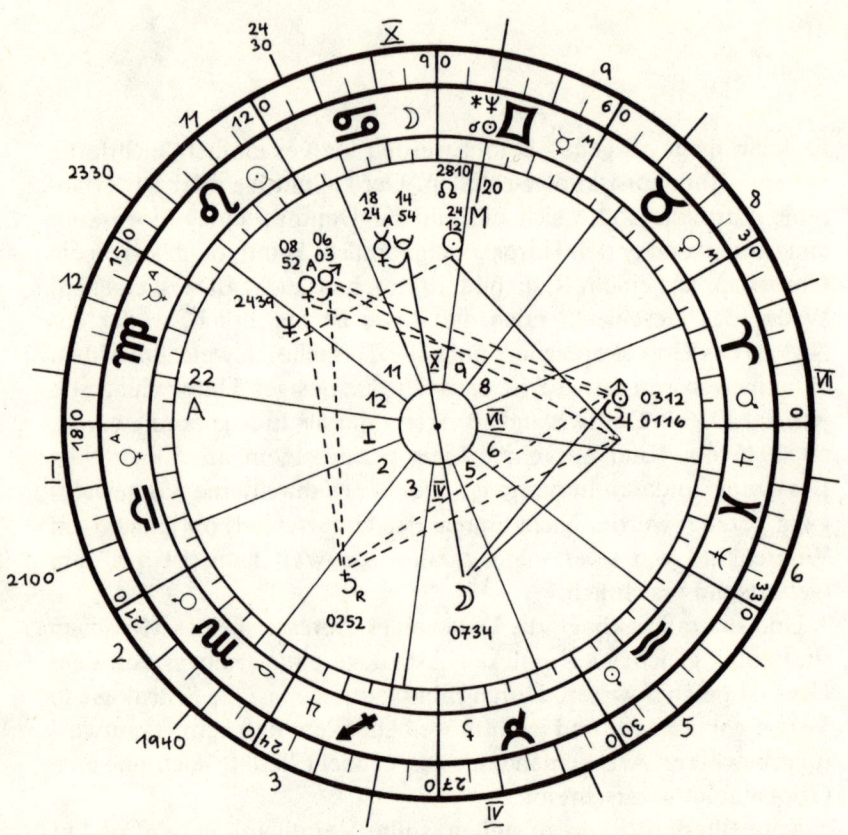

In der Familie gab es noch einen Bruder. Der Bildungshunger der
Familie, des Elternhauses war groß, Theater, Musik, Opern und
Bücher wurden geliebt. Von väterlicher Seite war eine große Natur-
liebe vorhanden. Soviel zur Person, was erst einmal ausreichend ist.

Im Geburtsbild sind die Aspekte eingezeichnet. Die durchgehen-
den Linien zeigen die Oppositionen (lange Linien) und die Quadrate (kurze Linien) an. Die Konjunktionen sind durch einen kleinen

250

Bogen eingezeichnet, die Trigone und Sextile durch gestrichelte Linien. Diese Einzeichnung ergibt sofort ein schön überschaubares Bild, das die Anschauung – Voraussetzung der Astrologie überhaupt – verdeutlicht.

Wer will, mag sich noch eine Aspekttafel danebenzeichnen. Wobei noch zu betonen wäre, daß innen die Häuser nach der 30-Grad-Methode, also nach der äqualen Manier eingezeichnet sind, außen nach der Methode Koch/Schaeck (auch als Geburtsorts-Häuser bezeichnet).

M i ♊		☌☉ ✶♆
A i ♍		✶☿^{A} □☉
☉ i ♊	X	✶♆ □♃
☽ i ♉	IV	□♃ □♅ ☍☋
☿^{A} i ♋	X	☌☋
♀^{A} i ♌	11	☌♂ △♄$_{R}$ △♅
♂ i ♌	11	☌♀^{A} △♄$_{R}$ △♅ △♃
♃ i ♈	VII	☌♅ △♄$_{R}$ △♂ □☽ □☉
♄$_{R}$ i ♐	3	△♂ △♀^{A} △♅ △♃
♅ i ♈	VII	☌♃ △♄$_{R}$ △♂ △♀^{A} □☽
♆ i ♌	12	✶☉
☋ i ♋	X	☌☿^{A} ☍☽

Diese Aspektübersicht, in die M und A, also Himmelsmitte und aufsteigender Aszendentgrad mit einbezogen sind, zeigt sehr deutlich, daß beispielsweise Jupiter und Uranus die meistaspektierten Planeten sind.

Die wenigsten Aspekte hat dagegen Merkur, obwohl Sonne und Himmelsmitte und auch der Aszendent in einem Merkurzeichen stehen. Sonne und Himmelsmitte stehen im Abschnitt Zwillinge,

Aszendent im Abschnitt Jungfrau. Dies nehme der Astrologe erst einmal zur Kenntnis, ohne daraus gleich Schlüsse zu ziehen, denn die Deutung setzt sich aus mehreren Mosaiksteinen zusammen, die wir jetzt zusammenstellen wollen!

Immerhin: alle Planeten haben einen klassischen Aspekt, das ist nur wichtig, wenn wir uns auf wenige Aspekte beschränken. Nehmen wir die Halbsextile, die Halbquadrate, die Anderthalbquadrate, das Quincunx und andere Aspekte dazu, findet jeder Planet in der Regel seinen Aspekt. Aber zuviele Aspekte vernebeln die klare Ausdeutung, wie die Praxis zeigt. Diese Aspekttafel betont einmal Jupiter/Uranus, dann auch Merkur.

Die nächste Arbeit wäre, zu sehen, welche Planeten die *inneren* (die äqualen) Häuserspitzen berühren, wenn wir einen Orbis von höchstens 4 Grad nehmen.

Wie die nächste Abbildung zeigt, sind dies Sonne, Neptun und Merkur, wobei die Sonne den kleinsten Orbis hat, also wichtiger ist als Neptun und Merkur (in dieser Reihenfolge).

Immerhin sehen wir, daß der Planet mit den wenigsten Aspekten, also Merkur, doch sehr wichtig ist, zumindest für die irdischen Belange oder die Dinge, die in den Häusern widergespiegelt werden. Wir sehen ferner, daß jedes Haus, genauer, jede Häuserspitze, einen Aspekt empfängt.

Natürlich gibt es sonst auch Häuserspitzen, die von keinem Aspektschein getroffen werden. Diese Häuser sind dann in der Ausdeutung weniger wichtig als die Häuser, die viele Aspekte empfangen, denn wird eine Häuserspitze von einem Aspektschein getroffen, dann muß ein Planet oder derjenige Planet zu einer Häuserspitze eine Konjunktion bilden. (Daran denken: Konjunktionen sind die wichtigsten und markantesten Aspekte; man denke nur an die große Konjunktion von Jupiter/Saturn, die Geschichte machte.)

Hier hat die Sonne eine Konjunktion mit der Spitze des zehnten Hauses, und Merkur eine Konjunktion mit der Spitze des elften Hauses. Zwei Häuser, die also schon aus den zwölf Häusern herausragen. Dies alles wird später in der Beurteilung mit berücksichtigt.

Doch zunächst gliedern wir ein Geburtsbild noch genauer auf.

252

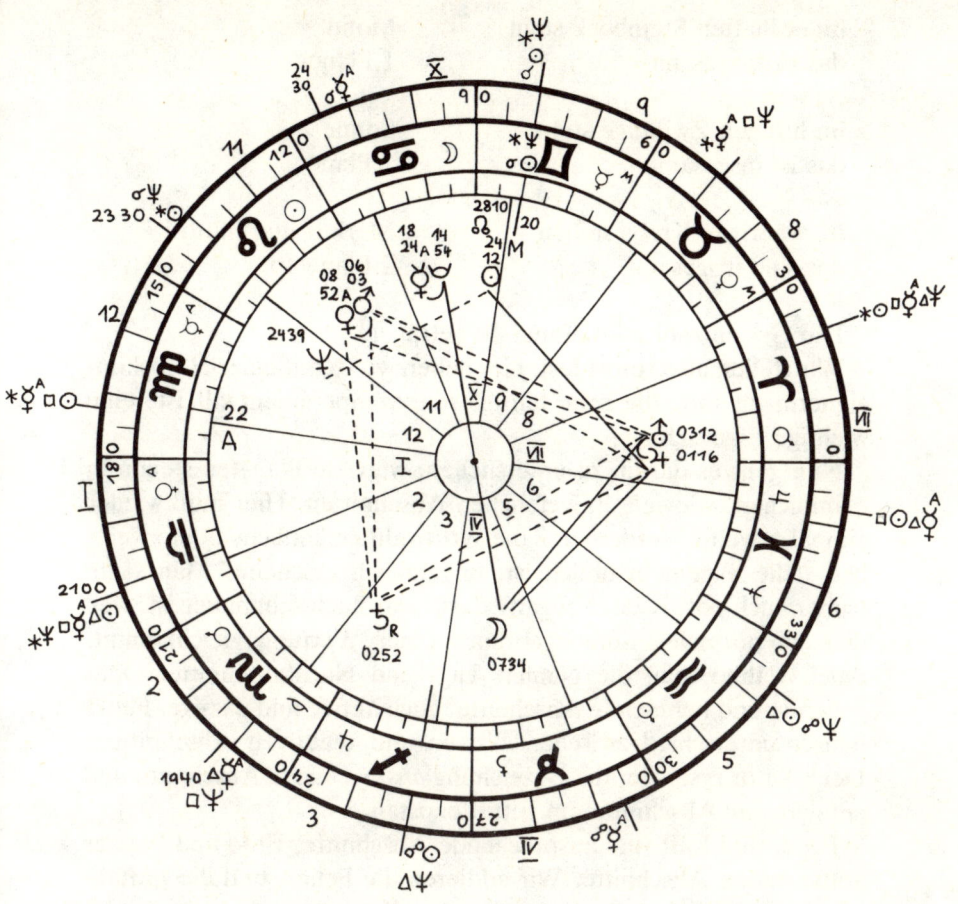

Wir wollen das Grundtemperament des Horoskopeigners feststellen. Dafür zählen wir, wieviele Planeten in feurigen, in erdhaften, in luftigen und wäßrigen Abschnitten des Tierkreises stehen.

Im feurigen Widder stehen:	Uranus und Jupiter
im feurigen Löwen stehen:	Mars, Venus, Neptun
im feurigen Schütze stehen:	Saturn
das sind insgesamt:	6 feurige Planeten

im erdhaften Steinbock steht	Mond
das ist insgesamt:	1 Planet
im luftigen Zwillinge steht	Sonne
das ist insgesamt:	1 Planet
im wäßrigen Krebs stehen	Merkur und Pluto
das sind insgesamt	2 Planeten

Die Gesamtzahl muß immer 10 betragen.

Wir stellen also sofort fest: hier haben wir es mit einer Horoskopeignerin zu tun, die sehr feurig, sehr temperamentvoll ist, eine wichtige Eigenschaft.

Nun geht es darum zu untersuchen, wieviele Planeten stehen in männlichen, wieviele in weiblichen Abschnitten. Hier muß wieder einmal erwähnt werden, daß die Wortwahl »männlich« oder »weiblich,« die allgemein üblich ist, unglücklich erscheint. Man sagte früher auch positiv oder negativ dazu, was noch schlimmer ist, weil dies im normalen Sprachgebrauch einer Wertung gleichkommt. Auch wählte man die Namen Tag- und Nachtabschnitte. Oder gebende und nehmende Abschnitte, auch aktive und passive. Fankhauser unterschied zwischen aktiven und reaktiven Abschnitten. Dem Autor erscheint die Bezeichung *ansprechende* Abschnitte und *antwortende* Abschnitte am zutreffendsten.

Feuer und Luft sind ansprechende Abschnitte, Erde und Wasser antwortende Abschnitte. Wir addieren die Feuer- und die Luftabschnitte und zählen die dort stehenden Planeten; so bekommen wir sieben ansprechende;

addieren wir die Erd- und die Wasserabschnitte und zählen die dort stehenden Planeten, dann erhalten wir drei antwortende.

Nun geht es um die Motorik der Horoskopeignerin. Vorsicht: Motorik hat nichts mit dem Temperament zu tun, sondern beinhaltet die Grundhaltung; also ob jemand etwas bewegen will, ob jemand alles festhalten will oder das Bewegende und das Festhaltende verbinden möchte, dann will jemand etwas angleichen.

Wir wissen: Bewegende (kardinale) Abschnitte sind: Widder, Krebs, Waage, Steinbock. Hier finden wir insgesamt fünf Planeten: 2 in Widder, 2 in Krebs, 1 Planet in Steinbock.

Feste (fixe) Abschnitte sind: Stier, Löwe, Skorpion, Wassermann. Hier finden wir insgesamt drei Planeten: in Löwe drei.

Angleichende (fallende) Abschnitte sind: Zwillinge, Jungfrau, Schütze, Fische. Hier finden wir insgesamt 2 Planeten: in Zwillinge und in Schütze je 1 Planet.

So die Übersicht, die Motorik betreffend:

Bewegend: 5
Fest: 3
Angleichend: 2

Klar: das Bewegende, also etwas ins Rollen bringen zu wollen, überwiegt hier.

Nun suchen wir heraus, in welchem der vier Quadranten jeweils wieviele Planeten stehen. Im Innen-Ich-Quadrant, also zwischen AS und IC, steht 1 Planet (Saturn).

Im Innen-Du-Quadrant, also zwischen IC und DS, steht 1 Planet (Mond).

Im Außen-Du-Quadrant, also zwischen DS und MC, stehen 2 Planeten (Jupiter/Uranus).

Im Außen-Ich-Quadrant, also zwischen MC und AS, stehen 6 Planeten (Sonne/Pluto/Merkur/Mars/Venus/Neptun).

Dies zeichnen wir in ein Kreuz, weil dies eine gute Übersicht gibt, wie auf der nächsten Abbildung ersichtlich.

$$\frac{6 \mid 2}{1 \mid 1}$$

Nun müssen wir noch die Interessensrichtungen aufgliedern.

Persönlich ausgerichtet sind die Häuser I – 5 – 9. Hier finden wir: keinen Planeten, also: 0

Stofflich ausgerichtet sind die Häuser 2 – 6 – X. Hier finden wir: Sonne/Pluto/Merkur, also: 3

Geistig ausgerichtet sind die Häuser 3 – VII – 11. Hier finden wir: Saturn/Jupiter/Uranus/Mars/Venus, also: 5

Seelisch ausgerichtet sind die Häuser IV – 8 – 12. Hier finden wir: Mond/Neptun, also: 2

Dies notieren wir so:

per.   0
stoffl.   3
geist.   5
seel.   2

Auch dies wird ins Horoskopformular eingetragen. So können wir leicht herauslesen, daß die Horoskopeignerin (in Folge nur noch HE genannt) sehr (sogar überwiegend) geistig orientiert ist.

Nun notieren wir noch den Geburtsherrscher oder den dominanten, also den herrschenden Planeten. Das ist der Planet, der im Aszendentzeichen seine verwandte Kraft findet.

Hier liegt der Aszendent auf 22 Grad im Abschnitt Jungfrau, dort findet Merkur als Abendstern seine verwandte Kraft. So ist also Merkur der dominante Planet.

Wichtig ist schließlich noch der höchststehende Planet, der Planet also, der im Grunde allen anderen gegenüber auf dem Thron sitzt, der am nächsten zur Himmelsmitte steht. Dies ist hier die Sonne.

So sind also Sonne und Merkur die wichtigsten Planeten, auch die Planeten übrigens, die Aspekte zu den Häuserspitzen haben. So wird also der Lebenskern, die Lebenskraft zusammen mit dem praktischen Handeln das Leben bestimmen.

Als meist aspektierte Planeten sind Jupiter und Uranus, also Entfaltung und Intuition nach Lebenskern und dem praktischen Handeln besonders zu beachten. Dies alles tragen wir nun mit in das Horoskopformular neben der Radixzeichung ein, wie die Abbildung zeigt.

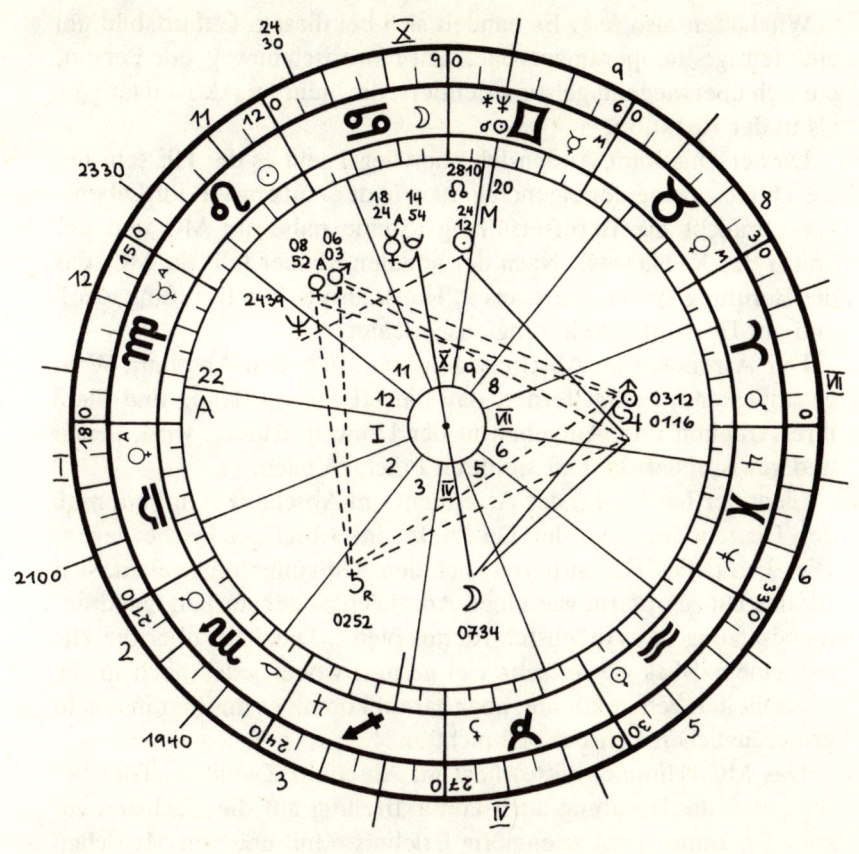

Feuer	=	6	bew.	=	5
Erde	=	1 + A	fest	=	3
Luft	=	1 + M	angl.	=	2
Wasser	=	2			

			per.	=	0
m = 7 (ansprechend)			stoffl.	=	3
w = 3 (antwortend)			geist.	=	5
			seel.	=	2

Dom = ☿A

6	2
1	1

Höchst = ☉

Wir halten also fest: Es handelt sich bei diesem Geburtsbild um eine feurige, temperamentvolle, sehr motorisch bewegende Person, die sich überwiegend geistig orientiert, die mehr im Aktiven tätig ist als in der Reaktion.

Da der Quadrant Außen-Ich überwiegt, geht es der HE sehr um die Durchsetzung der eigenen Person in der Außenwelt, ihr Lebenskern braucht die Berufserfüllung (Sonne nahe am MC und der Spitze des X. Hauses). Nach der äqualen Manier fällt ihr MC, das die Berufung symbolisiert, ins 9. Haus, also ist die Berufung ideell und auf Horizonterweiterung ausgerichtet.

Der Aszendent im Abschnitt Jungfrau, sich dem Abschnitt Waage anpassend, besagt ferner, daß die HE mit Ordnung und Fleiß ihre Arbeiten und Aufgaben in der Umwelt erfüllen wird, genau und gewissenhaft kommt sie ihren Pflichten nach.

Liegt der Ich-Punkt, der Aszendent, im Abschnitt Jungfrau, muß der Deszendent, also der Du-Punkt, im Abschnitt Fische liegen. Dies heißt: Die HE ist bereit, sich dem Du völlig hinzugeben, sich für das Du zu opfern, was einen Ausgleich zu der starken Quadrantenbesetzung des Außen-Ich-Raums bietet. Damit ist über die HE mit einem Blick schon sehr viel gesagt, wobei jeder noch in die Einzelheiten gehen könnte, aber darauf kommt es uns hier in einem grundsätzlichen Lehrbeispiel nicht an.

Das MC (Himmelsmitte) liegt im Abschnitt Zwillinge. Dies besagt, daß die Berufung auch kontaktfreudig auf die Nächsten zugeht, ankommen will, neugierig Erlebnisse mit anderen Menschen anstrebt, also auf Echo ausgerichtet ist. Dem MC liegt genau das IC (Himmelstiefe) gegenüber, also im Abschnitt Schütze.

Die HE war von Kindheit an ideell ausgerichtet, immer strebend bemüht, sehr gläubig und auf Vorbilder fixiert angespornt, der Wunsch, sich hochzuarbeiten, war immer immens.

Auffallend ist vielleicht nun das nicht so Ausgeprägte. Also daß die persönlichen Interessen (Häuser) mit keinem Planeten besetzt sind. So ist die Grundausrichtung – trotz der Betonung des Außen-Ich-Quadranten – nicht in dem Sinn persönlich, sondern mehr geistig. Hier wird schon deutlich, wie sehr man viele, viele Dinge im Horoskop beachten und gegeneinander abwägen muß.

258

Jeder Mensch ist nun einmal vielgestaltig, vielschichtig, und vieles widerspricht sich im Wesen, im Charakter, was natürlich durch eine Horoskopausdeutung zutage tritt. Wenn nun noch beachtet wird, daß die Spitzen der persönlichen Häuser meist Quadrate oder Oppositionen empfangen, wird das oben Gesagte noch bestätigt. Was das ideell Persönliche (9. Haus) betrifft, hilft das Sextil von Merkur, sonst muß um die persönliche Gestaltung doch sehr gerungen werden.

Im grafischen Bild fällt nun auf, daß die HE ein großes, ja, doppeltes geschlossenes Trigon im Geburtsbild aufweist. Dieses Trigon ist in den Feuerzeichen, dies besagt, daß das feurige Temperament eine Gabe darstellt, daß hier die HE mit diesem Temperament fertig wird, nicht in die Einseitigkeit des Feuers abgleitet, und zündende, nicht überschwappende Temperamentskraft ausstrahlt. Interessant auch das Oppositionsquadrat-Dreieck auf der Du-Seite.

Zwar ist dieses Dreieck, das auch als Leistungsdreieck bezeichnet werden könnte, nicht genau. Dann müßte hier statt Pluto die Sonne eine Opposition zum Mond haben. Aber der Mond steht hier in einer recht deutlichen Schere der Spannung (Opposition) und Entwicklungskrise (Quadrat). Jupiter (Entfaltung) und Uranus (Intuition) stehen in Entwicklungskrisen, die vom Lebenskern (Sonne) und von der Seele (Mond) ausgelöst werden und für den Lebenskern und das Unterbewußtsein mit Entfaltungs- und Intuitionsvorstellungen gelöst werden müssen.

Ohne hier in diesem einführenden Lehrbuch auf alle Möglichkeiten einer Horoskopdeutung einzugehen, sei auf eine wichtige Erfahrung hingewiesen: Es erweist sich stets als sehr gut, bevor die Deutung der einzelnen Planeten beginnt, einen Blick in die Ephemeride zu werfen.

Wichtig ist (wie schon erwähnt) nämlich die Erkenntnis, wann – wenn wir das Maß »1 Tag im Leben = 1 Jahr der Lebensreifung« nehmen – Reifepunkte umschwenken, wann also Planeten die Richtung wechseln. Etwa: wenn sie bei der Geburt rückläufig sind, wann sie gerade- oder direktläufig werden, oder umgekehrt: wann gerade laufende (vorwärts laufende) Planeten scheinbar rückläufig werden.

Uranus wechselte im 23./24. Lebensjahr der HE seine Bewegungsrichtung, also anzeigend, daß sich die Intuition nun neu und auch zurück besinnt. (Nebenbei: in diesem Lebensjahr entschied sich die HE für einen vorwiegend uranischen Menschen und lernte von nun an, wenn auch langsam (Uranus rückläufig) die Intuition neu kennen, sie wurde ihr bewußt. So kam auch durch diesen uranisch betonten Menschen viel Unruhe in ihr Leben.) Neptun und Pluto haben keinen Wechsel.

Geschwindigkeit der Planeten

	Durchschnitts- geschwindigkeit	Geburts- geschwindigkeit	
Mond	13° 38'	13° 02'	g
Merkur	1° 19'	1° 18'	g
Venus	1° 15'	1° 3'	l
Sonne	59' 08"	57' 16"	l
Mars	38'	36'	g
Jupiter	4' 59"	7'	s
Saturn	3' 49'	4'	g + r̲
Uranus	3'	1'	l
Neptun	1' 40"	1'	l
Pluto		1' 30"	

Die Abkürzungen bedeuten: g = gleich im Tempo, s = schneller, l = langsamer, r = rückläufig.

Daraus geht hervor, daß die HE einen zu schnellen Entfaltungstrieb in sich spürt, daß Mars und Saturn sich gemäß ihrem Grundtempo verhalten; allerdings ist Saturn rückläufig, die Schicksalskraft muß schwerer erlernt werden, auch das Konzentrieren, das Bewahren. Auch Merkur ist gleichbleibend.

Alle anderen Planeten laufen langsamer als im Durchschnitt, also wird die HE kaum voreilig oder zu ungeduldig handeln, wenn es nicht um die Entfaltung geht (dazu Jupiter im aufbrechenden Abschnitt Widder und in Konjunktion mit Uranus, was sicher sein Tempo auch symbolisch erhöht). Immerhin haben wir hier schon wieder einen neuen Aussagefaktor gewonnen.

Wichtig für die Beurteilung ist noch die jeweilige Tempo-Reihenfolge, nämlich ob ein Aspekt zulaufend oder ablösend ist; hier gibt ja immer der schnellere Planet den Ausschlag. Diese Reihenfolge entspricht der Durchschnittsreihenfolge, was durchaus nicht immer der Fall zu sein braucht, es kann durchaus die Sonne schneller als Merkur sein, ja, Jupiter schneller als Mars.

Ein Blick in die Ephemeride zeigt es: Sonne und Mond werden nie rückläufig, also lassen wir sie bei dieser Betrachtung aus. Sehen wir uns die Eintragungen in der Zeichnung genauer an:

☿	cirka im 20. LJ R		♄	R cirka im 48. LJ D
☿	cirka im 45. LJ D		♅	cirka im 23. LJ R
♀	cirka im 65. LJ R		♆	kein Wechsel
♂	kein Wechsel		☋	kein Wechsel
♃	cirka im 39. LJ R			

Merkur wird zirka im zwanzigsten Lebensjahr rückläufig. Dies heißt, bis dahin Vorwärtsstreben im Handeln, im Denken. Dann ein Nachlernen, ein Vertiefen, das bis zum fünfundvierzigsten Lebensjahr anhält, da dann wieder Merkur gerade laufend wird.

Venus wechselt erst im fünfundsechzigsten Lebensjahr ihre Bewegungsrichtung, also wird dies nicht sehr charakterbestimmend sein. Mars hat überhaupt keinen Bewegungswechsel in diesem Leben.

Jupiter wechselt im neununddreißigsten/vierzigsten Lebensjahr die Richtung. Die vorstürmende Entfaltung vertieft sich nun, wird nun beständig, bestimmend.

Saturn, bei der Geburt rückläufig, wechselt im 48. Lebensjahr, nun wohl die Richtung des weiteren Lebens – vielleicht auf neuen Bahnen – weisend. Vom Uranus wurde schon gesprochen.

Dies nur als Einschub, der vielleicht für den Anfänger zu früh kommt, der aber doch von Anfang an mit beachtet werden sollte.

Die nächste nähere Untersuchung wendet sich dem Problem Lebenskern und Rollenspiel zu.

Der Lebenskern wird ja durch die Sonne symbolisiert, das Rollenspiel durch den Aszendentgrad. Beide, Sonne in 24 Zwillinge und Aszendent in 22 Grad Jungfrau zeigen eine stark merkurische Richtung an, so wird sich der Lebenskern gut mit dem Rollenspiel vertragen, wenn er auch nicht identisch ist. Aber Merkur bestimmt beides, so daß hier keine großen Probleme auftauchen dürften (im Gegensatz dazu, wenn etwa die Sonne im Abschnitt Fische stünde, der Aszendentgrad im Abschnitt Löwe läge.) Dann würde das Rollenspiel mit dem Kern in stetem Kampf liegen, denn das Spiel geht auf autoritäre Anerkennung, auf Eigenlob und auf Durchsetzung aus, während der Kern eigentlich hingebend und aufopfernd angelegt ist.

Wenden wir uns jetzt den einzelnen Gestirnen zu. Die werden in folgender Reihenfolge betrachtet: Sonne – Mond – Merkur – Venus – Mars – Jupiter – Saturn – Uranus – Neptun – Pluto – Mondknoten (kein Planet).

Sonne

stand bei der Geburt auf 24 Grad und 12 Bogenminuten in der dritten Dekade des Abschnitts Zwillinge und im X. Haus. Die Sonne hat zwei Aspekte: Ein Sextil zu Neptun in Löwe, ein Quadrat zu Jupiter in Widder.

Die Sonne symbolisiert hier einen aufgeschlossenen, aufgeweckten Lebenskern. Schnelles Handeln, rasche Bewußtseinsaufnahme, großer Entfaltungsdrang. Aktivität, Sprachgewandtheit, viel »merkurisches« ist im Lebenskern zu finden. Eiligkeit, flinke Bewegungen, auch schnelle Auffassung, Wunsch nach Anregung und Abwechslung. Vor allem Vielseitigkeit, Entgegenkommen, innerlich immer unterwegs. Sprech- und Lesebedürfnis.

Da die Sonne nun ein Sextil zu Neptun hat, wird dies alles durch den Instinkt unterstützt, der hier sehr hilfreich die Begabungen von tief innen heraus fördert. Allein das Quadrat zu Jupiter zeigt an, daß die Entfaltung, die der Lebenskern anstrebt, nicht so leicht zu erreichen ist. Die HE muß Geduld haben, sie darf nichts übers Knie brechen wollen, das führt zu einer inneren Aufladung, zu zuvielen Hoffnungen. Hier muß also die HE mit Entwicklungskrisen rechnen, die punkto Erwartungen ausbrechen, wenn das erstrebte – vor allem das ideelle – Ziel nicht im Galopp, wie es Zwillingsart ist, genommen werden kann. Soweit in erster Untersuchung der Lebenskern, der die eine Hauptseite der Geborenen zeigt; die andere Seite wäre das Unterbewußtsein, das durch den Mond symbolisiert wird.

Mond

stand bei der Geburt auf 07 Grad und 34 Bogenminuten in der ersten Dekade des Abschnitts Steinbock und im IV. Haus.

Der Mond hat drei Aspekte: Ein Quadrat zu Uranus, ein Quadrat zu Jupiter, eine Opposition zu Pluto.

Mond symbolisiert hier ein sehr saturnisches Unterbewußtsein, sehr traditions- und erziehungsmäßig gebunden und orientiert. Das Grundgemüt ist voller Konzentration, so ist die HE von der eigenen Tiefe her voller Pflichtgefühl, die Seele ist sehr ehrgeizig, auch zuweilen egozentrisch. Sie kann sich, wenn es um eine Aufgabe geht, begnügen, bescheiden, aber sie möchte doch dann und wann an die Spitze kommen und anerkannt werden. Immerhin, wenn es um das praktische Leben geht, ist die HE auch von der Seele her sehr nüchtern.

Der Mond hat nun Quadrate zu der Jupiter/Uranus-Konjunktion, also Schwierigkeiten, sich so recht zu entfalten, den Intuitionen zu folgen, hier muß ebenfalls mit einer längeren Entwicklung gerechnet werden. Da nun auch die Sonne ebenso wie der Mond eine Quadratur zum Entfaltungssymbol Jupiter hat, ist anzunehmen, daß es mit der Wunschentfaltung immer Schwierigkeiten gibt, wenn hieran auch – siehe Leistungsdreieck – mit allen Mitteln gearbeitet wird.

Der Mond hat nun noch eine Opposition zu Pluto. Das besagt: die

Seele lebt in Spannung zur eigenen Durchsetzungskraft; so wird die HE zwar ihren Weg mit großer Besessenheit gehen, aber es fehlt ihr wohl dann doch an der rücksichtslosen Durchsetzungskraft, die Seele gerät unter Spannungsdruck, wenn sie über Leichen gehen soll. So wird es also die Seele schwer haben, den nicht so leicht zu erreichenden Erfolg in der Anerkennung des Volkes, der Masse (Beruf Schauspielerin) zu verkraften. Die Sehnsucht, sich nach oben durchzusetzen, ist da, aber die Rücksichtslosigkeit fehlt. So wird die Seele leiden, weil sie nicht die Massenanerkennung findet, zumal auch die Entfaltung gehemmt ist. Mond steht zu tief im Horoskop, um an das Volk heranzukommen.

Bewußtsein und Unterbewußtsein sind die Hauptfaktoren. Nun ist die Frage: wie stellt sich die HE in ihrem Handeln und Denken dar; damit zu Merkur.

Merkur

stand bei der Geburt auf 18 Grad und 24 Bogenminuten in der zweiten Dekade des Abschnitts Krebs und im X. Haus. Merkur hat einen Aspekt: Eine Konjunktion mit Pluto.

Merkur symbolisiert hier ein empfindsames Denken, eine starke Warnehmung, ein gutes Gedächtnis und starke Aufnahmefähigkeit. Sinn für die Musen, für Musik und Kunst, ja, eine sensitive Handlungseinstellung, ein feinfühliges Denken. Künstlerische Sprachbegabung, Sprechkunst, was einer Schauspielerin sicher sehr zugute kommt.

Die Konjunktion mit Pluto verrät auch, daß die HE sich durchsetzen will, wenn auch nicht mit Gewalt, denn Merkur befindet sich in einer ablösenden Konjunktion mit Pluto. Immerhin, das Handeln ist auf den Durchsetzungserfolg ausgerichtet und will der Menge gefallen. Da erhebt sich die Frage nach dem Empfinden, nach dem weiblichen Fühlen; weshalb wir nun Venus betrachten.

Venus

stand bei der Geburt auf 08 Grad und 52 Bogenminuten in der ersten Dekade des Abschnitts Löwe und im 11. Haus.

Venus hat drei Aspekte: Eine Konjunktion mit Mars, ein Trigon zu Uranus, ein Trigon zu Saturn.

Venus symbolisiert hier ein feuriges Empfinden, einen Liebesreichtum, ein warmes, sonnenhaftes Zuneigungsgefühl. Ausstrahlung als Frau, schnell mit dem anderen Geschlecht Kontakt findend. Beliebtheit und Hilfe. Eine frohe Ausstrahlung.

Die Konjunktion mit Mars, wobei Venus ablösend ist, besagt, daß Trieb, Wille und Empfinden eins sind, sie streben gemeinsam, so wird der Wille sehr vom Empfinden getragen und umgekehrt.

Ein feuriges Empfinden also par excellence. Dazu kommt die Gabe, vom Empfinden her die Intuition gut aufzunehmen (Trigon zu Uranus), und auch diese Intuition für die Dauer zu verarbeiten und auszuwerten (Trigon Saturn). So stellt hier Venus eine starke Gabe dar, auch künstlerischer Art, sehr musisch, sehr engagiert in allen Kunstäußerungen, und da dies mit dem Antrieb, der Urenergie zusammengeht, wenden wir uns gleich Mars zu.

Mars

stand bei der Geburt auf 06 Grad und 03 Bogenminuten in der ersten Dekade des Abschnitts Löwe und im 11. Haus.

Mars hat vier Aspekte: Die schon besprochene Konjunktion mit Venus, ein Trigon zu Uranus, ein Trigon zu Jupiter, ein Trigon zu Saturn.

Mars symbolisiert hier einen temperamentvollen Willen, einen feurigen Trieb, eine starke sonnenhafte Urenergie. Den Wunsch nach Gestaltungskraft. Großzügigkeit und musisches Empfinden (Konjunktion Venus). Schaffensdrang in der Arbeit, Unternehmungslust und Selbstvertrauen. Wunsch nach Verantwortung, aber auch Wunsch nach einer gewissen Macht, jedoch in harmonischer Art, da Mars mit Venus fest verbunden ist.

Die Trigone zu Jupiter und zu Uranus zeigen, wie gut der Wille in die Intuitions-Entfaltung eingebettet ist, wie zäh der Wille auch ist (Trigon Saturn), und wie sehr Mars etwas für die Dauer schaffen will. Mars/Venus als ein Brennpunkt des geschlossenen Feuertrigons geben Ausstrahlung und Kraft, lassen aber sicher oft eine gewisse Begabung spüren, die sich dann (siehe Sonne/Mond-Quadrat Jupiter) für den Lebenskern nicht genügend entfaltet. Doch dazu schauen wir nach Jupiter.

Jupiter

stand bei der Geburt auf 01 Grad und 16 Bogenminuten dicht an der Spitze des Abschnitts Widder und im VII. Haus.

Jupiter hat 5 Aspekte: Eine Konjunktion mit Uranus, das schon besprochene Trigon mit Mars, ein Trigon mit Saturn, das schon besprochene Quadrat mit der Sonne, das schon besprochene Quadrat mit dem Mond.

Jupiter symbolisiert hier eine feurige Entfaltung, starkes, zu betontes Rechtsempfinden, nicht ganz zu verwirklichende Weisheit, weil immer zu persönlich engagiert. Auch hier Großzügigkeit und Streben nach Idealen. All dies ist sehr intuitiv (Konjunktion Uranus, und Jupiter auf Uranus zugehend), sehr aus der Tiefe kommend. Die Entfaltung hat die Gabe, sich durchzusetzen (Trigon Mars) und wird für die Dauer Bestand haben (Trigon Saturn). Erkennen also auch der großen Zusammenhänge, jedoch einfach zu stark im Entfaltungswillen (Jupiter in Widder), dadurch Lebenskern und Seele hemmend (Quadrate zu Sonne und Mond). So ist der Entfaltungswille zu marsisch, dem können das Ego und die Seele oft schwer folgen, dadurch kommt es unter Umständen zu inneren Konflikten, was den Schicksalsablauf beeinflußt. Damit zu Saturn.

Saturn

stand bei der Geburt auf 02 Grad und 52 Bogenminten an der Spitze des Abschnitts Schütze und im 3. Haus.

Saturn hat vier Aspekte: Das schon besprochene Trigon zu Mars, das schon besprochene Trigon zu Venus, das schon besprochene Trigon zu Jupiter, ein Trigon zu Uranus.

Saturn symbolisiert hier eine joviale Grundauffassung konservativer Art. Bereitschaft für das Lernen, sich aufzuopfern. Eisernes Streben nach Vorbildern, Anbetung von Leitidealen aller Art. Verführbarkeit im Grundschicksalsablauf. Sittliche Grundauffassung.

Die Trigone zu Mars/Venus und Jupiter/Uranus geben Saturn hier eine hervorragende Stellung, weil alles, was diese Symbole anzeigen, auf Dauer angelegt ist. Der Schicksalsablauf wird so voller Optimismus angenommen. Die HE strahlt auch eine Festigkeit aus, Mut zur Schicksalsmeisterung und vor allem Zivilcourage. Damit wird alles, was plötzlich auftritt, was umwälzend auf die HE einwirkt, wohl gut verdaut und abgefangen. So kommt nun Uranus an die Reihe.

Uranus

stand bei der Geburt auf 03 Grad und 12 Bogenminuten in der ersten Dekade des Abschnitts Widder und im VII. Haus.

Uranus hat 5 Aspekte: Die schon besprochene Konjunktion zu Jupiter, das schon besprochene Trigon zu Mars, das schon besprochene Trigon zu Venus, das schon besprochene Trigon zu Saturn, das schon besprochene Quadrat zu Mond.

Uranus symbolisiert hier eine feurige, urplötzliche, stets aufbrechende Intuitionskraft. Marsische, also kämpferische Umwälzungen. Sehr eifriges Wollen, oft auch ein Hauch von Rastlosigkeit, was aber durch die Trigone im geschlossenen Feuertrigon harmonisiert wird. Aber Bereitschaft, stets neue Wege zu gehen, Entdeckungen zu machen, wenn diese auch die Seele (Quadrat Mond) belasten und in ihrer Ausweitung behindern können. So wird manche Energie seelisch verpufft oder äußert sich psychosomatisch. Hier kommt es auf den Instinkt an. Damit zu Neptun.

Neptun

stand bei der Geburt auf 24 Grad und 39 Bogenminuten in der dritten Dekade des Abschnitts Löwe und im 12. Haus.

Neptun hat einen Aspekt: Das schon besprochene Sextil mit der Sonne.

Das ist übrigens der genaueste Aspekt in diesem Horoskop. Neptun symbolisiert hier einen etwas eingeschlossenen Instinkt (12. Haus, davon später). Aber ein bewegtes, instinktives, animalisches Handeln. Der Instinkt spielt – ob eingeschlossen oder nicht – eine starke Rolle, so wird die HE sehr gut instinktiv fühlen, was gefährlich für sie ist, obwohl sie dagegen dann kämpferisch (Abschnitt Löwe) angehen zu können glaubt. (Wie ja überhaupt diese Generation in Deutschland, die unter Hitler teilweise fanatisch reagierte, dann ungeahnte Aufbaukräfte entwickelte, einfach aus dem gesunden kämpferischen Instinkt.) Damit wird Pluto angesprochen.

Pluto

Pluto stand bei der Geburt auf 14 Grad und 54 Bogenminuten in der Mitte des Abschnitts Krebs und im X. Haus.

Pluto hat zwei Aspekte: Die schon besprochene Konjunktion mit Merkur, die schon besprochene Opposition zu Mond (die übrigens nur deswegen vom Abstand her gilt, weil Mond sich auf die Pluto-Geburtsstelle zubewegt).

Pluto sollte eigentlich nur generationsmäßig bewertet werden, und daher auch weniger vom Abschnitt her. Wichtig wird hier Pluto durch die Aspekte zu den zwei schnellsten Gestirnen.

So sagt die Konjunktion, daß die HE sehr ihr Handeln durchsetzen will, das darüber hinaus auf die Masse fixiert ist. Diese Fixierung kommt aus dem Tiefsten der Seele, wenn sie auch (Opposition Mond) Spannungen auslöst. Aber die Fixierung ist ausgesprochen groß und tief innerlich, da ja der Mond sich praktisch im Zulauf auf Pluto im Gegenschein gegen ihn stemmt. Diese Spannungen müssen ertragen, aber auch abgetragen werden, damit die Seele nicht immer dem Durchsetzungswunsch nachhängt.

Mondknoten

stand bei der Geburt auf 28 Grad und 10 Bogenminuten am Ende des Abschnitts Zwillinge und im X. Haus. Dies symbolisiert vielfältige Verbindungsmöglichkeiten. Anregungen, die Fähigkeit, gute Beziehungen zu anderen Menschen, zu Nachbarn zu pflegen, die, da der Mondknoten im X. Haus, beruflich gut zu nutzen sind. Das könnte jedoch im Familienkreis zu Spannungen führen (absteigender Mondknoten im IV. Haus). Man sollte den Mondknoten nicht überbewerten.

Hier sind nun noch besonders die zwei wichtigsten Planeten zu betrachen, also Merkur als Geburtsherrscher und Sonne als höchststehender Planet. Da Sonne in einem Merkurzeichen steht, und der Aszendent im merkurischen Abschnitt Jungfrau, ist Merkur für die HE von unerhörter Wichtigkeit, gerade was den irdischen Lebensablauf angeht. Womit wir uns noch den Häusern zuwenden wollen.

Häuser

Das I. Haus beginnt nach der äqualen Manier bei 22 Grad des Abschnitts Jungfrau und reicht bis 22 Grad des Abschnitts Waage. Da hier kein Planet steht, werden die Planeten angeschaut, die im Abschnitt Jungfrau und Waage ihre verwandte Kraft finden. Das sind Merkur und Venus. Außerdem sind die Planeten zu betrachten, die auf die Häuserspitzen (siehe Abbildung) Aspekte werfen. Das wäre Merkur mit einem Sextil und Sonne mit einem Quadrat.

So zeigt die HE eine reale, fleißige, pflichtbewußte Einstellung, ihre Persönlichkeit ist wach, aber voller Charme, nervlich und vom Empfinden stets ansprechbar. Allerdings sollte sie achtgeben, die Lebenskraft punkto Nerven nicht zu sehr zu beanspruchen.

Das 2. Haus beginnt bei 22 Grad Waage und endet bei 22 Grad Skorpion. Es ist von Planeten unbesetzt, so schauen wir hier Venus und Mars sowie Pluto als Signifikatoren (Anzeiger) an, sowie Sonne (Trigon zur Häuserspitze), Neptun (Sextil zur Häuserspitze) und Merkur (Quadrat zur Häuserspitze).

Die HE wird mit dem Materiellen sehr großzügig umgehen, ganz aus dem weiblichen Empfinden handeln, aber wenn jemand sie ausnützt, kann sie sehr scharf reagieren. Sie vertraut ihrem Lebenskern, um das Materielle stets zu sichern, hat hier auch einen guten Instinkt, wenn auch manches die Nerven zu sehr strapaziert. In das materielle Denken und Handeln muß also Ordnung gebracht werden.

Das 3. Haus reicht von 22 Grad Skorpion bis zu 22 Grad Schütze. Hier finden wir den rückläufigen Saturn. Außerdem sind ergänzend Mars/Pluto und Jupiter anzuschauen. Die Aspekte auf die Häuserspitze sind: Quadrat von Neptun, Trigon von Merkur.

Die Kommunikation wird also für die HE schicksalhaft (Saturn steht ja in diesem Haus). Sie wird sich hier bestens sprachlich begabt zeigen, wenn auch der Instinkt für die Kommunikation nicht der beste ist (Quadrat Neptun zur Häuserspitze). So wird die HE mit Intrigen schlecht fertig, sie wird auch nicht ahnen, was schleichend um sie bei Besprechungen und Kollegengesprächen vor sich geht.

Das IV. Haus reicht von 22 Grad Schütze bis zu 22 Grad Steinbock. Hier steht der Mond. Die Sonne hat eine Opposition zur Häuserspitze, Neptun einen Trigonschein. Außerdem sind Jupiter und Saturn zu betrachten.

Die Seele der HE hängt sehr am Elternhaus, an der Herkunft, sie wird sich sehr ans Heim gebunden fühlen, wird auch von einer starken Altersangst befallen sein (Quadrate auf dem Mond). Das Altern wird zu *dem* seelischen Problem. Aber sie wird Entfaltung und auch Beständigkeit im eigenen Heim entwickeln.

Das 5. Haus beginnt bei 22 Grad Steinbock und reicht bis 22 Grad

Wassermann. Es ist von Planeten unbesetzt. Hier sind demnach Saturn und Uranus anzuschauen, sowie Merkur, der eine Opposition auf die Häuserspitze hat. Die HE wird sich kreativ schnell und langsam zugleich entwickeln. Dabei sehr intuitiv, aber alles Kreative hat Hand und Fuß. Die Nervenanspannung dürfte dabei oft beträchtlich sein, was sich sogar psychosomatisch auswirken könnte.

Das 6. Haus reicht vom 22. Grad Wassermann bis zu 22 Grad Fische. Es ist von Planeten unbesetzt, also sind Uranus und Neptun anzuschauen, sowie Sonne und Neptun. (Sonne Trigon zur Häuserspitze, Neptun Opposition zur Häuserspitze). Die HE hat die intuitive Bereitschaft, Mühen auf sich zu nehmen, die sie instinktiv oft schwer verarbeitet. Das Gefühl, ausgenutzt zu werden, würde ihr zu schaffen machen. Aber der Lebenskern weiß um die Gabe, um das Geschenk, daß es zur Beglückung führt, wenn man sich einsetzt. Instinktive Schwierigkeiten können die Kraft zeitweise erlahmen lassen.

Das VII. Haus beginnt bei 22 Grad Fische und endet bei 22 Grad Widder. Hier stehen Jupiter und Uranus, außerdem sind Neptun und Mars anzuschauen, sowie Merkur (Trigon auf Häuserspitze) und Sonne (Quadrat auf Häuserspitze). Die Entfaltung, die Intuition geht lebhaft, fast kämpferisch und gleichzeitig hingebend auf die Ergänzung aus. Die Gewandtheit, das Sprechenkönnen mit dem Du erleichtert dies sehr, wobei allerdings das Ego, das bewußte Ich, oft in Schwierigkeiten gerät, weil es sich so ganz denn doch nicht aufgeben will. Hier hilft dann der Instinkt.

Das 8. Haus beginnt bei 22 Grad Widder und reicht bis 22 Grad Stier. Es ist unbesetzt, so sind Mars und Venus (die ja im Radix in Konjunktion stehen) anzuschauen, sowie Neptun (Trigon zur Häuserspitze), Sonne (Sextil zur Häuserspitze) und Merkur (Quadrat zur Häuserspitze). Die HE wird es nicht so leicht haben, sich mit den Grenzfragen auseinanderzusetzen. Der Lebenstrieb ist da zu stark, obwohl Instinkt dafür vorhanden ist. Auch weiß der Kern, daß die Dinge stets im größeren Fluß bleiben, aber das Denken und Handeln haben hier Hemmungen, und so schiebt die HE die Grenzfragen lange beiseite.

Das 9. Haus reicht von 22 Grad Stier bis 22 Grad Zwillinge, es ist von Planeten unbesetzt, aber hier fällt, wenn auch am Ende, das MC hinein, also der Berufungspunkt. Nehmen wir den vorweg. Die HE ist von der inneren Berufung her sehr ideell auf Horizonterweiterung ausgerichtet, sie träumt von fernen, exotischen Ländern (MC in Zwillinge), will reisen, will aber auch unabhängig sein, stets zum Lernen bereit. Anzuschauen sind die Planeten Venus und Merkur. Dieser hat zudem ein Sextil zur Häuserspitze, Neptun ein Quadrat zur Häuserspitze. Die HE lernt begeistert, strebt begeistert, obwohl der Instinkt hier oft Bremsvorgänge einschaltet, weil sich die HE in der Sehnsucht allgemein zu sehr verbeißen kann und dann instinktiv falsch reagiert.

Das X. Haus beginnt bei 22 Grad Zwillinge und reicht bis 22 Grad Krebs. Hier finden wir Sonne, Merkur und Pluto sowie den Mondknoten, dieses Haus ist also am stärksten besetzt und damit ausgeprägt. Anzuschauen sind noch Mond und Merkur. Die Sonne hat zur Häuserspitze eine Konjunktion, Neptun hat ein Sextil. Die HE will unbedingt im Beruf etwas werden, was ihr auch gelingt. Sie wird sich durchsetzen, wenn auch nicht in der Popularität, wie sie es möchte (siehe Mond-Deutung). Sie wird aber instinktiv immer Wege finden, wird sich stets einer Sache annehmen, wird fleißig handeln und wird – wenn auch mehr anonyme – Anerkennung finden. (Hier ist der Mond anzuschauen, das Haus erstreckt sich über 22 Grad des Abschnitts Krebs, und Mond ist ja der Planet, der im Abschnitt Krebs seine verwandte Kraft findet.) So wird die HE also nicht den Erfolg erringen, den die Seele, das Unterbewußtsein erträumt.

Das 11. Haus beginnt bei 22 Grad Krebs und reicht bis 22 Grad Löwe. Hier stehen Mars und Venus. Außerdem sind anzuschauen Mond und Sonne sowie Merkur, der zur Häuserspitze eine Konjunktion aufweist. Die HE ist eine begabte Teamarbeiterin, sie wird Freunde finden, sie ist sehr sozial eingestellt, haßt soziale Ungerechtigkeiten. Bei Freunden kann sie unter Stimmungen leiden, denn Freunde haben mit ihrer Seele zu tun, wenn sie Freunde geworden sind. So lernen Freunde sie oft erst später richtig kennen. In einem Arbeitskreis wird die HE gut aufgehoben und stets anerkannt sein. Das 12. Haus beginnt bei 22 Grad Löwe und reicht bis 22 Grad

Jungfrau. Hier steht Neptun. Außerdem sind anzuschauen Sonne und Merkur, sowie Neptun, der zur Häuserspitze eine Konjunktion hat. Der Instinkt der HE erscheint eingeschlossen, zu sehr im Ich zu kreisen; die Möglichkeiten, die anderen instinktiv und doch objektiv zu sehen, müssen ausgebildet werden. Aber Kraft ist vorhanden, sich zu regenerieren, auch immer wieder Bilanz zu ziehen, um darauf aufzubauen. So ist Verkrustung eigentlich nie zu erwarten, schon weil Sonne ein Sextil zur Häuserspitze wirft.

Soweit die Häuser, die viel für das praktische Leben, viel für die reale Lebensbewältigung aussagen.

Zusammenfassung und Synthese

Bei diesem Geburtsbild handelt es sich um eine temperamentvolle Horoskopeignerin, die in ihrem Leben etwas bewegen und entfalten will. Dabei hilft ihr ein starker Trieb, viel Charme, eine gute, fast kämpferische Intuition und ein aufgeschlossenes Wesen. Der Lebenskern ist hellwach, empfängt alles, was auf ihn einstürmt und sehnt sich nach Selbstdarstellung, nach tiefer Horizonterweiterung. Ihre Seele ist voller Sehnsüchte, die nicht immer erfüllt werden, so bleibt der Wunsch, die Welt (das Publikum) zu umarmen, ein Wunsch, obwohl dieser Wunsch einem tiefen Bedürfnis entspricht.

Die HE ist voller Gaben, die sie mit Fleiß pflegt und umsetzen will, dabei scheut sie kein Risiko. Die Nerven können ihr manchmal zu schaffen machen, weil psychosomatische Symptome sich über die Nerven körperlich auswirken.

Aber die HE hat die besondere Fähigkeit, nie zu verkrusten, also immer neue Entwicklungen anzunehmen, wenn dies auch nicht immer von heute auf morgen gelingt. Sie will ihr Ich durchsetzen, was oft in Konflikt zur Hingabebereitschaft an das Du erfolgt. Oder: so sehr sie die Ergänzung braucht, sie wird sich stets auch als eigenständige Person behaupten. Dieses Geburtsbild zeigt eine Harmonie, die die Entwicklungsspannungen auffängt. Ein Mensch, der sich nicht in die Ecke stellen läßt, der andere begeistert und mitreißt. Die Welt wird nicht nur gesehen, wie sie ist, sondern voller Ideale, wenn auch die Dinge des Jenseits der Horoskopeignerin erst langsam bewußt werden. Dieses Geburtsbild eröffnet stets neue Möglichkeiten, eine große Anpassungsfähigkeit, allerdings keine stete Anpassungsfähigkeit der Seele und des Unterbewußtseins. Die Bewußtseinssprünge macht das Unterbewußtsein oft schwer mit, deshalb darf die HE vor sich selbst nicht weglaufen. Sie muß auch wissen, daß flammendes Feuer erst dann einen Wert hat, wenn die verbrennende Flamme sich in dauerhafte Glut wandeln kann. In Glut, die man, wenn es darauf ankommt, stets entzünden kann.

Die Aufgeschlossenheit, der Einsatzwille werden den Lebenskampf stets erleichtern, ja es wird kein Problem sein, diesen zu bestehen. Das Problem wird das Altern sein, weil die HE den Einsatz liebt, der mit Kraft, also auch mit Jugend geschieht. Hier sich Wandlungen in den Aufgaben zu unterziehen, wird eine Arbeit werden, deren Gelingen entscheidet, wieweit das Leben lebenswert zu nennen ist. Erfolgschancen gibt es noch und noch, wenn nicht Ungeduld und auch manchmal aufkommender Neid die HE in sich bremst. Ein Geburtsbild, das sicher aus dem Durchschnitt herausragt, das zeigt, wie gewisse Menschen glücklicherweise die Gabe haben, andere zu erfreuen. Hier wäre so ein Mensch.

So in etwa sieht eine Horoskopdeutung aus, die das Wesentliche aus einer Anschauungskombination erfaßt. Natürlich braucht es hier ein astrologisches Grundwissen, vor allem aber auch ein Kombinationstraining. Aber alles, was hier am Beispielhoroskop als Deutung herausgefunden und gesagt wurde, ist aus dem Studium dieses Buches möglich. Natürlich wird der eine mehr Talent und Intuition als der andere haben, aber lernen kann Astrologie jeder, wenigstens soweit, daß er sich und seine nächsten Menschen, die ihn umgeben, verstehen und damit schätzen lernt.

Astrologie ist Lebenshilfe!

Es gibt keine andere Möglichkeit, so schnell an seinen eigenen Kern, an einen anderen Menschen heranzukommen, wie durch die Sternenlogik – dies mag jeder bedenken.

Literaturhinweise

Ebertin, Reinhold: *Mensch im All.* Ebertin Verlag, Freiburg im Breisgau.

Huber, Bruno und Louise: *Der Mensch im All.* API, Zürich.

von Klöckler, Freiherr H.: *Kursus der Astrologie,* Bd. I bis III. Bauer Verlag, Freiburg im Breisgau.

Kühr, Erich Carl: *Psychologische Horoskopdeutung.* Wien.

Mertz, B. A.: *Falken-Handbuch Astrologie.* Falken-Verlag, Niedernhausen.

Mertz, B. A. *Psychologische Astrologie I* und *II.* Ansata Verlag, Interlaken.

Ptolemäus, Claudius: *Die vier Bücher* (Tetrabiblos). Couvreur, Den Haag.

Ring, Thomas: *Astrologische Menschenkunde,* Bd. I bis IV. Bauer Verlag, Freiburg im Breisgau.

Sindbad-Weiß: *Bausteine der Astrologie,* Bd. I bis IV. Leipzig.

von Xylander, Ernst: *Lehrgang der Astrologie.* Origo Verlag, Zürich.

Inhalt

Vorbemerkung 7

Das Horoskop 9

Symbolbedeutung der Tierkreisabschnitte 13

Bedeutung der Planetensymbole 29

Planeten und ihre Abschnittsverwandtschaft 41

Kreuze in der Astrologie 51

Kombination von Planeten und Abschnitten 59

Die Aspekte 75
Orbis 77 · Konjunktion 79 · Opposition 79 Sextil 80 ·
Trigon 81 · Quadrat 82

Die Kombination 85
Grundsätzliches 85 · Dispositor 90 · Bewegungsrichtung der
Aspekte 92 · Rückläufigkeit 98

Kombinationsübungen 101
Konjunktionen 101 · Oppositionen 110 · Sextile 123 ·
Trigone 133 · Quadrate 146 · Mischkonstellationen 160

Das individuelle Horoskop 171
Vier Hauptpunkte 171 · Vier Quadranten 173 · Aszendent 175 ·
Deszendent 176 · Medium Coeli 177 · Imum Coeli 177 ·
Häuser oder Felder 177 · Die einzelnen Häuser 180 · Kombinations-
anregungen für Aszendent und Sonnenstand 184 · Planeten am
Aszendent 197 · Kombinationsanregungen für Deszendent 198 ·
Planeten am Deszendent 202 · Himmelsmitte 203 · Planeten am
MC 211 · Himmelstiefe 213 · Planeten am IC 216 · Die Grund-
richtung der Häuser und der ihnen verwandten Planeten 218 ·
Kombinationsanregungen für die Häuser-Deutung 221

Beispiel einer Horoskopdeutung 247
Der Horoskopeigner 249 · Geschwindigkeit der Planeten 260 ·
Betrachtung der Gestirne: Sonne 262 · Mond 263 · Merkur 264 ·
Venus 265 · Mars 265 · Jupiter 266 · Saturn 267 · Uranus 267 ·
Neptun 268 · Pluto 268 · Mondknoten 269 · Häuser 269 ·
Zusammenfassung und Synthese 273

Literaturhinweise 275

Meridian

Zeitschrift für Kosmobiologie, Astrologie
und angewandte Psychologie

ist die Fortsetzung und Erweiterung der Zeitschriften
»Kosmobiologie« und »Kosmischer Beobachter«,
die 1978 im 45. und 28. Jahrgang erschienen.

Meridian
bringt laufend Beiträge von führenden Fachleuten
aller Schulen und Richtungen der Astrologie und
Kosmobiologie.

Meridian
berichtet über Charakter- und Ausdruckskunde,
Schicksalsforschung, außergewöhnliche Horoskope,
Deutungstechniken, Astrologie und Heilkunde,
individuelle und
politische Prognostik (Mundan-Astrologie):

Meridian
ist ein Forum für gegenseitige Information und
Diskussion – gedacht für den interessierten Laien
und den beruflich tätigen Berater.

Ein kostenloses Probeheft erhalten Sie bei Ihrem
Buchhändler oder direkt vom

Ebertin Verlag · Freiburg im Breisgau